A loucura do livre mercado

Peter A. Ubel

A loucura do livre mercado

Por que a natureza humana vai contra a economia – e por que isso importa

Tradução de
Rodrigo Lopes Sardenberg

1ª edição

CIVILIZAÇÃO BRASILEIRA
Rio de Janeiro
2014

Título original:
Free Market Madness

CIP-BRASIL. CATALOGAÇÃO NA PUBLICAÇÃO
SINDICATO NACIONAL DOS EDITORES DE LIVROS, RJ

Ubel, Peter A.
U14L A loucura do livre mercado: por que a natureza humana vai contra a economia: e por que isso importa / Peter A. Ubel; tradução Rodrigo Lopes Sardenberg. – 1ª ed. – Rio de Janeiro: Civilização Brasileira, 2014.
280 p. : il. ; 23 cm.

Tradução de: Free market madness
Inclui bibliografia
ISBN 978-85-200-0949-9

1. Mercado financeiro – Brasil. 2. Economia. I. Título.

13-07887 CDD: 332
CDU: 336

Texto revisado segundo o novo Acordo Ortográfico da Língua Portuguesa.

Direitos desta tradução adquiridos
EDITORA CIVILIZAÇÃO BRASILEIRA
Um selo da
EDITORA JOSÉ OLYMPIO LTDA.
Rua Argentina, 171 – Rio de Janeiro, RJ – 20921-380 – Tel.: 2585-2000

Impresso no Brasil
2014

Sumário

PARTE IV Irracionalidade em casa, no escritório e no hospital

Prefácio

Será que existe algum lugar em que a liberdade esteja mais visível do que em um supermercado? Andando pelos corredores da mercearia de seu bairro, você pode escolher livremente entre dúzias de xampus, um monte de cereais e centenas de iguarias congeladas.

Mas será que você é tão livre quanto pensa? Hoje, em alguns supermercados, um antropólogo transita pelos corredores observando como você compra, vigiando se seus olhos vagueiam pelas prateleiras de cima para baixo ou de baixo para cima e medindo quanto tempo você fica parado diante das gôndolas se estiver acompanhado de crianças. Enquanto isso, na loja de produtos de cozinha, os proprietários acabaram de colocar uma nova e cara panela de arroz nas prateleiras, um modelo de luxo com um painel de controle que deixaria envergonhado um aparelho de videocassete da década de 1990. Com um preço quase duas vezes maior do que seu segundo modelo mais caro, poucos são os consumidores dispostos a comprar esse novo artigo. Mas isso não importa para a loja de produtos de cozinha, porque o segundo melhor modelo (que em outros tempos era sua marca principal e que demorava para ser vendido) agora desaparece rápido das prateleiras, parecendo uma verdadeira pechincha em comparação com o produto mais novo.

O fato simples é que você sabe menos sobre seu comportamento de consumo do que aqueles que administram as lojas onde você faz suas compras. Será que causa alguma surpresa, portanto, que as pessoas tenham se endividado em função de suas compras, com os cidadãos norte-americanos demonstrando uma taxa de poupança negativa nos últimos anos? E será que é realmente surpreendente que nossos hospitais estejam abarrotados de pacientes cujas doenças resultam dos vícios de fumar, beber e comer demais?

Democracias no estilo ocidental orgulham-se da liberdade: a de se reunir, a de eleger os legisladores e a de interagir no mercado. Com efeito, o capitalismo e a democracia parecem andar juntos. De que outra maneira você explicaria o fato de Thomas Jefferson ter proclamado a importância da vida, da liberdade e da busca da felicidade no mesmo ano, 1776, em que Adam Smith escreveu sua grande obra-prima econômica, *A riqueza das nações*, que estabeleceu boa parte da base intelectual para defender o capitalismo contra seus críticos?

Tenho a sorte de viver em um país livre, democrático e capitalista. A liberdade é uma mercadoria preciosa, boa por si mesma — um presente tão especial que muitos de nós morreríamos por ele. A liberdade também é valiosa como meio para alcançar outros fins. Ela permite que as pessoas saiam em busca de suas metas, que variam de um indivíduo para outro. Ela nos permite escolher qual carreira seguir, com quem se casar, quantos filhos ter e (para voltar à mercearia) que tipo de xampu comprar.

Mas a liberdade de escolha é acompanhada da liberdade de fazer escolhas erradas. E no mercado atual, repleto de empresas que estudam o comportamento humano, a liberdade leva, muito frequentemente, ao prejuízo e à miséria. A Procter & Gamble possui máquinas de ressonância magnética funcional (RMF) que custam vários milhões de dólares, que permitem que a empresa visualize qual parte do seu cérebro se "ilumina" quando você vê seus produtos. Doutores nas áreas de psicologia e sociologia deixam o mundo acadêmico para trabalhar para a indústria ou na Madison Avenue,* onde podem utilizar o conhecimento que têm do comportamento humano no serviço de venda de bens de consumo. Podemos pensar que somos impermeáveis a anúncios de televisão ou a esquemas de vendas de supermercados. Mas os vendedores e especialistas no assunto conhecem nosso comportamento melhor do que nós mesmos e sabem como nos influenciar sem que percebamos.

*Endereço de Nova York onde há uma grande concentração de agências de publicidade.

Escrevi este livro para enfatizar alguns dos perigos da liberdade e, de maneira ainda mais importante, para mostrar como o ato de restringir alguns tipos de liberdade pode melhorar a saúde e o bem-estar das pessoas. Pretendo enfatizar os prejuízos que podem recair sobre os indivíduos quando o capitalismo encontra a natureza humana — quando a liberdade de se comportar no mercado se depara com sua propensão a tomar decisões equivocadas.

Quem sou eu para escrever este livro? Para começar, sou o médico que cuida de pacientes cujas doenças costumam ser causadas por decisões que eles mesmos tomaram e, digamos assim, pelos próprios comportamentos. A maioria de meus pacientes está comendo demais e fazendo exercícios de menos. Estão sofrendo as consequências prejudiciais tanto da gordura trans quanto do tabaco. Resumindo, eles estão se consumindo até a morte.

Mas sou mais do que apenas médico. Fui treinado em psicologia e economia comportamental e passei quase 15 anos pesquisando as forças que influenciam a maneira pela qual as pessoas tomam decisões. Estudei os erros que elas cometem quando enfrentam escolhas difíceis. E tendo ajudado a revelar as forças que levam a esses erros, me tornei muito consciente dos riscos de mercados irrestritos. Acho que o tempo é propício a certa restrição. Posso ouvir Larry King fazendo a apresentação: "A seguir, um médico egomaníaco que gastou a melhor parte de sua vida adulta estudando a tomada de decisões sobre o motivo pelo qual os livres mercados fornecem tantas liberdades às pessoas para que elas tomem decisões irracionais e não para de falar sobre isso." Uma mensagem arriscada para eu transmitir, nesta época de Rush Limbaugh e da Fox News.

Além disso, não há nada de novo em se criticar o capitalismo. Desde quando Adam Smith o defendia, com apelo às maravilhas da mão invisível, as pessoas têm tentado restringir o livre mercado, algemando o sistema econômico, digamos assim, para limitar os excessos. Além disso, muitas das críticas absorvidas pelos indivíduos em relação ao capitalismo contêm informações precárias e são prejudiciais. Por exemplo, muitos foram contra o livre-comércio sem compreenderem o que os economistas, iniciando com Smith, aprenderam sobre sua capacidade de gerar benefícios aos dois lados da fronteira de comércio. De maneira semelhante, críticos como Marx estavam convencidos de que o capitalismo nunca beneficiaria as grandes massas, porque poder excessivo estava concentrado nas mãos dos detentores de capital, indivíduos com grandes contas bancárias ou amplas propriedades. Marx não previu, entre outras coisas, que a força dos capitalistas seria reduzida pelos sindicatos. Muitos ainda são contra o livre-comércio e ainda existem vários marxistas no mundo. Mas estes deixaram de ser os críticos mais numerosos ou mais críveis do capitalismo.

Em vez disso, os críticos mais críveis do capitalismo atualmente se fixaram em uma guerra em duas frentes contra os livres mercados. Em determinada frente, eles tentam rechaçar o capitalismo indicando suas falhas morais. Segundo eles, em um sistema de mercado totalmente livre, aqueles que não puderem pagar pela assistência à saúde não a receberão, ou seja, na prática, elas estarão a um simples apêndice supurado de distância do túmulo. Nesse sistema, os que não conseguirem encontrar um emprego acabarão desabrigados, mendigando por trocados. Moralmente indignados com a falta de sensibilidade desses mercados irrestritos, os críticos argumentam que o capitalismo deve ter suas pontas aparadas, para cuidar daqueles que sofreriam sob sua concorrência incansável.

Em outra frente, os indivíduos rechaçam o capitalismo porque os livres mercados não conseguem proteger os cidadãos dos efeitos de transbordamento da atividade de mercado. Os economistas os chamam de *externalidades*. Quando se permite que uma fábrica despeje toxinas no rio, aqueles que moram a jusante são prejudicados. Quando um adolescente acelera o carro esportivo sem silenciador às 2h da manhã, atrapalha o sono dos vizinhos. Um sistema econômico que não regulamenta a qualidade da água ou a poluição sonora diminuirá seriamente a qualidade de vida de seus cidadãos. Novamente, a crítica ao capitalismo surge para abordar problemas importantes que os mercados nunca seriam capazes de resolver sozinhos.

Deixe-me afirmar de antemão: não planejo debater nem a moralidade nem as externalidades neste livro. Em vez disso, planejo desenvolver uma terceira frente contra mercados irrestritos. Não considere esse ataque projetado para derrotar os livres mercados e obrigar o capitalismo a se render, mas para impedir que os mercados avancem mais do que merecem. Para rechaçar os mercados quando eles tiverem cruzado as fronteiras erradas.

Pense nessa terceira frente como um exemplo de política da "terceira via". Não sou nem a favor nem contra o mercado. O capitalismo de livre mercado ajudou muitos a terem sucesso e criou condições sociais que aliviaram bastante sofrimento. Mas os mercados sempre precisam ser restritos, algumas vezes por razões de justiça, outras em função do bem maior. E também por uma terceira razão — a de que quando as pessoas operam, seus comportamentos inconscientes costumam fazer com que elas ajam contra os próprios melhores interesses.

Nessa terceira frente contra o capitalismo, quero mostrar o que acontece quando a mão invisível se encontra com o cérebro inconsciente. Veja, os defensores de livres mercados e de outras posições libertárias têm sido capazes, há muito tempo, de tirarem munição muito pesada quando lutam contra as forças que restringem as liberdades dos indivíduos. Pois quando os críticos do livre mercado reclamam sobre a desigualdade de riqueza, os libertários sempre poderão observar a injustiça de se estabelecer limites à liberdade das pessoas. E para fortalecer ainda mais suas posições, os libertários também observarão que pessoas diferentes valorizam fins diferentes na vida: algumas se preocupam muito com dinheiro enquanto outras querem passar mais tempo com a família. Por que uma política deveria tratar da desigualdade da riqueza, quando esta surge, pelo menos até certo ponto, dessas diferentes preferências? Se certas pessoas quiserem gastar dinheiro em carros de luxo e outras preferirem gastá-lo em educação superior para os filhos, por que deveríamos impedi-las de fazer isso? Considerando-se os diferentes valores que as pessoas sustentam, os libertários sempre poderão argumentar que a sociedade deve simplesmente sair do caminho e deixar que as pessoas façam as próprias escolhas.

Uma série de economistas dos séculos XIX e XX sustentou a defesa do libertarianismo, que pegou as ideias iniciais de Adam Smith e as transformou na mais influente das ciências sociais. Com efeito, apesar de sempre ter existido economistas de esquerda e de direita — sendo que tanto Karl Marx quanto Milton Friedman pertenceram à disciplina — a maioria dos economistas acadêmicos na metade do século XX tinha adotado a visão libertária de indivíduos como os melhores promotores de seus interesses. As teorias econômicas que passaram a dominar a disciplina adotaram um ser mítico, o *Homo economicus*, que tomava decisões racionais que refletiam as próprias preferências.

Por causa da força deste mito, os livres mercados invadiram uma parte cada vez maior das vidas do indivíduo. Crianças que têm dificuldades com habilidades básicas da matemática conseguem citar mil marcas de consumo. Novos estádios não ostentam mais o nome de políticos ou atletas famosos. Em vez disso, eles são envolvidos em logotipos corporativos. Agora empresas farmacêuticas nos convencem a "falar com nosso médico" sobre doenças que elas desejam nos convencer de que nós temos. É essa invasão que eu planejo combater.

Mostrarei que os economistas passaram a acreditar na racionalidade humana e como essa crença começou a ser questionada por desenvolvimentos tanto na neurociência quanto na economia comportamental. Mais importante ainda, levantarei questões sobre o que os limites da racionalidade humana implicam para os limites adequados aos livres mercados. Ao fazer isso, planejo mostrar, em amplo esboço, qual pode ser a aparência dos mercados quando eles são projetados para levarem em conta a natureza humana.

Agradecimentos

Primeiro e acima de tudo, devo este livro a Charles Darwin. Está bem, não exatamente a Darwin, mas à evolução — às fantásticas forças que fizeram com que o cérebro humano evoluísse não apenas de forma que me desse (e à maioria da minha espécie) a capacidade de ler e escrever, mas também que me proporcionasse o desejo irracional de acordar todo dia às 5h da manhã e ser desonesto comigo mesmo a ponto de acreditar que eu seria capaz de escrever um livro que milhares (não, dezenas de milhares) de pessoas leriam. Com o norte-americano médio lendo menos de um livro por ano, é preciso certo grau de irracionalidade para passar centenas de horas escrevendo livros. Mas pessoas como você, que têm este livro (ou livro eletrônico) à mão agora mesmo, claramente não pertencem à média e foi para indivíduos como você que escrevi.

Ao escrever este livro, tive a sorte de trabalhar com várias pessoas brilhantes que me deram feedback útil em versões anteriores. No Centro para Ciências Comportamentais e Decisoras em Medicina, onde trabalho, tive o privilégio de fazer com que pessoas maravilhosas expressassem suas ideias. Sou grato a Dylan Smith, Angie Fagerlin, Brian Zikmund-Fisher e Scott Kim por fazerem comentários sobre capítulos específicos. Michele Heisler, outra colega de Michigan, novamente revelou-se uma leitora incrivelmente entusiasta, porém crítica. Também recebi conselhos de valor inestimável de colegas de todos os Estados Unidos e sou especialmente grato a George Loewenstein, Dan Ariely e a vários revisores anônimos pelo feedback que proporcionaram. Este livro ficou melhor graças a seu esforço.

Quando discuto minha própria pesquisa neste livro, sempre me refiro a estudos de colaboração. Quase nenhuma pesquisa que realizo é feita apenas por mim. Esta é uma das alegrias da ciência. Tenho certeza de que George Loewenstein, Heather Pond Lacey, Angie Fagerlin, Brian Zikmund-Fisher, Dylan Smith, Ellen Hummel e Scott Halpern reconhecerão nossos esforços de colaboração quando folhearem as páginas deste livro.

Obrigado a Sarah Conner, Sandra Serna Smith, Melissa Shauver, Sarah Scheitler e Lauren Bailey por me ajudarem com várias versões deste livro. Um agradecimento especial a Sarah Scheitler ao levar cada um dos meus pedidos três passos adiante do que eu tinha previsto e, ao longo desse processo, enriquecer minha compreensão sobre esse assunto.

Meu empresário, Rob McQuilkin, mais uma vez ajudou incrivelmente, cheio de encorajamento, entusiasmo e ótimos conselhos. Jacque Murphy me mostrou os benefícios de ter um editor de primeira linha envolvido logo no começo da primeira versão do manuscrito. Realmente tive muita sorte de poder trabalhar com ela. Um obrigado especial a John Lofy por chegar ao final de uma versão anterior deste livro. E meu agradecimento final e a dedicatória deste livro vão para "minha primeira esposa" — Paula. Obrigado por deixar de lado seu amor pela ficção por tempo suficiente para ler e reler tantos capítulos deste livro.

PARTE I Maximizando nossos melhores interesses ao engordar nossas cinturas?

CAPÍTULO 1 A mão invisível encontra o cérebro inconsciente

John Howard sempre foi um homem de rituais. Na escola, ele atribuía boa parte de seu sucesso como astro na luta e na corrida ao domínio dos rituais de cada esporte. Durante a temporada de luta no inverno, ele passava fome para afinar sua estrutura, de cerca de 1,87m, para 77 quilos, uma façanha que ele conseguia na noite anterior às pesagens cuspindo sem cessar na xícara para tirar os últimos poucos gramas de peso de água. Na primavera, ao se preparar para a competição dos 100 metros com barreiras, ele treinava seu salto de maneira incansável todos os dias depois da aula. Ele dominou esses rituais bem o suficiente a ponto de ganhar uma bolsa de estudos de luta e de vencer o campeonato local de corrida com barreiras em seu último ano.

Cinquenta anos depois, John se encontra imerso em uma nova série de rituais diários logo pela manhã. Ao acordar, ele esfrega os olhos para afastar o sono, abre a gaveta do criado-mudo e retira uma ampola de insulina, uma seringa e um medidor de glicose. Furando o dedo, coloca uma gota de sangue numa tira de teste para que o medidor de glicose possa calcular o açúcar em seu sangue e, dando uma olhadinha no resultado, ele logo determina quanta insulina colocar na seringa — 10 unidades se seu açúcar estiver na faixa normal, 15 unidades se a torta de banana com creme da noite passada ainda estiver circulando em seu organismo. Então ele larga a ampola e, de maneira prática, espeta a agulha na barriga.

Graças aos medicamentos para controle do diabetes, John já é dez anos mais velho do que seu pai era quando morreu, sucumbindo a complicações do diabetes aos 58 anos. De fato, pessoas da geração de John estão vivendo em média quase vinte anos a mais do que seus avós, o que parece ser prova dos milagres da medicina moderna.[1]

No entanto, a longevidade da geração de John dificilmente pode ser atribuída apenas à ciência médica. Se existe algo que explique sua saúde e seu bem-estar, está na evolução moderna dos livres mercados.

É verdade. O mercado salvou a vida de John.

Imagine por um instante a agulha em equilíbrio em seu abdômen. Agora se afaste desta visão como se você estivesse observando John por meio do Google Earth. Afaste-se sobre o quarto de John e você verá o topo de seu condomínio. Afaste-se um pouco mais e você verá a cidade de Scotsdale, onde ele mora. Em breve você verá todo o estado do Arizona. Agora viaje para o outro lado do Oceano Atlântico até a fábrica de agulhas Terumo, localizada em Leuven, na Bélgica (cerca de 16 quilômetros de Bruxelas) onde, se você voltar a se aproximar durante o horário comercial, poderá observar trabalhadores produzindo os tipos de agulha que pessoas como John usam todos os dias para tomar insulina.[2]

Ela parecerá uma fábrica moderna comum. O espaço da fábrica será uma elegante sincronia de seres humanos e máquinas. Um grupo de trabalhadores, em pé próximo a grandes tinas de aço fundido, tirará o líquido e o despejará nas fôrmas, que moldarão o aço de modo adequado para que ele se torne uma agulha. À medida que a agulha avança pela linha de produção, outra série de máquinas a transformará em um arame oco contínuo. Ainda outra série de máquinas cortará os arames para formar as agulhas. Ao longo das linhas de produção, alguns trabalhadores monitorarão as máquinas, enquanto outros levarão e trarão materiais para diferentes partes da fábrica. Em um único dia, esses trabalhadores e máquinas produzirão 4,5 milhões de agulhas.

Mas apenas agulhas não serão suficientes para permitir que John aplique sua injeção diária. Elas precisam ser presas a seringas. Para ver a produção de uma seringa típica, você poderá se afastar novamente e atravessar o mundo para chegar a uma fábrica localizada na Índia ou na China. Também há a insulina de John, a parte mais importante deste milagre do mercado. A insulina que John usa é produzida por pessoas mais parecidas com pesquisadores de laboratório do que com operários de uma fábrica. Em vez de monitorarem um maquinário pesado, eles supervisionam colônias de bactérias geneticamente alteradas para produzir insulina.

Portanto, a injeção matinal de insulina de John Howard é o resultado do trabalho de muitas pessoas. No tipo de fábricas que produzem suas agulhas, seringas e medicamentos, o número de indivíduos que fez estes produtos para John chega à ordem das dezenas. Mas dezenas, ou mesmo centenas, de outras pessoas desempenharam um papel na injeção desta manhã também. Grande quantidade de trabalhadores adicionais, por exemplo, foi necessária para transportar a agulha, a seringa e a insulina até a farmácia. Incontáveis outros extraíram os metais fundidos no aço que se tornou a agulha de John, perfuraram para obter os combustíveis fósseis que se tornaram os plásticos que, por sua vez, se transformaram na seringa de John e trabalharam nas fábricas que produziram os caminhões e barcos e trens que transportaram esses materiais ao redor do globo.

E as forças do mercado que proporcionam a John seu medicamento se estendem muito além dessas minas e fábricas. Considere os capitalistas de risco que financiaram a empresa de biotecnologia que produziu sua insulina, os bancos que emprestaram o dinheiro para as empresas de caminhão que transportaram o medicamento e as faculdades de administração que treinaram os financistas e gerentes que desenvolveram os procedimentos operacionais que tornaram tudo isso possível.

Então, vimos que, de fato, o medicamento que John usa todos os dias é produzido por *milhares* de pessoas. É impressionante pensar nisso quando esse mesmo medicamento, algo com o potencial para salvar sua própria vida, custa a ele apenas US$ 1,75 — praticamente metade do preço de um sanduíche de presunto.

Como o produto do trabalho de tantos milhares de pessoas pode custar tão pouco dinheiro? A resposta a essa pergunta nos foi dada em

1776 por Adam Smith em seu livro revolucionário, *A riqueza das nações*. No começo dessa obra-prima, Smith descreve uma fábrica de alfinetes na Escócia, sua terra natal:

> *Um homem estica o arame, outro o endireita, um terceiro o corta, um quarto faz a ponta, um quinto esmerilha o topo para receber a cabeça; produzi-la requer três operações distintas; ajustá-la no alfinete é uma atividade peculiar, pratear os alfinetes é outra, inseri-las na cartela de alfinetes constitui até uma atividade independente; e, dessa forma, a importante atividade de produzir um alfinete é dividida em aproximadamente dezoito operações distintas que, em algumas manufaturas, são todas desempenhadas por mãos distintas, apesar de que em outras o mesmo homem às vezes desempenha duas ou três delas.*[3]

Essa pode parecer uma forma banal para Smith começar um livro sobre o qual ele trabalhara por mais de uma década.[4] Mas Smith estava ilustrando um ponto profundo, aquele que ecoa, ainda hoje, nos corredores de universidades e prédios do governo. Pois ele estava apresentando o motivo pelo qual a riqueza nacional e, portanto, o bem-estar da humanidade, dependia fortemente da divisão do trabalho. Smith mostrou que a fabricação de um alfinete, que um único homem sozinho teria dificuldade para conseguir realizar num dia qualquer, era realizada de maneira tão eficiente pela divisão do trabalho que agora dez homens poderiam produzir quase 5,5 quilos de alfinetes em um único dia ou o equivalente a cerca de 48.000 alfinetes.

É claro que o próprio Smith não inventou a divisão do trabalho. A fábrica de alfinetes descrita por ele já funcionava quando escreveu seu livro. O que Smith *efetivamente* conseguiu foi explicar para as pessoas como mercados livres podiam beneficiar a humanidade ao promover a divisão do trabalho e, portanto, ao aumentar a riqueza e o bem-estar da sociedade.

O livro de Smith teve influência imediata porque abordava e efetivamente acalmava o temor das pessoas em relação aos mercados livres. Conforme Robert Heilbroner explica de maneira eloquente em sua obra *The Wordly Philosophers*, Adam Smith viveu a época em que a atividade econômica era controlada pela tradição ou determinada por despacho judicial.[5] Os mercados livres não decidiam quantas pessoas seriam contratadas para produzir alfinetes ou para assar pães. Na época ainda não havia certa mão invisível orientando as decisões de carreira ou determinando quais produtos deveriam ser fabricados. Ao contrário, o que estabelecia os trabalhos das pessoas era o rei ou sistemas de castas. O local de trabalho era dominado por regras e tradições rígidas e, quando alguém se desviava delas, era punido, caía no ostracismo ou era perseguido por autoridades locais. O mundo consistia em um lugar ordenado, mas também onde o progresso era lento e as recompensas pela inovação, pequenas.

Smith conhecia bem essas tradições não capitalistas, que ainda não tinham afrouxado o controle sobre a sociedade escocesa, pois ele tinha se tornado amigo de um jovem brilhante, James Watt, que procurava emprego como fabricante de instrumentos.[6] Apesar de Watt ter um talento fora do comum para a mecânica, foi banido do local de trabalho por não ser filho de fabricante de instrumentos. Por intermédio de Smith, ofereceram a Watt um emprego como fabricante de instrumentos na universidade, uma oferta que só foi possível porque esses centros tinham permissão para tomar as próprias decisões em relação a contratações. E a confiança de Smith nos talentos do rapaz mais jovem acabou provando ser bem fundamentada. Mais tarde Watt tornou-se famoso por inventar a máquina a vapor.[7]

À medida que uma energia empreendedora transformou a Europa do século XVIII, a antiga ordem social estava começando a desmoronar e Edimburgo, onde Smith morava, era um importante centro de empreendimento capitalista. Milhares de trabalhadores estavam encontrando empregos que não tinham relação com as atividades de seus pais. Àquela altura, nem todos os fabricantes de alfinetes nas fábricas locais eram filhos de fabricantes de alfinetes. Com efeito, novas indústrias floresciam em Edimburgo, criando uma demanda por tipos de emprego totalmente novos — aqueles que os pais de *ninguém* tinham tido antes. E então para preencher essas vagas os empregadores foram obrigados a romperem com a tradição. Este rápido rompimento era estimulante, e também assustador. Muitos achavam que a nova economia próspera era caótica: como se poderia extrair algo positivo do caos criado por mercados livres? Se não dizem para as pessoas em quais carreiras elas devem entrar, como se pode esperar que elas escolham as certas? Como a sociedade vai ter o número adequado de médicos e fazendeiros e fabricantes de instrumentos se nenhuma autoridade central, ou nenhum senso de tradição, determina quem deve exercer cada uma dessas profissões?

Economistas gostam de contar a piada sobre o caos de mercados livres, que envolve a discussão entre um cirurgião, uma engenheira e um economista sobre qual profissão é a mais antiga. O cirurgião observa que a sua é a mais antiga, porque quando Deus tirou uma costela de Adão para fazer Eva, Ele certamente precisou da presença do cirurgião. A engenheira argumenta que o seu campo surgiu antes, observando que Deus fez o mundo antes de criar as pessoas e deve ter precisado de um engenheiro para separar a terra do mar. Inabalável, o economista observa que "o que havia antes de Deus fazer o mundo? Caos. E quem você acha que era responsável por *isso*?"

A riqueza das nações criou certa euforia em grande parte porque Smith explicou, de maneira detalhada, com ricas anedotas, por que mercados livres não levariam ao caos. Em contrapartida, Smith mostrou que apenas mudando a tradição e deixando que mercados livres funcionassem de acordo com as leis de oferta e demanda, um número adequado de pessoas se tornaria fazendeiro e fabricante de instrumentos. Ele explicou como esses mercados, por meio do funcionamento da mão invisível, determinariam não apenas quantas pessoas trabalhariam em fábricas de alfinetes, mas também quantos alfinetes elas produziriam. Ele mostrou como, pela divisão do trabalho, as fábricas poderiam ter menos fabricantes de alfinetes e ainda assim produzir mais alfinetes, liberando trabalhadores para produzir outros bens e, assim, aumentar a riqueza da nação, com cada trabalhador "guiado por uma mão invisível para promover um fim que não fazia parte de sua intenção", um fim, conclui Smith, que promove o bem-estar geral da humanidade.[8]

Pelo menos desde a década de 1870, no que se chama a revolução neoclássica na economia, as teorias de Adam Smith têm dominado o pensamento econômico.[9] Muitos economistas creem, como Smith acreditava, nas maravilhas de mercados livres.[10] Diversas teorias econômicas são fundamentadas na visão, muitas vezes atribuída a Smith, de que os seres humanos são motivados por interesses próprios racionais para tomar decisões que, quando guiadas pela mão invisível, levam à felicidade e ao bem-estar.

Charles Wheelan, repórter da revista *The Economist*, ilustra as maravilhas da mão invisível ao descrever um executivo da Coca-Cola que morava em Berlim Ocidental na época da queda do muro que a separava de Berlim Oriental. O executivo teve a ideia de distribuir garrafas gratuitas de Coca-Cola pelos buracos no muro: "Em certo sentido, era a mão invisível de Adam Smith passando Coca-Cola através do Muro de Berlim. Representantes da Coca não estavam realizando nenhum grande gesto humanitário ao passarem bebidas para os alemães orientais recém-libertados... Eles buscavam negócios — expandindo seu mercado global, impulsionando lucros e deixando os acionistas felizes."[11] Não há dúvida de que o executivo da Coca-Cola tomou uma decisão brilhante e tenho certeza de que as pessoas ficaram encantadas, naquele momento, em beber de uma só vez uma garrafa contendo um símbolo tão forte da cultura ocidental. Mas será que a Coca-Cola era a melhor coisa que a mão invisível podia oferecer àqueles que estavam acabando de escapar de várias décadas de comunismo? E então será que deveríamos comemorar o aumento de cáries dentárias e diagnósticos de diabetes que agora estão se espalhando pela Europa Oriental?

Considere como John Howard tem funcionado como um consumidor no mercado ao longo de sua vida adulta, comprando milhares de refeições em lanchonetes e pegando *junk food* em seus armários de cozinha pelo menos uma dúzia de vezes por dia. Quando visitamos as fábricas que produziam as agulhas, as seringas e os medicamentos de John, tivemos uma boa visão das maravilhas dos mercados livres. Mas poderíamos ter observado com a mesma facilidade outra série de empresas que influenciaram no diabetes de John. Poderíamos ter visitado o açougue onde John comprava a carne picada e os bifes que contribuíram para seu ganho de peso na vida adulta, ou a padaria, onde ele obtinha pães de canela e rosquinhas todos os fins de semana, ou ainda as fazendas de batata Idaho, que cultivam as batatas próprias para serem fritas, que John comeu ao longo dos anos.

Conforme Eric Schlosser descreveu em *Fast Food Nation*, a própria indústria de *fast-food* é um exemplo impressionante de eficiência de mercado.[12] A produção de batatas fritas, hambúrgueres e Coca-Cola resultaram das mesmas divisões de trabalho que levaram à produção dos tratamentos à base de insulina de John Howard. Com efeito, por causa dessas eficiências, calorias de alimentos nunca foram tão baratas para produzir e consumir quanto hoje em dia.[13] Sem sombra de dúvida trata-se de um milagre dos mercados modernos. Mas cujas implicações claramente não levam, em todos os casos, ao melhor mundo possível.

John Howard não apenas pertence à geração que mais viveu até hoje. Ele pode pertencer à geração com maior longevidade de todos os tempos. Porque, de acordo com certas estimativas, a epidemia de obesidade implacável em países industrializados, e emergente em muitos países em desenvolvimento, tornou-se tão grave que, apesar da medicina moderna, as crianças de hoje podem realmente não viver tanto quanto seus pais.[14]

Pesquisas já revelaram que a genética contribui para o diabetes e a obesidade: você terá maior probabilidade de ser gordo se seu pai for gordo e terá mais chances de desenvolver diabetes se seu gêmeo idêntico for diabético.[15] Mas a genética não é a única causa do diabetes ou da obesidade — de fato, não é nem mesmo o principal motivo. Sabemos disso porque os índices de obesidade aumentaram drasticamente ao longo das últimas décadas. Em 1991, apenas quatro estados nos Estados Unidos tinham índices de obesidade de pelo menos 15%. Em 2001, por sua vez, cerca de 37 estados apresentavam esse índice.[16] De fato, a proporção de adolescentes acima do peso praticamente dobrou na Grã-Bretanha entre 1984 e 1993. Acredite em mim, o código genético de pessoas nos Estados Unidos e na Grã-Bretanha não mudou substancialmente ao longo das últimas décadas. Portanto, a principal causa da obesidade não é a genética, mas sim os mercados livres.

Eles criaram uma tremenda riqueza — tanto de oportunidades quanto de bens de consumo. Os mercados livres estimularam a expansão de liberdades humanas, dando às pessoas mais escolhas de trabalho (não mais obrigadas a seguir a carreira dos pais) e de compras (não mais limitadas a escolher entre apenas dois ou três tipos de xampu). Em tese, essas liberdades e escolhas deveriam produzir o melhor resultado. As pessoas farão escolhas baseadas em preferências e valores. Poderão decidir trabalhar horas extras com 150% do salário normal ou, em vez disso, passar o fim de semana às voltas com os filhos. De acordo com a própria ideia de "boa vida", poderão decidir se ficarão melhor gastando dinheiro com novidades tecnológicas ou poupando para a faculdade desses mesmos filhos. Elas poderão escolher entre gastar uma hora cozinhando toda noite e simplesmente comprar algo no KFC na volta do trabalho. E o mercado reagirá a cada uma dessas escolhas, construindo mais franquias do KFC à medida que a demanda exigir e aumentando o pagamento de horas extras à proporção que a quantidade de funcionários dispostos a trabalhar no fim de semana diminuir.

Eu poderia facilmente escrever um livro tentando convencer as pessoas da sabedoria dos mercados. Afinal, não faz tanto tempo assim, dois dos maiores países do mundo, a União Soviética e a China, seguiam de maneira mais próxima os ensinamentos anticapitalistas de Karl Marx do que as visões pró-capitalistas de Adam Smith. De fato, mesmo em países predominantemente capitalistas, o livre comércio está constantemente ameaçado em todo o mundo industrializado.

Mas com todas as maravilhas dos mercados livres, com toda a liberdade que os mercados proporcionam, vem a liberdade para as pessoas tomarem decisões ruins. Adam Smith escreveu de maneira célebre: "Não é da benevolência do açougueiro, do cervejeiro e do padeiro que esperamos obter nosso jantar, mas da consideração que eles têm pelo próprio interesse."[17] Considere o açougueiro, o cervejeiro e o padeiro de Smith no contexto da epidemia de obesidade atual. Do lado da oferta, o mercado livre consegue determinar bem quantos açougueiros, cervejeiros e padeiros são necessários para atender a demanda por produtos do açougue, da cervejaria e da padaria.

Mas e quanto aos que compram esses bens? Quando um homem diabético de 60 anos compra dois quilos de carne de um açougue, um engradado com seis cervejas de uma loja de bebidas e uma dúzia de rosquinhas da padaria, até que ponto ficaríamos convencidos de que ele apenas priorizou seus melhores interesses?

E quanto à jovem de 20 anos que compra um maço de cigarros — será que ela priorizou seus melhores interesses? — Ou a mãe exausta que cede à demanda do filho por um PlayStation — será que ela priorizou os próprios melhores interesses ou os do filho?

A estrutura da maioria dos países industrializados é um reflexo da reação das pessoas às forças de mercado e à pressão que elas exercem sobre este ao demandarem bens específicos. Até o fato de os indivíduos tomarem decisões de compra inteligentes visando o melhor. Mas não é difícil olhar em volta e encontrar evidências de que muitas decisões de compra que tomamos têm efeitos menos do que ideais sobre o nosso bem-estar, sem mencionar a sociedade em termos gerais.

Se quisermos entender não apenas os pontos fortes de mercados livres, mas também os fracos, precisaremos entender tanto uns quanto outros em relação à natureza humana.

CAPÍTULO 2 A epidemia de obesidade é uma consequência de escolhas racionais?

Boa parte do poder da economia como ciência social reside em sua capacidade de revelar a lógica existente em uma ampla variedade de comportamentos humanos. Os economistas desenvolveram ferramentas matemáticas que elucidam os tipos de cálculos de custo-benefício que influenciam tudo, desde o comportamento criminoso à tomada de decisões conjugal. De fato, os economistas conseguiram enfatizar com sucesso as escolhas racionais que contribuíram para a epidemia de obesidade.

É claro que é estranho descrever a obesidade como uma escolha racional. Tudo mais permanecendo constante, poucas pessoas escolhem ser gordas. No entanto, denominar a obesidade a consequência de uma escolha racional não é dizer que os John Howards do mundo queiram ser gordos. Ao contrário, sugere que John enfrentou uma série de escolhas em sua vida e, em grande parte, as fez de maneira racional; que algumas delas estavam relacionadas aos alimentos que consumia — ele sabia que os Big Macs em nada contribuíam para que ele coubesse em suas calças antigas; e que ele decidiu que a dor de abrir mão de refeições deliciosas era maior do que o benefício de reduzir o consumo de calorias.

De acordo com esse mesmo raciocínio, John considerou, em muitas noites, ir à academia ou caminhar pela redondeza para queimar calorias.

Mas na maioria dessas noites, cansado após um dia difícil de trabalho, decidiu não fazer exercício e, em vez disso, desfrutou dos prazeres da cerveja gelada e da reprise de *Gunsmoke*.* Como consequência desses cálculos racionais de custo-benefício, John tornou-se obeso.

O argumento em favor da obesidade racional é fortalecido pelo fato de que a maioria das pessoas obesas conhece as causas do tamanho de seus corpos. Quando mercados não proporcionarem aos consumidores as informações necessárias para que estes tomem decisões corretas, terão fracassado, e os legisladores precisarão decidir se deverão ou não tomar medidas para fazer com que os consumidores obtenham essas informações. Voltarei a essa questão das informações mais adiante. Mas isso é apenas minimamente relevante para a epidemia de obesidade. Afinal, todos estão cientes, há muito tempo, que a obesidade é causada pelo consumo de mais calorias do que seu corpo é capaz de queimar. E apesar de a maioria de nós desconhecer quantas calorias existem nos nossos Big Macs, sabemos que nossas cinturas estão aumentando em grande parte como resultado de hábitos alimentares.

Conforme mencionei, a racionalidade é um pressuposto comum em muitos estudos econômicos de comportamento humano. Considere o que Paul Samuelson e William Nordhaus afirmam no didático best seller de economia escrito por ambos — uma visão que capta a corrente dominante do pensamento econômico do século XX:

> Não esperamos que os consumidores sejam magros. Eles tomam a maioria das decisões de maneira rotineira e irracional. O que se pressupõe é que sejam relativamente consistentes em seus gostos e ações — que não ajam de modo imprevisível, tornando-se miseráveis por meio de erros persistentes de julgamento ou de aritmética. Se uma quantidade suficiente de pessoas agir de maneira consistente, evitando mudanças imprevisíveis em seu comportamento de consumo e geralmente escolhendo suas mercadorias preferidas, nossa teoria científica proporcionará uma aproximação razoável dos fatos.[1]

*Famoso seriado de faroeste da TV americana (1955-1975). (*N. do T.*)

Em outras palavras, as pessoas não são perfeitas, mas chegam perto da perfeição em suas atitudes como consumidoras, de tal forma que cientificamente faça sentido supor que os consumidores estejam tomando decisões racionais. Desse modo, Trenton Smith justifica a presunção de que a racionalidade está presente em boa parte da teoria econômica: uma ciência social produtiva "deve se concentrar nos aspectos sistemáticos (em vez de nos idiossincráticos) do comportamento se o objetivo é ter alguma esperança de gerar uma teoria com poder de previsão relevante".[2]

Muitos economistas, imersos na teoria neoclássica, utilizaram o pressuposto da racionalidade para prever uma ampla variedade de comportamentos. Segundo Robert Lucas, por exemplo, economista da Universidade de Chicago e vencedor do prêmio Nobel, o desemprego é uma decisão racional que as pessoas tomam: "Para explicar o motivo pelo qual as pessoas reservam para si o desemprego, precisamos [saber] por que elas preferem isso a todas as outras atividades."[3]

Outro premiado de Chicago, Gary Becker, e seu colega Kevin Murphy, vencedor do prêmio MacArthur, afirmam que o vício é uma resposta racional a certa cirscunstância: "Geralmente as pessoas ficam viciadas justamente porque estão infelizes", escrevem, mas em seguida acrescentam: "No entanto, estariam ainda mais infelizes se não pudessem consumir os bens que viciam."[4] De acordo com a teoria da escolha racional, as pessoas só usam drogas porque maximizam o bem-estar. Então por que muitos viciados se esforçam tanto para largarem o hábito? Becker e Murphy têm uma resposta:

> As afirmações de alguns bebedores e fumantes inveterados de que eles querem, mas não conseguem abandonar seus vícios não nos parecem diferentes das afirmações de pessoas solteiras de que elas querem casar mas não conseguem, ou das afirmações de pessoas desorganizadas que desejam se organizar melhor.

À primeira vista, muitas pessoas podem achar que essas afirmações são tolices. Mas Lucas, Becker e Murphy não são tolos, de maneira alguma, e eles certamente não estão na periferia da ciência econômica. Eles estão defendendo visões que foram *centrais* para o pensamento econômico do século XX e que continuam a influenciar a reflexão científica ainda hoje.

De fato, ideias como as de Lucas, Becker e Murphy são, de muitas maneiras, a culminação de duzentos anos de pensamento econômico. No século XVIII, o filósofo e ativista político Jeremy Bentham desenvolveu uma influente filosofia moral e política, o utilitarismo. Bentham equiparou a utilidade com a felicidade e passou boa parte da vida convencendo as pessoas de que o objetivo da atividade humana e da legislação do governo deve ser maximizar a felicidade total do público em geral.[5] No século XIX, os economistas transformaram as ideias de Bentham, hedonistas e vagas, em medidas científicas mais precisas, equiparando a utilidade não com a felicidade em si, mas com a escolha racional. Essas teorias do século XIX eram bastante profundas e merecem, aqui, uma breve apresentação para preparar o terreno para uma visão mais completa sobre o que significaria para alguém fazer escolhas racionais que levem à obesidade.

Água e diamantes

Foi durante o século XIX — época de relativa paz e prosperidade — que a economia passou a ser uma profissão independente. Nos cem anos entre a derrota de Napoleão, em Waterloo, e o começo da Primeira Guerra Mundial, universidades consideradas referência na área de pesquisa começaram a fundar departamentos de economia com identidade separada da filosofia moral e política. A economia deixou de ser guiada por filósofos morais. Estes foram substituídos por homens que estavam mais interessados em matemática do que em filosofia moral, com tendência a serem mais versados em engenharia que em psicologia. E essa nova leva de economistas voltados para a matemática revitalizou a compreensão econômica da utilidade.

Eles começaram revendo um enigma identificado pelo fundador de sua disciplina: ajudaram a explicar, de uma forma que Adam Smith não imaginara, por que os diamantes são mais valiosos do que a água.

Adam Smith não foi o primeiro a questionar o valor relativo da água e dos diamantes,[6] mas foi responsável por tornar famoso esse questionamento:

> Nada é mais útil do que a água", escreveu, "mas ela não compra quase nada, ou seja, quase nada pode ser obtido em troca dela. Um diamante, por sua vez, não tem quase nenhum valor de uso, mas uma quantidade muito grande de outros bens pode quase sempre ser obtida em troca dele.[7]

Smith entendia valor de duas maneiras: o valor *de uso* de um objeto ou o valor *de troca*. De acordo com essa distinção, uma nota de 100 dólares tem muito pouco valor *de uso*. Você pode usá-la para acender uma fogueira, ou já me disseram que enrolada como um canudo poderá ser usada para aspirar drogas. Mas o valor real de uma nota de 100 dólares está em seu valor de troca. Ela pode ser trocada por uma grande quantidade de coisas úteis.

A água, com todos os seus usos, não é tão valiosa em termos de troca, a não ser que você tenha um jarro de água sobrando e encontre um homem rico perdido no deserto. Em situações normais, não se pode trocar um balde de água por nada, porque aquele com quem você estiver efetuando a troca poderá encher o próprio balde gratuitamente. Todo o valor da água está em seu uso. Pode-se bebê-la, regar a planta, lavar roupas, louças ou cabelo e até encher a piscina com ela.

Então por que uma coisa com tanto valor de uso não tem valor de troca maior? Smith respondeu a pergunta vinculando o preço de bens, seu valor de troca, à quantidade de trabalho necessária para produzi-los. "Se numa comunidade de caçadores, por exemplo, for duplamente mais trabalhoso caçar um castor do que matar um veado, um castor naturalmente deverá ser trocado por dois veados, ou ter esse valor." A maioria dos primeiros economistas seguiu a dica de Smith, atribuindo o valor de troca de bens ao trabalho para produzi-los.[8]

Acredito que muitos de vocês tenham percebido que algo parece errado com a solução dada por Smith para o enigma da água e o diamante. Pois, de acordo com a lógica de Smith, se o caçador médio levasse vinte horas para encurralar e matar um esquilo e apenas uma hora para matar um veado, então todos deveriam estar dispostos a trocar vinte veados por um esquilo. Isso simplesmente não está de acordo com o bom senso. Apesar de todo o discernimento, Smith não conseguiu isolar o motivo pelo qual os diamantes tinham maior valor de troca que a água. Em vez disso, a compreensão veio de alguém que ficou muitas horas questionando intensamente os mistérios da água, o engenheiro hidráulico Jules Dupuit.

Água sob a ponte

Jules Dupuit nasceu em Fossano, na Itália, em 1804, numa época em que Napoleão ainda mandava em boa parte da Europa.[9] Quando tinha 10 anos, sua família se mudou para a França, onde a criança estudiosa, que ganhou diversos prêmios acadêmicos, cresceu tornando-se um jovem adulto aplicado, formando-se em engenharia civil na Escola Politécnica. Após a formatura, Dupuit permaneceu na França, projetando estradas, pontes e sistemas hidráulicos. Enquanto os executava, pensou profundamente sobre os custos e benefícios financeiros desses sistemas e sobre a melhor maneira de pagar por eles. Por exemplo, qual é o valor justo do pedágio a ser cobrado quando alguém atravessa uma ponte pública? Para responder a esse tipo de pergunta, Dupuit tornou-se um autodidata no aprendizado da economia.

Talvez se ele tivesse frequentado palestras econômicas formais ele teria sido doutrinado de acordo com a linha clássica de pensamento. Talvez ele teria se convencido de que o valor de uma ponte depende do trabalho que levou para construí-la. Mas essa lógica não fazia sentido para Dupuit. Se uma ponte tiver custado 100.000 francos para ser construída, isso ainda não nos diz quanto se deve cobrar de qualquer pessoa individualmente para atravessá-la. Mesmo que sua única meta fosse recuperar o investimento de 100.000 francos, o pedágio correto dependeria de quantas pessoas atravessariam a ponte e o número de pessoas que cruzariam a ponte dependeria do preço cobrado para atravessá-la.

E quanto ao preço da água fornecida pelo sistema hidráulico público? Certamente você não tentará recuperar o custo do sistema com a primeira xícara de água. Mas quanto deve cobrar por cada xícara de água? Aqui, Dupuit optou pela ideia de *utilidade marginal*. Dupuit reconheceu que o valor da água — o de uso — não é constante, mas que diminui à medida que mais água se torna disponível.

Suponha, por exemplo, que um hectolitro de água custe 50 francos. Dupuit concluiu que cada hectolitro de água consumida nessas circunstâncias tem utilidade de *pelo menos* 50 francos, porque, caso contrário, as pessoas não comprariam água. Mas isso não quer dizer que cada hectolitro valha apenas 50 francos para as pessoas. De fato, o primeiro hectolitro de água que eu comprar por 50 francos será muito valioso para mim, afastando o risco de desidratação. Se a água fosse suficientemente escassa eu cederia de bom grado a melhor porção da minha fortuna para obter um hectolitro de água. O próximo hectolitro ainda seria valioso, mas não tanto. Minha vida imediata não dependeria disso. Em algum momento pensarei se devo ou não comprar outro hectolitro de água e decidirei que não vale 50 francos. Isso significa que o valor de uso daquele primeiro hectolitro (sua utilidade) não será igual, em média, à utilidade (ou valor de troca) de 50 francos. Em vez disso, é o *finalzinho de água* que compro que efetivamente vale pelo menos 50 francos para mim.

Adam Smith estava certo ao afirmar que a água costuma ter um tremendo valor de uso; afinal, afastar o risco de desidratação é algo valioso. Mas se o preço da água cair demais, a tendência é usá-la para coisas muito menos valiosas como molhar o jardim, lavar o carro e guerras de balões com água. Portanto, para saber a utilidade de qualquer bem de consumo, a orientação que Dupuit dava às pessoas era que observassem as margens. Se você atentar para o fato de como as pessoas usam água quando seu preço é 40 francos por hectolitro em vez de 50, você saberá quais são os usos em algum ponto entre 40 e 49 francos de utilidade por hectolitro.

Comparando maçãs e laranjas

O *insight* de Dupuit lançou os economistas em uma revolução no pensamento, a conhecida *revolução marginalista*.[10] De maneira apropriada, um dos grandes pensadores a desenvolver essa teoria marginal da utilidade, Stanley Jevons, frequentou a University College of London, a escola fundada por Jeremy Bentham. No estilo de Bentham, segundo ele: "Uma verdadeira teoria de economia só pode ser obtida voltando para as grandes fontes da ação humana — os sentimentos de prazer e dor."[11] Mas a teoria de Jevons não permaneceu na forma crua em que Bentham a deixara. Em vez disso, em sua teoria, Jevons tentou quantificar a utilidade — prazer e dor. Para fazer isso, ele se aproveitou do fato de os comportamentos de mercado das pessoas basearem-se em decisões monetárias. Molho meu jardim? Não, se a água custar US$ 1 por galão. Como galões de água (e leite e Silly Putty*) custam dinheiro, as pessoas precisam decidir se o benefício de qualquer compra específica — a utilidade — vale esse custo.

Jevons começou a desenvolver sua teoria quando trabalhava como testador de metal na Royal Mint, em Sydney, na Austrália, onde era responsável por testar se as moedas continham a quantidade certa de ouro.[12] Um homem bastante inteligente, o trabalho não lhe exigia muito. Então, em seu tempo ocioso, investigava assuntos como clima e geografia, estudava plantas e pedras e começou a ler sobre economia. Absorvendo rápido a literatura relativamente escassa disponível sobre este último assunto, se convenceu de que a disciplina precisava de uma injeção de matemática, se quisesse revelar mistérios do mercado.

Jevons chegou a Londres em 1859, aos 24 anos, para frequentar a universidade, concentrando sua energia na lógica, na matemática e na economia. Começou a revolução marginalista na economia abordando o conceito de utilidade marginal de Dupuit e mostrando como ele explicava as escolhas de consumo. Seu ponto de partida, assim como o de Bentham, foi a importância psicológica do prazer e da dor. Mas a essas emoções fortes juntou a crença na racionalidade das decisões das pessoas: "Nossa estimativa sobre as quantidades comparativas de sentimento é realizada no ato de escolha ou volição. Nossa escolha de um entre dois cursos de

*Massinha borrachuda que se tornou um "brinquedo clássico" entre as crianças. Entre tantos usos práticos, foi até usada pela tripulação da Apollo 8 para segurar ferramentas. (*N. do T.*)

ação prova que o curso de ação escolhido promete, estimativamente, o melhor saldo de prazer."[13] Pessoas fazendo escolhas racionais devem gastar dinheiro de uma forma que proporcione a mesma utilidade por dólar com cada compra que elas façam.

Para ilustrar seu argumento, Jevons comparou maçãs e laranjas. Suponha que maçãs sejam vendidas por 10 centavos cada uma e as laranjas por 20 centavos cada. Se eu gostar de maçãs tanto quanto gosto de laranjas e pretender gastar 20 centavos, comprarei duas maçãs, porque obterei maior utilidade — prazer — com duas maçãs do que com uma laranja.

Mas suponha que eu esteja gastando US$ 3 em frutas. Necessariamente não comprarei 30 maçãs. Quando eu possuir 28 maçãs, poderei sentir que a utilidade de uma laranja de 20 centavos é maior do que a da vigésima nona e a da trigésima maçã. Com cada aumento de 20 centavos pensarei quanto prazer obterei de duas maçãs *versus* uma laranja. A única forma racional de gastar dinheiro nessa situação será eu comprar maçãs e laranjas de tal forma que a utilidade marginal — a adicional — que obterei das duas últimas maçãs que eu comprar seja a mesma que a utilidade marginal que terei da última laranja.

Agora, como isso explica a água e os diamantes? Jevons estendeu o raciocínio além de decisões de compras pelo consumidor, o lado da demanda da economia, para incluir também coisas como decisões de venda — o lado da oferta. Suponha que eu possua cem maçãs e você, cem laranjas. Como nenhum de nós está produzindo molho de maçã ou suco de laranja para ganhar dinheiro, misturamos em grande parte a utilidade que podemos obter a partir de nossas respectivas frutas e receberei muito pouca utilidade adicional ao segurar essa centésima maçã. Então proponho uma troca — darei a você uma maçã se me der uma laranja. Ganho utilidade com a troca, uma vez que a utilidade da primeira laranja será muito maior do que a da centésima maçã. Você ganha por razões semelhantes. Da forma como Jevons interpretou esse tipo de situação, continuaremos a trocar maçãs e laranjas enquanto pelo menos um de nós estiver ganhando com essa troca.

Jevons mostrou que o valor de troca de qualquer bem, a partir de uma perspectiva individual, depende da utilidade marginal da qual o vendedor abrirá mão e que o comprador receberá. Se você e eu estivermos perdidos no deserto, não trocarei meu cantil por seu anel de diamante. Mas se, como na maioria dos casos, a água for abundante, então eu abrirei mão de muito pouca utilidade ao ceder um litro de água e teria prazer em trocá-lo pelo seu anel.

Com o trabalho de Jevons e contemporâneos como Leon Walras, a revolução marginalista agora estava em plena força. E como resultado disso, o conceito de utilidade estava sendo explorado com um nível de rigor matemático que teria agradado a Bentham.

Em breve passaremos de alimentos saudáveis como as maçãs e as laranjas de Jevons de volta para os alimentos processados que contribuíram para a epidemia de obesidade moderna. Quando chegar o momento, mostrarei como essas ideias do século XIX influenciaram teorias contemporâneas da obesidade racional.

Mas primeiro temos de completar nosso breve histórico com uma rápida discussão sobre a geleia. Veja bem, com a quantificação cada vez maior da utilidade, você pode imaginar que seu conceito estivesse se tornando cada vez mais abstrato. Mas para os economistas da época, quanto mais conseguiam caracterizar a utilidade na linguagem da matemática, mais *real* ela lhes parecia. Para aqueles homens, conceitos como "o saldo entre prazer e dor" vinham sendo abstrações insatisfatórias, tão vagas a ponto de chegarem até o limite da insignificância. Mas ao expressarem a utilidade matematicamente, ela tornou-se real. De fato, o vencedor do prêmio Nobel Paul Samuelson observou certa vez que para Francis Edgeworth, outro contemporâneo de Jevons, o conceito de utilidade era "tão real quanto a geleia que ele comia de manhã".[14]

A geleia de Edgeworth

O pai de Edgeworth estudara em Cambridge e era um homem totalmente não prático, interessado demais em alternativas literárias para estabelecer uma carreira sólida. Morreu aos 37 anos, no auge da Fome da Batata,* mas não sem antes ter vários filhos, tendo se casado, aos 22 anos, com uma jovem de 16, que descrevia de maneira entusiasmada como sendo "gorda, voluptuosa e feita para o amor".

O jovem Francis não compartilhava com a mesma intensidade a admiração do pai pelo sexo oposto, permanecendo solteiro por toda a vida. Um excêntrico gentil e cortês, mantinha-se absorvido demais em pensamentos profundos para se preocupar com quais mulheres poderiam ser feitas ou não para o amor. Advogado, Edgeworth não se adaptava a alternativas no mundo real e então viveu como acadêmico, onde tornou-se famoso pela maneira pela qual evitava o inglês normal de conversação. Há comentários de que certa vez perguntou a T. E. Lawrence se "a Metrópole era muito caliginosa [*caliginous*]". Lawrence então respondeu (conhecendo bem as inclinações latinas de Edgeworth): "Um tanto caliginosa, mas não totalmente inspissada [*inspissated*]".**

Para demonstrar como Edgeworth desenvolveu o lado matemático da utilidade, precisamos mapear meus sentimentos em relação a maçãs e laranjas. Imparcial como sou, digamos que eu tenha prazer igual em possuir cem maçãs ou cem laranjas. Suponhamos ainda que eu estaria igualmente feliz (por causa da redução da utilidade marginal de cada fruta) em ter 25 maçãs e 25 laranjas quanto em ter 100 de qualquer uma das frutas.

Edgeworth mapearia meus sentimentos de uma forma como a Figura 2-1, em que cada ponto na curva me proporciona uma quantidade idêntica de utilidade.

Nesse exemplo, estou supondo que maçãs e laranjas me proporcionem utilidade semelhante. Isto não precisaria ser verdade. Se eu fosse um grande fã de laranjas, então a curva provavelmente cruzaria com o eixo Y na altura de 100 maçãs e o eixo X, digamos, em 50 laranjas. Os economistas a denominam *curva de indiferença*, porque mostra as

* Nome também dado à Grande Fome Coletiva Irlandesa, ocorrida entre 1845 e 1849. (*N. do T.*)

**Caliginosa" significa etimologicamente "escurecida pela cerração", "inspissada", "espessada", "engrossada". (*N. do T.*)

distribuições de maçãs e laranjas que proporcionam utilidade semelhante e entre as quais, portanto, devo ser indiferente. Em outras palavras, devo me sentir tão feliz ao receber 100 maçãs quanto em receber 25 maçãs e 25 laranjas.

FIGURA 2-1

Curva de utilidade

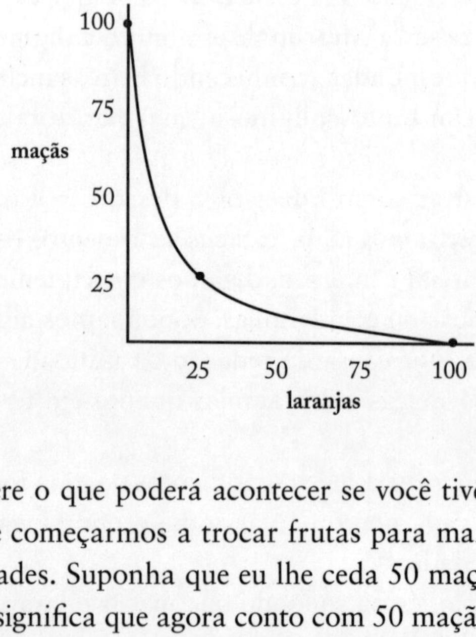

Agora considere o que poderá acontecer se você tiver 100 laranjas e eu 100 maçãs e começarmos a trocar frutas para maximizar nossas respectivas utilidades. Suponha que eu lhe ceda 50 maçãs em troca de 50 laranjas. Isso significa que agora conto com 50 maçãs e 50 laranjas. Onde está essa mistura em nossa figura? Encontra-se à direita da minha curva de indiferença original. Está posicionada no meio de *outra* curva de indiferença (veja a Figura 2-2) e a utilidade dessa curva — de todos os pontos nessa curva — é maior do que aquela na minha curva de indiferença inicial.

Não estou laureando o brilhantismo de marginalistas como Edgeworth. Mas espero que vocês consigam começar a perceber a força de suas ideias. Aqui, com um simples par de curvas de indiferenças, Edgeworth ilustrou como o livre-comércio no mercado aumenta a utilidade — o bem-estar — dos dois parceiros comerciais, fazendo com que eles passem de uma curva para outra melhor.

FIGURA 2-2

Curva de indiferença

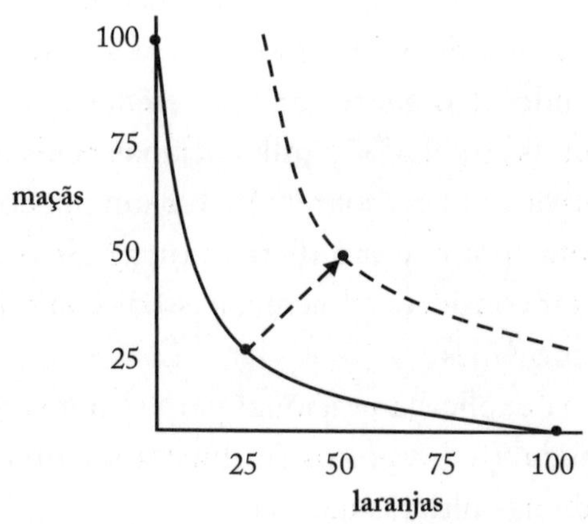

A eloquência do livro *A riqueza das nações*, de Smith, tinha aliviado os temores de muitos em relação ao impacto de livres mercados sobre suas vidas. Agora, com as equações e os gráficos dos marginalistas, os indivíduos passaram a ter uma prova científica de que os mercados as beneficiam. Pessoas como Dupuit, Jevons e Edgeworth tinham tornado tão óbvios os benefícios de trocas de mercado — você me dá 2 maçãs, eu lhe darei 2 laranjas e ambos nos beneficiaremos — que a única forma dos indivíduos se comportarem racionalmente parecia ser a maneira que as curvas de indiferença de Edgeworth sugeriam que deveriam se comportar.

De volta à obesidade racional

Graças a esse breve tour histórico, agora você entende a famosa piada: "Por que a galinha atravessou a estrada? Para maximizar sua utilidade, é claro."

Eu disse famosa, não engraçada.

Mas em todo o caso, mais importante do que entender ou apreciar essa piada é a tarefa de entender como essas ideias de escolha racional e maximização da utilidade se traduzem em teorias de obesidade racional. A ciência econômica costuma se concentrar nas decisões que as pessoas enfrentam quando nem todos os seus desejos podem ser atendidos de uma só vez. John Howard quer ser magro e, ainda assim, quer uma fatia de bolo como sobremesa. Ao optar por esta, ele estará nos dizendo algo sobre suas preferências. Economistas já demonstraram que as escolhas são influenciadas pelos custos e benefícios de suas alternativas. Se essa sobremesa for um pouco menos apetitosa, John poderá optar por aderir à dieta noturna. Se o custo de produtos assados aumentar consideravelmente, pessoas como John não comerão tantos bolos e brownies.

Portanto, uma explicação racional para o aumento da obesidade se concentra na mudança dos preços de alimentos enfrentada pelas economias de mercado nas últimas décadas.

Em 1998, Adam Drewnowski, professor na Universidade de Washington, andou pela mercearia local calculando quantas calorias por dólar conseguia obter de alimentos dispostos em diversas prateleiras. Naquela época, descobriu que US$1 de cenouras continha aproximadamente 250 quilocalorias de energia, o que significava energia suficiente para uma pessoa pedalar por 8 quilômetros. Esse mesmo US$1, se gasto em biscoitos, acumularia 1.200 calorias e impulsionaria um ciclista por mais de 32 quilômetros.[15] Para aqueles com dinheiro sobrando, a ineficiência calórica das cenouras não costuma ser levada em consideração. Mas para os que não têm tanto dinheiro, o custo das calorias da cenoura pode ser proibitivo. Por exemplo, quando pesquisadores entrevistaram famílias de baixa renda, descobriram que o preço de alimentos saudáveis — como frutas, verduras e pães integrais — cria um incentivo significativo para as famílias comprarem produtos menos saudáveis.

Se sua receita estava acima da média nos Estados Unidos, em 1997, então você teve 15% de chance de se tornar obeso. Se estava vivendo perto da linha de pobreza, essa chance aumentou para quase 30%.[16] A pesquisa de Drewnowski apresenta uma explicação baseada no mercado para a forte relação entre obesidade e pobreza — parece que apenas pessoas de alta renda podem comprar alimentos saudáveis. Famílias de baixa renda, num esforço para gastarem menos dinheiro com mercadorias, ficam presas ao *junk food*.

Ao mesmo tempo em que famílias de baixa renda enfrentaram uma pressão cada vez maior para comerem *junk food* em vez de alimentos saudáveis, também encontraram um preço cada vez maior para fazerem exercício. Não me refiro ao custo de entrar na academia local. Em vez disso, de acordo com Thomas Philipson e Richard Posner, da Universidade de Chicago, mudanças na tecnologia no local de trabalho diminuíram o número de calorias que os trabalhadores gastam. "Em uma sociedade agrícola ou industrial", escrevem, "o trabalho é desgastante. De fato, o trabalhador *é pago* para fazer exercício."[17] Mas agora os trabalhadores precisam se exercitar em seu tempo livre e, assim, esse custo aumentou para eles. Racionalmente falando, se o custo do exercício aumentar, eles farão menos atividades.

O custo cada vez maior do exercício não ocorreu apenas no local de trabalho. Pois na volta para casa, muitos enfrentam um número cada vez maior de escolhas atraentes sobre como gastarem o tempo. Quando John Howard pensa em dar uma rápida caminhada pelos arredores para queimar algumas calorias, precisa comparar os custos e benefícios da atividade com os prós e contras de assistir à televisão por 30 minutos. De acordo com Philipson e Posner, a existência de programas divertidos na televisão aumenta o custo do exercício. Abrir mão de *Gunsmoke* pode ter implicações para as pessoas.

Quando os economistas pensam sobre custos, não se limitam aos preços que estão na etiqueta. Suas teorias são fortes em parte porque têm uma visão expansiva de custos, considerando não apenas os monetários, mas também os de tempo, de oportunidade, a redução de despesas e coisas semelhantes.

De fato, uma das análises econômicas mais profundas que já vi sobre a obesidade atribui o aumento da gordura dos norte-americanos não ao custo monetário do *junk food* versus alternativas mais saudáveis, mas, em vez disso, aos custos de tempo relativos dessas categorias de alimentos.[18] O economista de Harvard David Cutler e seus colegas apresentam uma evidência convincente de que a obesidade cresceu mais por causa de um aumento de calorias do que em função da redução de exercício. As pessoas ingerem mais *fast food* e lanches do que costumavam comer.[19] Cutler e seus colegas argumentam que a razão para que façam isso é que a tecnologia permitiu que as pessoas gastassem menos tempo cozinhando, e limpando, em suas cozinhas do que costumavam gastar. Em épocas passadas, se alguém quisesse batatas fritas, teria de cortar algumas batatas em fatias finas, temperá-las, fritá-las e depois limpar toda a bagunça. Uma série razoável de desincentivos. Hoje uma pessoa que anseia por batatas fritas pode colocar batatas congeladas no micro-ondas ou, melhor ainda, pegar um pacote em uma das lojas de *fast food* que estão no seu caminho. O mesmo acontece em relação a batatas chips. Será que provoca surpresa o fato de que o consumo de batatas tenha aumentado mais de 30% desde o final da década de 1970?

Como hoje o ato de cozinhar exige menos tempo e mão de obra do que ocorria antigamente, o custo de comer diminuiu. As pessoas podem tirar dos seus armários um bolo fresco hermeticamente lacrado e com sabor testado. Um bolo caseiro não pode ficar no armário por tanto tempo e, então, ele costumava ser menos atraente para consumir.

É a isso que quero me referir quando digo que os livres mercados criaram a epidemia de obesidade. Avanços em tecnologia alimentar reduziram os custos monetários e de tempo de comer e são resultado de empresas de livre mercado reagindo à demanda do consumidor. Aqueles que defendem o mercado podem ser contrários à minha opinião neste aspecto, observando que a epidemia de obesidade decolou apenas nas últimas décadas, enquanto a empresa capitalista já existe há mais de 200 anos. Mas segundo esse raciocínio, também seríamos obrigados a concluir que os livres mercados não são responsáveis por HDTVs, ou iPods ou ramal de alumínio, uma vez que nada disso existia no começo dos tempos.

Forças de mercado são a principal causa da obesidade, que apenas se tornou uma epidemia quando a indústria de alimentos desenvolveu maneiras mais eficientes de produzir alimentos baratos, com alta densidade de energia e aperfeiçoou modos de armazenar e empacotar os alimentos que reduzem o custo do tempo de consumo.

Previsões racionais

Cutler e seus colegas não afirmam simplesmente sua teoria da obesidade baseada no "custo do tempo". Em vez disso, como bons cientistas sociais, testam sua teoria para ver se ela é capaz de prever quem tem maior probabilidade de ter se tornado obeso nos últimos anos. Por exemplo, famílias de alta renda ao longo da história comem fora com mais frequência do que aquelas de menor renda. Portanto, as de menor renda têm experimentado uma mudança maior no custo de tempo de preparação de comida nos últimos anos do que as famílias de maior renda. Como resultado dessas diferenças culturais, a teoria de Cutler prevê corretamente que o aumento da obesidade nas últimas duas décadas tem sido maior em famílias pobres do que nas ricas. De maneira semelhante, os homens historicamente têm se alimentado fora mais do que as mulheres, frequentemente quando estão no trabalho ou viajando. Mais uma vez, a teoria de Cutler previu corretamente que as mulheres ganharam mais peso nas últimas várias décadas do que os homens, graças ao advento da comida processada. A teoria de Cutler também prevê corretamente que o aumento do consumo calórico que ocorreu nas últimas décadas não foi igual ao longo de todos os grupos alimentares, mas pendeu para a comida processada.

Ao procurar a lógica presente na obesidade, os economistas ampliaram nossa compreensão da epidemia.

Respostas das políticas públicas ao comportamento racional

Graças à evidência da racionalidade presente na epidemia de obesidade, Philipson e Posner concluem que palavras como *sobrepeso* são termos impróprios: "Num modelo de escolha racional", afirmam, "não existe nada como ter 'sobrepeso'. Peso é o resultado de escolhas pessoais ao longo de dimensões como profissão, tempo de lazer, atividade ou inatividade, residência e, é claro, o consumo de alimentos."[20] Depois eles argumentam que a "perspectiva da escolha racional coloca em questão o argumento em favor de intervenções públicas projetadas para reduzir a obesidade".

De acordo com Philipson e Posner, os consumidores nos mostraram por meio de suas escolhas que preferem ser obesos às alternativas de fazer mais exercícios, abrir mão dos lanches preferidos e gastar o tempo necessário para preparar alimentos mais saudáveis. Segundo esse raciocínio, se o governo interviesse para combater a obesidade, ele estaria indo contra as próprias preferências dos cidadãos.

É muito importante reconhecer que visões como essa não são compartilhadas por todos os economistas e estes não são os únicos com essas visões. (De fato, Posner é um acadêmico de direito, não um economista). Nesse livro eu não critico os economistas, que afinal são um grupo heterogêneo com ampla variedade de visões de mundo. Da mesma maneira como não censuro teorias econômicas, também bastante diversas. De fato, sou grande fã de economia e já colaborei com economistas em diversas pesquisas. A disciplina enriqueceu muito nossa compreensão do comportamento humano e tende a enriquecer ainda mais essa compreensão agora que mais praticantes estão colaborando com não economistas.

Não estou criticando a economia. Ao contrário, estou explorando alternativas a uma abordagem "não intervencionista" a problemas como a obesidade. Aqueles que defendem um governo *laissez-faire* ainda justificam suas filosofias políticas em parte apelando para a teoria da escolha racional, para a ideia de que as pessoas escolhem melhor seu caminho do que o governo seria capaz de fazer. Como escreveu um grupo de entusiastas do mercado em uma publicação do Departamento de Agricultura: "Se os consumidores se dispõem a trocar o aumento de adiposidade por trabalhar em um ambiente fechado, e gastar menos tempo na cozinha e por problemas de saúde relacionados com o peso e que podem ser administrados, então os mercados não estão falhando." Utilizando esse raciocínio, concluem que "uma política federal para reduzir o sobrepeso e a obesidade pode causar mais danos do que benefícios".[21]

A crença na escolha racional não compartilha a visão libertária de como lidar com problemas como a epidemia de obesidade. Mas ela certamente continua como fundamento de muitos argumentos libertários. Então, para entender melhor os prós e os contras da abordagem "não intervencionista" à epidemia de obesidade, precisamos de uma compreensão melhor das forças irracionais que estão entre as causas mais racionais da obesidade.

A economia comportamental, que deriva boa parte de sua visão de mundo de disciplinas como a psicologia cognitiva e social, oferece uma cena menos racional do mundo. Como resultado, economistas comportamentais têm defendido novas razões para regulamentar mercados, para atender melhor aos interesses das pessoas. Antes de voltar à epidemia de obesidade e a outras consequências potencialmente perturbadoras do mercado moderno, devemos explorar as origens da economia comportamental e o que significa sua afirmação de que os humanos não são tão racionais quanto os economistas do século XIX outrora acreditavam que eles fossem.

PARTE II A ascensão da economia comportamental e o paternalismo brando

CAPÍTULO 3 Caixas de banco, pilotos de combate e os limites da racionalidade

As forças armadas dos Estados Unidos não têm adversários, tanto em termos de tamanho quanto de escopo, de seu poder puro e alcance. Mas muitos argumentam que as forças armadas de Israel não têm adversários, quilo por quilo. De fato, as forças armadas norte-americanas têm recorrido com frequência aos militares israelenses para aprender com suas técnicas avançadas de treinamento. Quando oficiais israelenses lhes dizem que tal técnica é a melhor maneira de desenvolver o desempenho das tropas, falam por experiência própria. Mas quais são as lições da experiência?

Daniel Kahneman, jovem professor de psicologia em Israel, fez a mesma pergunta. Foi na década de 1960, em que ocorreu a Guerra dos Seis Dias, quando as forças armadas de Israel estavam no auge do poder. Kahneman estava ensinando instrutores de voo sobre o valor do elogio para promover o desempenho. Seu ensinamento foi recebido com incredulidade, a ponto de um instrutor passar um sermão no educador:

> Em muitas ocasiões, quando elogio cadetes de voo por uma execução limpa de alguma manobra de acrobacia aérea, geralmente quando a repetem seu desempenho é pior. Por outro lado, muitas vezes ao gritar

> com cadetes por má execução, geralmente eles melhoram na vez seguinte. Então, por favor, não nos diga que o reforço funciona e que a punição não resolve, porque é o contrário.[1]

De fato, por causa dessas experiências, os instrutores definiram uma política de treinamento em que criticariam os pilotos *independentemente* de seus desempenhos.

Nem convencido nem intimidado por esse discurso, Kahneman se viu ponderando as implicações psicológicas do profundo erro de julgamento que os instrutores de voo tinham feito. Veja, tinham ignorado um fenômeno estatístico conhecido como *regressão à média*. Pense no conceito da seguinte maneira: suponha que você jogue golfe amanhã e tenha seu melhor desempenho até hoje. Agora, não importa se eu o elogie ou o critique, você provavelmente irá pior da próxima vez que jogar, porque irá regredir (voltar) à sua média (desempenho médio) — sua performance nos próximos 18 buracos será mais parecida com a que você costuma ter. Portanto, se eu o elogiar por ter jogado bem, e então não conseguir observar senão um desempenho não tão bom da próxima vez, eu erraria ao concluir que meu elogio fez com que você acertasse todos aqueles *fairway bunkers*.

Quando Kahneman estava ensinando os instrutores de voo, não era nenhum especialista na tomada de decisões. Mas pouco depois encontrou um novo professor, Amos Tversky, que tinha estudado sobre isso na Universidade de Michigan sob a tutela de Ward Edwards, um pioneiro no assunto. Os dois jovens professores começaram a trocar histórias de julgamentos estranhos que presenciaram, contrários ao ensino estatístico.

Kahneman compartilhou com Tversky mais algumas histórias sobre a época nas forças armadas de Israel, inclusive sobre seu trabalho ajudando os militares a avaliarem o potencial de liderança dos novos alistados. Em uma parte da análise, os jovens soldados eram colocados em pequenos grupos e orientados a carregarem um poste de telefone através de um circuito de obstáculos. Observando o desempenho, os avaliadores convergiam rapidamente para aqueles que pareciam os líderes evidentes de cada grupo, com pouca controvérsia. Infelizmente, essas avaliações não tinham quase nenhum poder de previsão. Os "líderes" identificados por meio desses exercícios não tinham mais probabilidade de se destacarem dessa forma em suas carreiras militares do que os seguidores. No entanto, os militares mantinham essas avaliações, incapazes de abandonarem a crença de que as avaliações tinham valor prognóstico.

Kahneman e Tversky perceberam que estavam chegando a algum lugar e começaram uma série de estudos que levantariam questões fundamentais sobre a racionalidade humana. A produção científica deles ao longo da década seguinte teve mais *insights* do que é possível descrever neste livro. Mas apenas para dar pequena mostra de suas colaborações, deixe-me apresentar Linda.

Qual é a minha especialidade?

Linda tem 31 anos, é solteira, comunicativa e brilhante. Formou-se em filosofia. Como estudante, era profundamente preocupada com as questões da discriminação e da justiça social e também participou de manifestações antinucleares. Com essas informações, quais você acha que são as chances de as seguintes afirmações serem verdadeiras sobre Linda?

Linda é professora do ensino fundamental.

Linda trabalha em uma livraria e faz ioga.

Linda é ativa no movimento feminista.

Linda faz trabalho social em psiquiatria.

Linda é membro da Liga das Eleitoras.

Linda é caixa em um banco.

Linda é vendedora de seguros, ou

Linda é caixa em um banco e ativa no movimento feminista.

Quando li pela primeira vez o artigo em que Kahneman e Tversky faziam essa pergunta, pensei até que ponto Linda se encaixava no estereótipo de cada afirmação.[2] Linda me parecia exatamente o tipo de pessoa que seria ativista no movimento feminista. Por outro lado, ela não parecia ser caixa em um banco de jeito algum. Então classifiquei a probabilidade de Linda ser feminista como significativamente maior do que sua chance de ser caixa em um banco. Eu estava certo? Bem, na verdade não sabemos, porque Linda é mera fantasia, criada para ilustrar a força do que se chama de *heurística da representatividade*.

A palavra heurística está relacionada com as regras empíricas que usamos para fazer julgamentos sobre o mundo. Quando você anda por uma viela escura e se afasta de cinco garotos armados com facas, vindo em sua direção, está confiando em uma heurística com potencial para salvar vidas. Você não tem certeza absoluta de que se trata de um grupo perigoso de garotos. Eles podem simplesmente estar voltando para casa após o curso de culinária. Mas as chances de ser algo menos benigno são simplesmente altas demais para que você se arrisque.

A heurística da representatividade orienta muitos de nossos julgamentos. Quando decidi qual era a probabilidade de Linda ser feminista ou caixa de banco, pensei até que ponto ela era representativa da pessoa típica de cada grupo. Mas esse tipo de pensamento pode nos desencaminhar moralmente. Considere, por exemplo, a possibilidade de Linda ser caixa de banco e ativista no movimento feminista. Agora tenho de admitir que Linda não me parece ser caixa de banco. Mas quando ela é descrita como sendo caixa de banco e ativista no movimento feminista, a descrição começa a parecer plausível. Talvez ela esteja passando uma mensagem feminista, avançando dentro do sistema de caixas de banco, que é dominado por homens, para provar que as mulheres são capazes de lidar com grandes quantias em dinheiro. Então quando encontrei Linda pela primeira vez, classifiquei suas chances de ser caixa de banco e ativista no movimento feminista como sendo maior do que as de simplesmente ser caixa de banco.

Mas vamos observar a situação de maneira mais lógica. O que é mais provável: que Linda seja caixa de banco ou que seja, ao mesmo tempo, caixa de banco e ativista no movimento feminista? Esta última possibilidade *parece* ser mais provável, porque se encaixa melhor em nossa representação de Linda. Mas usando a lógica, a primeira opção *tem de ser* mais provável, porque a categoria de caixas de banco que sejam ativistas no movimento feminista é subsumida na categoria mais ampla de todos os caixas de banco.

Para entender melhor como funciona a heurística da representatividade, imagine que eu jogue seis vezes uma moeda e anote o resultado de cada lançamento. Depois mostro duas sequências de resultados e peço para que você adivinhe o verdadeiro resultado dos meus lançamentos da moeda [Ca = Cara; Co = Coroa]: Ca-Co-Ca-Co-Co-Ca ou Ca-Ca-Ca-Co-Co-Co.

Se você for como a maioria das pessoas (e evidentemente não é, porque está lendo este livro), escolherá a primeira sequência, porque é mais representativa da maneira pela qual sequências de lançamentos de moedas costumam ser — parece mais aleatório. Mas se pensar nisso com cuidado, perceberá que cada sequência tem a mesma probabilidade de ocorrer. As chances de se ter Ca-Co-Ca-Co-Co-Ca são exatamente as mesmas de se obter Ca-Ca-Ca-Co-Co-Co, que por acaso são exatamente as mesmas de se obter seis Caras seguidas, diga-se de passagem.

Esse exemplo parece artificial demais para chegar a influenciar julgamentos reais? Infelizmente para a minha vida social, a resposta é não. Certa noite recebemos uma família com quatro pessoas para jantar em nossa casa, na esperança de conhecê-las melhor. Nossos filhos frequentavam a mesma escola que os filhos deles, então esperávamos que as duas famílias se dessem bem. A noite parecia perfeita — nossos filhos e os deles estavam brincando e num volume suficientemente baixo a ponto de nós quatro adultos podermos conversar. Em determinado momento da noite, Dave, vamos chamá-lo assim, comentou sobre a coleção de músicas que ouvíamos e observei, de maneira tediosa, como elas estavam sendo geradas aleatoriamente pelo meu novo iPod. Ele balançou a cabeça negativamente, observando que em duas ocasiões foram tocadas duas músicas seguidas de Elvis Costello e que meu iPod não deveria estar realmente selecionando músicas aleatoriamente. Eu observei as falhas na sua lógica saindo-me com uma explicação erudita de como ele tinha sido enganado pela heurística da representatividade.

Argumentei com sucesso e nunca mais vimos o casal.

O que vem à mente?

Quando George W. Bush decidiu invadir o Iraque, sem dúvida ele levou em conta algumas probabilidades. Considerou as chances de se encontrarem armas de destruição em massa e de as tropas norte-americanas serem recebidas como libertadoras. Ele não é o único a pensar em probabilidades ao tomar decisões. Alguém que esteja se deslocando pode decidir usar uma estrada vicinal em uma manhã em vez de usar a rodovia quando acreditar que as chances de um congestionamento nesta sejam grandes. Mas como as pessoas fazem julgamentos sobre as chances de diversas coisas acontecerem no mundo? O trabalho de Kahneman e Tversky sobre a heurística da representatividade levantou a perturbadora possibilidade de os julgamentos de probabilidade das pessoas serem enviesados devido a regras empíricas rudimentares que nem sempre funcionam.

Considere outra regra empírica, que eles chamaram de *heurística da disponibilidade.*[3] Pressupondo que você não tenha uma memória fotográfica, tente adivinhar quantas palavras, nas últimas 2.000 palavras deste livro, têm a seguinte sequência de letras:

- _ _ _ _ _ _ _ NDO
- _ _ _ _ _ _ AR
- _ _ _ _ _ _ _ NDO

É fácil imaginar várias palavras terminando em *ndo*, como a palavra terminando, que agora usei duas vezes nessa frase. Elas são altamente disponíveis — facilmente resgatáveis — no nosso cérebro. No entanto, é muito mais difícil resgatar palavras terminando em _ _ _ _ _ _ _ N _ _. Não temos um local em nosso cérebro onde armazenamos palavras de acordo com a antepenúltima letra. Mas é claro que todas as palavras terminando em _ _ _ _ _ _ _ NDO estão incluídas nas palavras terminando em _ _ _ _ _ _ _ N _ _.

Influenciadas pela heurística da disponibilidade, as pessoas calcularam em média que havia cinco palavras (das últimas 2.000) terminando em _ _ _ _ _ _ _ N _ _ e 13,5 palavras terminando com as letras _ _ _ _ _ _ _ NDO.[4] Na verdade, as respostas certas para este livro são bem diferentes. A disponibilidade, a facilidade de resgate de palavras com o sufixo *ndo* leva as pessoas a fazerem julgamentos imprecisos.[5]

Logo que começaram a trabalhar juntos, Kahneman e Tversky descobriram uma série de julgamentos estranhos feitos pelas pessoas que desafiam as leis da probabilidade e as regras da lógica.[6] Mostraram que podiam influenciar as estimativas das pessoas de quantos países existem na África fazendo com que elas escrevessem os dois últimos dígitos do número do seu Cartão da Previdência Social antes de adivinharem. O número essencialmente aleatório *ancorou* as estimativas das pessoas, de tal forma que alguém cujos dois últimos dígitos do Cartão da Previdência Social fossem 93 estimaria um número maior de países africanos do que aquele cujos dois últimos dígitos fossem 16.[7]

O trabalho de Kahneman e Tversky causou um impacto imediato, desafiando a crença das pessoas na amplitude da racionalidade humana. Afinal de contas, considerava-se a crença na racionalidade humana como a característica que distinguia nossa espécie pelo menos desde a época de Aristóteles. Então, as descobertas de Kahneman e Tversky abalaram muitas pessoas — filósofos, que se orgulhavam de serem racionais, liam seus cenários e acabavam cometendo os mesmos erros que os mortais comuns. Até os estatísticos respondiam as pesquisas de Kahneman e Tversky de maneira que violava princípios básicos de sua própria disciplina.[8] Muitas pessoas se preocupavam que Kahneman e Tversky deveriam estar errados. Stephen J. Gould, o famoso teórico evolucionista, argumentava que se Linda fosse caixa de banco, ela simplesmente *teria* de ser ativista no movimento feminista.[9]

Mas pelo menos um grupo de pensadores ficou em grande parte impassível — o dos economistas. Nada sobre caixas de bancos e iPods aleatórios poderia ameaçar a teoria deles sobre a racionalidade humana. Foi a partir daí que Kahneman e Tversky ficaram sérios e voltaram suas atenções para o dinheiro.

Hora de apostar

Imagine que eu tenha acabado de oferecer a você US$ 3.000. Todo seu, sem nenhum questionamento. No entanto, se você estiver se sentindo com sorte, poderá abrir mão desses US$ 3.000 e tentar ganhar ainda mais dinheiro, mas correndo o risco de perder tudo. Sua escolha hipotética é mostrada a seguir:

(a) US$ 3.000 garantidos
ou

(b) 80% de chance de ganhar US$ 4.000
e
20% chance de (epa!) não ganhar nada.

Se você for como a maioria das pessoas, aceitará os US$ 3.000 garantidos. É claro que a escolha não é um resultado inevitável. Nada na visão econômica tradicional da racionalidade favorece uma dessas opções em detrimento da outra. Em vez disso, a melhor escolha para qualquer pessoa depende da utilidade relativa que ela atribui aos US$ 4.000 *versus* os US$ 3.000. Até aqui tudo bem.

Mas agora imagine uma escolha diferente, ilustrada abaixo:

(c) 25% de chance de ganhar US$ 3.000
e
75% chance de não ganhar nada
ou

(d) 20% de chance de ganhar US$ 4.000
e
80% de chance de não ganhar nada

Nessa situação, a maioria das pessoas escolhe (d), raciocinando que, se há chances de ficar sem nenhum dinheiro, deve tentar ganhar a quantia maior. Mas vamos observar ambas as escolhas com mais atenção. Aqueles que preferem (a) a (b) revelaram a utilidade — as preferências — que têm por essas duas quantias em dinheiro. A escolha revela a utilidade relativa de ambas as quantias em dinheiro: u(US$ 3.000) > 0,8u (US$ 4.000).

Ao contrário, se você preferir a escolha (d) a (c), então terá revelado que, para você, 0,2u(US$ 4.000) > 0,25u(US$ 3.000), que, se lembrarmos de nossa aula de álgebra no colegial, significa que 0,8u(US$ 4.000) > u(US$ 3.000). Em outras palavras, os que preferem (a) na primeira escolha e (d) na segunda nos deram informações completamente diferentes sobre as utilidades relativas das duas quantias em dinheiro.[10] Se escolher dessa maneira, meu amigo, você terá se contradito.[11]

Mas pelo menos estará em boa companhia. Leonard "Jimmy" Savage, matemático treinado na Universidade de Michigan, que se tornou famoso ao desenvolver axiomas da escolha racional, fez esse mesmo par de escolhas inconsistentes quando se viu diante desses riscos. Quando alguém observou que ele tinha violado exatamente os mesmos padrões de racionalidade que ajudara a tornar famosos, Savage teimosamente respondeu: "Como meus axiomas são totalmente evidentes, minhas respostas, que realmente são incompatíveis com eles, são explicadas pelo fato de eu não ter pensado o suficiente sobre o assunto."[12]

Uma questão de certeza

Savage estava convencido de que, com reflexão adequada, ele teria obedecido a seus axiomas. Mas Kahneman e Tversky estavam convencidos de que ele estava equivocado — aliás, tinham certeza. Eles teorizaram que quando as pessoas tomam decisões arriscadas, dão um peso excessivo a resultados que percebem como sendo *certos*.

Para compreender a força da certeza, imagine por um momento que você acabou de receber o diagnóstico de um câncer uniformemente fatal: nenhuma chance de sobrevida de um ano. Suponha que tenha sido desenvolvida uma nova quimioterapia que aumentará suas chances de sobrevivência para 3%, mas que ainda não seja coberta por seu plano de saúde. Quanto você pagaria a vista por esse tratamento? Agora imagine, ao contrário, que você tenha um câncer que ameace sua vida, mas que seja muito mais tratável, e que o plano de saúde pagará pela quimioterapia padrão, com 50% de chance de salvar sua vida. Quanto você pagaria a vista por uma nova quimioterapia que o plano ainda não cubra e que aumentará suas chances de sobrevivência para 53%? Qualquer que seja o número, acredito que será bem menor do que a quantia que você teria pagado pela droga que aumentou sua sobrevivência de 0% para 3%.

Em ambos os casos, estará pagando para aumentar sua chance de sobrevivência em 3%. Na primeira situação, isso parecia uma diferença imensa. Mas na segunda, pareceu quase trivial. No primeiro caso, a força psicológica da morte certa aumentou o valor dos 3% de melhoria da sobrevivência.[13]

Os dois psicólogos trabalhavam até tarde, desenvolvendo uma teoria que destacasse as estratégias que influenciam as pessoas quando estão tomando decisões arriscadas. A parceria deles se acomodou em um biorritmo, com Tversky rascunhando ideias até tarde da noite e com Kahneman acordando cedo para fazer as próprias reflexões. As conversas começavam todos os dias na hora do almoço e costumavam avançar pela tarde.[14]

Como resultado, as ideias não paravam. De fato, certo dia, quando estavam ponderando a literatura sobre a tomada de decisões, ambos perceberam que quase todos os riscos que as pessoas corriam se baseavam em quantias positivas de dinheiro. Pesquisadores poderiam pedir aos indivíduos que escolham a certeza de ganhar US$ 3.000 ou, digamos, US$ 4.000 incertos, mas eles nunca pediram que optassem entre perdas certas e incertas. Eles logo retificaram o descuido e, no processo, fizeram uma descoberta que acabou tornando-se parte fundamental no trabalho que os levaram à conquista do prêmio Nobel.

A isca da perda

Kahneman e Tversky descobriram que as pessoas veem situações de maneira bem diferente quando são descritas de modo que se concentram em perdas. Elas têm muito mais chance de realizar um procedimento cirúrgico com uma taxa de sobrevivência de 90%, por exemplo, do que outro com um índice de mortalidade de 10%. Ao levarem em consideração este último procedimento (que evidentemente é a mesma cirurgia que a primeira), elas se concentram no índice de mortalidade e tornam-se avessas à perda potencial da vida.[15]

A aversão das pessoas a perdas pode ser totalmente irracional. Imagine, por exemplo, que eu tenha acabado de dar a você US$ 1.000 e que agora eu esteja oferecendo uma chance de receber mais US$ 500 ou de ter 50% de chance de ganhar mais US$ 1.000. Em outras palavras, você está diante de uma escolha entre a certeza de ganhar US$ 1.500 (US$ 1.000 mais US$ 500) e o risco que o deixará com uma chance igual de acabar com US$ 1.000 ou US$ 2.000. Se você for como a maioria das pessoas, aceitará os US$ 1.500 garantidos. Nada em relação a essa escolha contradiz a visão econômica padrão da racionalidade. Você simplesmente pensou nas utilidades relativas de US$ 1.000, US$ 1.500 e US$ 2.000 e fez a escolha.

Agora considere uma situação diferente: acabei de dar a você US$ 2.000 (depois que uma participação no *The Daily Show* impulsionou as vendas de meu livro) e agora estou oferecendo uma escolha entre me devolver US$ 500 ou aceitar 50% de chance de me devolver US$ 1.000

ou manter todo o dinheiro. Novamente, você está diante de uma escolha entre a certeza de ganhar US$ 1.500 ou o risco que dará a você uma chance igual de acabar com US$ 1.000 ou com US$ 2.000. Exatamente a mesma escolha que antes. Ainda assim, nessa situação, como o risco acontece no domínio de uma perda, a maioria das pessoas aceita o risco e abre mão da certeza de ganhar US$ 1.500. A decisão nesse caso é totalmente contrária à sua decisão anterior. As pessoas simplesmente não ponderam as utilidades relativas de ganhar US$ 1.000, US$ 1.500 e US$ 2.000 e decidem o que fazer. Em vez disso, atribuem pesos drasticamente diferentes aos três valores em dinheiro dependendo de se eles se concentram em ganhos ou em perdas.

Em 1979, Kahneman e Tversky juntaram suas ideias em um artigo que eles chamaram de maneira inócua de "Teoria da Probabilidade".[16] Eles divulgaram sua nova teoria em uma publicação chamada *Econometrica*, não porque eles quisessem desafiar economistas, mas, ao contrário, porque ali era o melhor lugar para promover manuscritos voltados matematicamente para a tomada de decisões.

Eles não faziam ideia da extensão que o trabalho deles abalaria o estabelecimento econômico, impulsionando o desenvolvimento de subdisciplinas, como a economia comportamental e seu enteado, a neuroeconomia. Também não tinham nenhuma aspiração ao prêmio Nobel. Afinal, eram psicólogos e não *existe* o prêmio Nobel de Psicologia. De fato, nada que estava acontecendo na economia naquela época apontava para um futuro em que membros da disciplina desafiariam a visão dos humanos como tomadores de decisões racionais. Exatamente naquele mesmo ano, Theodore Schultz, da Universidade de Chicago, ganhou o prêmio Nobel. Outros notáveis de Chicago o conquistaram em anos subsequentes — George Stigler, Ronald Coase e Gary Becker, todos envolvidos nas tradições da racionalidade. Os economistas da época resistiram às ideias de Kahneman e Tversky, opondo veementemente o que eles descreviam como sendo "experimentos de jogos de azar" e ridicularizando a visão bizarra da falibilidade humana.[17] Kahneman e Tversky foram acusados de aplicar "truques humanos estúpidos" e de criar pequenas experiências espertas que simplesmente enganava participantes insuspeitos.

Não há dúvida de que as experiências de Kahneman e Tversky *eram* espertas. Talvez até demais para convencer economistas relutantes a aceitarem suas descobertas. Veja, devido ao treinamento recebido como psicólogos, Kahneman e Tversky estavam acostumados a projetarem experiências que elucidam os mecanismos de funcionamento do cérebro. Observe o quarto de Ames, reproduzido na Figura 3-1.

FIGURA 3-1

Quarto de Ames

© The Exploratorium, www.exploratorium.edu

Você certamente já viu um quadro como esse antes. A geometria da sala cria uma ilusão de ótica que torna quase impossível dissipar a noção de que a pessoa na frente é um gigante. A maioria dos leitores conhecerá várias dessas ilusões de ótica, que nos enganam a ponto de acharmos que uma linha curta é mais comprida do que outra maior e assim por diante.

A existência dessas ilusões não prova que nossos sistemas visuais sejam terrivelmente falhos. As pessoas não batem em paredes por acidente ou avaliam erroneamente o tamanho dos indivíduos que encontram na rua. Em vez disso, a existência dessas ilusões revela como nossos cérebros funcionam, identificando como nossos cérebros compreendem o que vemos.[18]

Psicólogos têm considerado os erros para entender o cérebro desde o século XIX. Hermann von Helmholtz, pioneiro das ilusões de ótica, descreveu essa abordagem já em 1881: "Precisamente aqueles casos que não estão de acordo com a realidade são particularmente instrutivos para se descobrir as leis dos processos pelos quais a percepção normal tem sua origem."[19]

Ao conduzirem tantos estudos espertos e memoráveis, em manuscritos cheios de prosa brilhante e maravilhosos exemplos ilustrativos, Kahneman e Tversky chamaram a atenção para as muitas forças que afastam as pessoas da racionalidade. A única questão agora era se os economistas nunca agiriam de acordo com as suas próprias ideias.

CAPÍTULO 4 Castanhas de caju, canecas de café e o nascimento da economia comportamental

Dick Thaler tinha um segredinho sujo. Na verdade, um caderno repleto deles — observações que ele fizera de economistas se comportando de maneira irracional. Thaler não era um antropólogo, se escondendo no fundo das salas em seminários de economia fazendo anotações sobre certa cultura alienígena. Ao contrário, ele próprio era um economista de carteirinha, tendo recebido seu doutorado pela Universidade de Rochester, num programa que doutrinava seus estudantes levando-os a pensar do modo neoclássico, segundo o modelo da escolha racional.[1]

Mas essa doutrinação não funcionou. Thaler simplesmente não podia aceitar que as pessoas fossem tão racionais quanto tinham ensinado a ele. Certa noite, por exemplo, Thaler estava em casa, recebendo um grupo de economistas para jantar. Durante o aperitivo, ele colocou uma tigela de castanhas de caju para que as pessoas beliscassem. As castanhas começaram a desaparecer em um ritmo alarmante, que ameaçava arruinar o apetite de todos para o jantar. Thaler recolheu a tigela de castanhas de volta à cozinha. Quando retornou à sala, os convidados lhe agradeceram entusiasticamente por retirar o aperitivo até então irresistível. Em outras palavras, os economistas — todos profundamente comprometidos, naquela época, com a ideia de que, deixadas à própria sorte, as pessoas tomarão decisões que maximizem seus melhores interesses — estavam efetivamente agradecendo por ele privá-los da liberdade de beliscar as castanhas.

Thaler percebeu a ironia, anotou a história em seu caderno e a arquivou para referência futura.

Naquele mesmo caderno, Thaler refletia sobre como os colegas se comportavam quando jogavam pôquer. As apostas nos jogos costumavam ser baixas, mas ainda assim envolviam dinheiro de verdade, então não poderia haver melhor ocasião para se esperar que um economista agisse de acordo com as próprias teorias. Afinal, os economistas levam o dinheiro muito a sério. No entanto, Thaler continuava percebendo um comportamento estranho. Quando um dos jogadores ganhava algum dinheiro logo no início, ele começava a apostar de maneira imprudente. Os apostadores chamam isso de "jogar com o dinheiro da casa". Esse comportamento, apesar de estar longe de ser característico desses economistas, não fazia sentido racional para Thaler. Se no começo da noite você passava tendo um par de oitos e uma aposta de US$ 2 na mesa, por que você não faria o mesmo quando estivesse com lucro de US$ 20?

Aqueles que ficavam para trás no começo da noite também se comportavam de maneira estranha. Eles se tornavam muito cautelosos, passando com mais frequência do que no começo da noite, até que aparecesse uma boa mão, depois da qual fariam o tipo de aposta que daria a eles a chance de recuperar todas as perdas de uma só vez, como um time de futebol americano que fica em desvantagem no placar no primeiro quarto de partida e abandona o *running game*,* apesar de ter bastante tempo para se recuperar. Afinal de contas, esses jogadores de pôquer tinham todas as suas *vidas* para se restabelecerem — se eles perdessem US$ 10 agora, sempre poderiam se recuperar na semana seguinte. É claro que as estratégias de apostas deveriam ter sido baseadas em suas chances de sucesso no longo prazo, não em algum desejo de recuperar o prejuízo naquela mesma noite.

---

*No futebol americano, jogada ofensiva que consiste na corrida de um atleta com a bola, passando pelo meio da defesa adversária. (*N. do R.*)

Thaler não conseguia se livrar da ideia de que se economistas, ao tentarem ganhar dinheiro no pôquer, não se comportavam de maneira racional, então a visão econômica da natureza humana no século XIX deveria ter uma falha terrível. Ele sabia que essa ideia representava uma heresia. Então, quando falava a respeito com colegas, ele o fazia de maneira cautelosa e até certo ponto pela tangente, sussurrando anedotas desses comportamentos estranhos, mas sem gerar algum tipo de crise teórica. Ele fazia suas anotações na esperança de publicar um manuscrito que descrevesse alguns dos comportamentos anômalos que testemunhara. Mas não conseguia encontrar um jeito coerente de formular suas ideias ou uma nova doutrina que pudesse substituir a teoria padrão da escolha racional.

Então, no verão de 1976, Thaler participou de uma conferência que explorava, entre outros assuntos, como avaliar riscos que ameaçassem a vida. Quanto dinheiro extra, por exemplo, um trabalhador deveria receber se seu trabalho gerasse um risco de ferimento grave? Não foram apenas economistas que participaram da conferência, mas também jovens psicólogos como Paul Slovic e Baruch Fischoff, que estavam pesquisando alguns dos mesmos temas nos quais Kahneman e Tversky estavam trabalhando. Thaler ficou intrigado com o que ouviu naquele dia. Ele deu carona a Fischoff após o final da conferência e compartilhou algumas das suas observações sobre os comportamentos anômalos das pessoas. Fischoff balançou a cabeça afirmativamente, como se não estivesse surpreso com o que Thaler observara e prometeu enviar alguns artigos pelo correio (afinal isto foi antes do e-mail) que forneceriam referências para essas anomalias. Entre os artigos que Thaler recebeu na semana seguinte estava um dos primeiros sobre heurística e tendências, escrito por Kahneman e Tversky. Thaler sentiu como se tivesse descoberto uma mina de ouro, quase não conseguindo se conter enquanto corria para a biblioteca para encontrar outros artigos deles.[2] Finalmente de posse de uma teoria que explicava os comportamentos que ele tinha observado, publicou seu caderno de segredinhos sujos em um periódico da economia e, assim, nasceu a disciplina da economia comportamental.

Os indivíduos têm enorme resistência a novas ideias quando estas vêm de *outsiders*. Nixon foi à China e Clinton conseguiu "acabar com os benefícios sociais tal como os conhecemos", porque os partidos políticos mais resistentes a essas ideias eram seus *próprios* partidos. Como *insiders*, conseguiram se beneficiar de relacionamentos que tinham forjado e do "crédito das ruas" que tinham construído no interior de seus respectivos partidos. Tendo sido treinados em psicologia, Kahneman e Tversky tinham relações estreitas com economistas. Mas Thaler conseguiu usar seu status de *insider* para começar a reformar a disciplina.

Mas ele não fez isso sozinho. No verão de 1977, Thaler ficou sabendo por acaso que Kahneman e Tversky seriam acadêmicos visitantes em Stanford, onde ele também passaria o ano. Acomodados no mesmo campus, os três começaram a conversar. Thaler rapidamente percebeu que as ideias de Kahneman e Tversky forneciam a estrutura fundamental para explicar muitas das anomalias que ele vinha colecionando em seu caderno.

Com Kahneman e Tversky ele aprendeu sobre a aversão à perda, para começar, e imediatamente reconheceu que esse fenômeno psicológico explicava a primeira anomalia que tinha identificado quando ainda era estudante da pós-graduação. Naquela época, Thaler vinha se atolando em grandes bancos de dados para descobrir quanto dinheiro extra as pessoas precisariam receber para aceitar empregos perigosos. Enquanto realizava esse trabalho cansativo, ele tentou usar um atalho entrevistando pessoas e perguntando quanto elas teriam de receber para que aceitassem, digamos, um risco de 1 em 1.000 de morte imediata. Jogando com o palavreado do seu questionário (uma vez que ele não tivera nenhum treinamento em relação a como fazer uma pesquisa), formulou a questão de uma forma diferente para algumas pessoas, perguntando quanto elas pagariam para se livrar do mesmo risco. Ele compreendeu que essas eram basicamente duas maneiras de fazer a mesma indagação.

Mas, para sua surpresa, as respostas variaram drasticamente em relação aos dois tipos de pergunta. Diante do pedido para que imaginassem que já tivessem assumido um trabalho perigoso, elas disseram que estariam dispostas a pagar US$ 200 para reduzir o risco, não muito mais do que o preço de um bom chapéu. Livrar-se desse risco no trabalho, quando colocado dessa maneira, seria visto como um ganho, no esquema de Kahneman e Tversky. Ao contrário, se as pessoas ainda não o enfrentassem, significando que o risco em si seria visto como uma perda, afirmaram que exigiriam um aumento *imenso* no salário para aceitarem a oferta, algo da ordem de US$ 50.000. É difícil imaginar, mas a mesma pergunta básica levou a uma resposta ou de US$ 200 ou de US$ 50.000. Mesmo naquela época, como estudante de pós-graduação, Thaler reconheceu que algo estranho estava acontecendo. Mas apenas depois de passar algum tempo com esses dois psicólogos brilhantes em Stanford ele percebeu o motivo pelo qual as pessoas estavam agindo dessa forma: elas tinham uma aversão irracional a perdas.

Em pouco tempo, ele estava colaborando com Kahneman (e com Jack Knetsch) em uma série de experiências engenhosas que mostravam como a aversão a perdas influenciava até as mais simples interações de mercado. E, juntos, os três homens determinariam a força do que eles chamaram de *efeito dotação*.[3]

Uma caneca na mão

Em uma demonstração típica do efeito dotação, Kahneman, Knetsch e Thaler organizavam estudantes em pares e davam uma caneca de café de Cornell para um membro de cada par, dizendo que agora a caneca era deles. Eles estimulavam os dois estudantes a examinarem a caneca — vê-la, senti-la. Em seguida pediam que cada um colocasse um valor na caneca. Aqueles que já a possuíam — que foram presenteados com ela — decidiriam o menor preço pelo qual eles a venderiam ao parceiro, enquanto aqueles que ainda não possuíam a caneca decidiriam qual deveria ser o maior preço de compra pelo qual eles a comprariam dos parceiros. O preço médio de venda era maior do que US$ 5, enquanto a compra média não passava muito de US$ 2. É claro que as canecas estavam sendo consideradas mais valiosas pelos estudantes que já a possuíam.

Em outro experimento, Thaler e os colegas deram a cada estudante uma caneca por participarem de um estudo, afirmando que eles poderiam trocá-la por uma grande barra de chocolate se desejassem. Apenas 11% dos estudantes fizeram a troca, exibindo uma preferência pela caneca que faria com que um economista tradicional necessariamente concluísse que ela valia mais do que a barra de chocolate. Mas como ele não era mais um economista tradicional, Thaler então deu barras de chocolate a um grupo separado de estudantes, informando que eles poderiam trocá-las por uma caneca se quisessem. Se a caneca realmente fosse muito mais valiosa para o estudante típico do que a barra de chocolate, então 90% dos estudantes deveriam fazer a troca. Mas apenas 10% escolheram fazer isso. Independentemente do objeto com o qual Thaler presenteasse os estudantes, tornava-se o mais valioso.

Thaler tinha reconhecido o efeito dotação pela primeira vez ainda na pós-graduação. Quando teve contato com os artigos de Kahneman e Tversky, percebeu que o efeito dotação é uma consequência da aversão a perdas. Perder uma barra de chocolate é melhor do que ganhar uma caneca de café. De acordo com o mesmo critério, perder uma caneca de café é melhor do que ganhar uma barra de chocolate. Portanto, o valor de qualquer bem não é simplesmente função da utilidade daquele bem, mas também é função de se a pessoa já *possui* o bem ou não. E não me refiro a uma relação prolongada que gerou sua própria utilidade. Não falo do vínculo emocional que as pessoas desenvolvem pelo agasalho favorito ou pela luva de beisebol que serviu direitinho. Estou falando sobre uma caneca de café que elas seguraram nas mãos por menos de 10 segundos.

Não faz muito tempo o *New York Times* publicou um exemplo bastante emocionante do efeito dotação. No ensaio, Elizabeth Fitzsimons contou a história do que tinha acontecido quando ela e o marido, Matt, voaram para a China para adotar uma menininha. Consciente de que algumas das crianças que estavam lá para serem adotadas tinham saúde vulnerável, eles tinham total expectativa de que a menina deles seria mal-nutrida, talvez até um pouco rejeitada. Mas previamente eles tinham preenchido formulários indicando até que nível de condições de saúde eles conseguiriam suportar. Não queriam passar a imagem de não terem compaixão, mas não estavam preparados para adotarem uma menina, digamos, com uma doença cardíaca grave ou espinha bífida.

Então você pode imaginar a surpresa deles quando encontraram a menina que eles tinham ido adotar e perceberam uma cicatriz de pouco mais de 5 centímetros na base da espinha. Quando as pessoas no orfanato fingiram surpresa com essa indicação de problema, os pais adotivos solicitaram um médico para que avaliasse a criança. O médico ficou preocupado, percebendo que seu tônus retal não estava adequado. Suspeitou de algum tipo de anormalidade na espinha. A tomografia confirmou que tinha existido um tumor que "alguém, em algum lugar, tinha removido". Todos os profissionais que a avaliaram partiram do pressuposto de que a sua vida seria repletas de múltiplas incapacidades.

Mas Elizabeth e o marido já tinham segurado a criança. Já haviam se apaixonado pela garotinha. E aquela lista de averiguações, aquelas condições de saúde com as quais afirmaram anteriormente que não seriam capazes de lidar, já não parecia tão importante. Eles queriam aquela menina e apenas ela, independentemente de quais problemas clínicos teriam de enfrentar. De fato, não conseguiam imaginar voar de volta para casa com nenhuma outra criança.[4]

É claro que seres humanos vivos e que respiram geram efeitos de dotação muito diferentes de canecas de café. Até parece grosseiro classificar os comportamentos desses pais em termos da economia comportamental. Mas a psicologia de canecas de café é realmente paralela à de crianças para adoção. Imagine que dois casais estejam abraçando suas novas e saudáveis menininhas adotadas, quando são comunicados de repente que a agência de adoção chinesa embaralhou os papéis e que cada casal está abraçando a criança errada. Espero que, se tiverem uma oportunidade, os dois casais prefiram trocar papeladas a trocar as crianças.

Contabilidade mental

Thaler identificou outro fenômeno quando ainda estava começando a coletar anomalias, o que também se encaixava bem nas teorias de Kahneman e Tversky. A ideia de Thaler, que ele chamou de "contabilidade mental", era de que, apesar de o dinheiro ser fungível — um ganho de US$ 10 somado a uma perda de US$ 10 deixa uma pessoa exatamente onde começou —, as experiências das pessoas em relação ao dinheiro, a maneira pela qual elas mantêm controles mentais dos ganhos e perdas, costumam desmentir essa fungibilidade.[5] Considere uma mulher que ganhe US$ 100 na liga do escritório do Fantasy Football,* mas que, no mesmo dia, danifique um equipamento do escritório e precise desembolsar US$ 50 para substituí-lo. Você acha que ela se sente da mesma maneira que alguém que acabou de achar uma nota de US$ 50? Notas de US$ 50 à parte, a mulher experienciou dois eventos: um ganho de US$ 100 e uma perda de US$ 50. O desprazer pela perda de US$ 50 fará com que ela perca mais da metade do prazer que ela experimentou com o ganho dos US$ 100. Agora se essa mulher fosse racional e tratasse o dinheiro como algo fungível, ela simplesmente converteria os eventos do dia em um único valor monetário e comemoraria o fato de ter ganho US$ 50 que ela não estava esperando.

Mas as pessoas não são tão racionais. Quando vivenciam eventos, elas não os incluem em um tipo de função de utilidade. Em vez disso, elas... vivenciam os eventos!

Considere a maneira pela qual as pessoas vivenciam eventos bons. A criança que abre todos os seus presentes de aniversário em um único frenesi de 10 minutos já terá praticamente maximizado seu medidor de alegria (para não falar do córtex auditivo dos seus pais) no quinto minuto. Por sua vez, uma criança que abre um presente antes de ir à escola pela manhã, mais alguns naquela noite e outro presente quando a avó a visita no fim de semana seguinte vivenciará vários momentos alegres, talvez nenhum deles tão intensos quanto os do frenesi de 10 minutos, mas, muito provavelmente, proporcionando um prazer total maior de abrir presentes.

Em outras palavras, é melhor a sensação de vivenciar vários pequenos ganhos do que um único grande ganho. É por isso que os comerciantes

*Popular jogo on-line no qual os participantes montam equipes com jogadores reais. (*N. do R.*)

da TV gostam de colocar aquela pequena faca cortante no final da propaganda. E é por isso que quando um de meus filhos toca uma música muito bem ao piano, não digo simplesmente: "Ótimo trabalho." Eu lhe digo todas as razões para a música ter soado tão bem: "Você realmente conseguiu trazer à tona a dinâmica e o fraseado, Taylor. E você sabe o que mais você fez...?"

Além disso, a ideia de Thaler da contabilidade mental fez com que ele previsse que, enquanto as pessoas gostam de vivenciar coisas boas de maneira independente, elas preferem juntar as perdas em um pacote em suas mentes. Thaler compreendeu que quando as pessoas vivenciam perdas, instintivamente as juntam num único pacote. Elas preferem perder US$ 100 em um único dia a perder US$ 50 em dois dias seguidos. Para testar suas teorias, Thaler propunha cenários hipotéticos a pessoas e mostrava que suas respostas se encaixavam melhor em sua teoria do que na regra econômica padrão. Ele também impulsionou a credibilidade de suas teorias indicando situações do mundo real que refletiam a força delas.

Por exemplo, ele observou que os especialistas em vendas gostam de juntar as perdas em um único pacote. É por isso que uma vez que você tenha gastado US$ 20.000 no carro novo, eles o convencem a colocar mais US$ 200 para o acessório "x" ou mais US$ 500 para o acessório de fábrica "y". Percebem que você não conseguirá distinguir a diferença entre desembolsar US$ 20.000 e US$ 20.700.

Os vendedores de carro também reconhecem outro aspecto da contabilidade mental — "o lado bom das coisas", o valor de receber pequenos benefícios diante de grandes perdas. O que é melhor: gastar US$ 20.000 num carro ou gastar US$ 21.000 no mesmo carro após conseguir US$ 1.000 de desconto? Você não consegue sentir tanto a diferença entre gastar US$ 20.000 ou US$ 21.000. Mas você certamente consegue sentir a diferença entre não receber nenhum desconto ou receber US$ 1.000 de desconto. Suponha que o vendedor de carro acrescente um upgrade gratuito para o sistema de som do carro. Isso não daria uma sensação mais agradável do que fazer com que ele colocasse um valor menor no carro e o deixasse com dinheiro suficiente para que você mesmo pagasse pelo sistema de som?

Conquistando corações e mentes

Darwin precisava de Huxley para convencer as pessoas a aceitarem suas ideias sobre a evolução. Pode-se argumentar que Jesus necessitava de Paulo para disseminar seu ensinamento para os não judeus. De acordo com o mesmo critério, Kahneman e Tversky precisavam de Dick Thaler para disseminarem suas teorias entre economistas. Thaler, sendo um economista de carteirinha, escrevia artigos em periódicos específicos nessa área, apresentava suas ideias em reuniões de economia e começou a minar a resistência dos colegas.

Mas mesmo assim, em um primeiro momento as coisas aconteceram de maneira lenta. Compreensivelmente, os economistas estavam céticos em relação à irracionalidade galopante que esses novos-ricos pareciam estar descobrindo. Se as pessoas são tão irracionais, então por que economias de mercado são bem-sucedidas na produção de bens e na distribuição àqueles que os querem? A maioria dos economistas considerava esses enviesamentos, ou heurísticas, artefatos dos métodos que pessoas como Thaler estavam usando. Tome como exemplo um dos primeiros economistas a seguir os passos de Thaler, George Loewenstein. Em sua dissertação de doutorado, ele entrevistou estudantes da graduação e perguntou quanto eles pagariam para não receber um choque elétrico imediatamente ou para evitar recebê-lo depois de um adiamento de três dias. De acordo com a teoria econômica padrão, todos deveriam preferir o choque adiado por causa de algo denominado "taxa de desconto" e, portanto, estar dispostos a pagar menos para evitar isso do que o choque imediato. Entretanto, os estudantes ofereceram pagar a Loewenstein quase o dobro para evitar o choque adiado em relação do imediato. Os estudantes queriam se livrar logo do choque para que não se afligissem com ele por três dias.[6]

Loewenstein rapidamente passou a ser um dos principais economistas comportamentais e suas ideias desafiaram muitos pressupostos da escola de Chicago. Mas logo no começo do desenvolvimento da economia comportamental, boa parte da pesquisa que Thaler, Loewenstein e seus colegas realizaram envolveram questões hipotéticas, usando cenários inverossímeis, mas maravilhosamente engenhosos. Esses economistas comportamentais estavam trabalhando no paradigma da psicologia, usando pesquisas para chamarem a atenção para verdades plausíveis sobre como as pessoas tomam decisões. A força desses estudos era que eles se alinhavam com as intuições da maioria das pessoas sobre como elas se comportariam nessas situações, mesmo que estas não fizessem parte da vida ordinária. De fato, os pesquisadores inventavam circunstâncias ultrajantes não em detrimento de sua implausibilidade, mas *por causa* de sua implausibilidade, reconhecendo que a forma como as pessoas pensam sobre essas experiências estranhas penetrariam nos processos de decisão fundamentais, assim como uma ilusão de ótica penetra no funcionamento do nosso córtex visual.

Mas devido aos métodos que Kahneman, Tversky, Thaler e Loewenstein estavam usando (pesquisas), os tipos de perguntas que faziam (o número de países na África, choques elétricos) e as populações que estudavam (jovens de 19 anos), o estabelecimento da economia não estava exatamente tremendo em suas bases hiper-racionais. Economistas treinados em tradições neoclássicas sabiam que seus modelos eram bem-sucedidos prevendo uma ampla variedade de condutas de mercado. Se os economistas comportamentais e seus amigos na área da psicologia quisessem contestar o dogma econômico, precisariam coletar muito mais evidências convincentes do que efeitos de ancoragem, de dotação e outros fenômenos desse tipo que influenciam o comportamento real do mercado.

Os economistas comportamentais precisavam cair na real!

Caindo na real no eBay

Quando demos o nome de Jordan ao nosso primeiro filho, reconhecemos alguns dos benefícios dessa escolha. Em primeiro lugar, sabíamos que podíamos decidir pelo nome antes de seu nascimento, independentemente se Jordan fosse menino ou menina. (Foi um menino.) Tendo morado em Chicago quando os Bulls dominavam a NBA, também tínhamos conhecimento de que o nome traria com ele muitas conotações positivas. Mas não percebemos que a popularidade incessante de Michael Jordan traria ainda outros benefícios para nosso filho obcecado por basquete, que passou boa parte do nono ano usando uma regata com o nome de Jordan na frente, com a silhueta de Michael fazendo uma enterrada. Ele adora a ideia do próprio prenome estar na frente da camiseta "muito legal".

Também não percebemos que se ele quisesse conseguir uma barganha por essa camiseta, deveríamos consultar o eBay e encontrar aqueles vendedores infelizes que escreveram errado a palavra *Michael* como "Micheal". Veja, a maioria das pessoas que procurava por essa camiseta no eBay digita o nome de Michael Jordan corretamente e veem qual produto está disponível, desconhecendo totalmente todas as camisetas listadas com a ortografia *errada*. Com menos buscas para a mercadoria escrita errada, os preços de venda dessas camisetas são significativamente mais baixos.[7]

Parece oferta e demanda clássica. Se você escrever errado o nome de Michael Jordan, haverá menos demanda pelo seu produto, obrigando você a se contentar com um preço de venda mais baixo. Mas a história não é tão direta assim. No final das contas, os leilões do eBay fornecem uma grande quantidade de dados sobre como as pessoas tomam decisões reais de compra, e esses dados permitiram que os economistas comportamentais fossem além de suas pesquisas com os estudantes da graduação, para mostrarem como forças irracionais podem influenciar transações de mercado.

Tome, por exemplo, o efeito de ancoragem de Kahneman e Tversky. No eBay, alguns itens são listados com a ressalva "deve ser vendido por pelo menos", sinalizando a compradores potenciais que eles devem dar um lance de pelo menos, digamos, US$ 20 por aquela camiseta do Michael Jordan ou o vendedor não aceitará se desfazer dela. O preço mínimo serve como âncora, influenciando o comportamento de compra dos indivíduos. Isso quer dizer que se dois vendedores listarem a mesma camiseta do Michael Jordan no eBay (e escreverem o nome corretamente), e um deles colocar a ressalva de preço mínimo US$ 5 mais alto do que o outro vendedor, então aquele primeiro vendedor terá a oportunidade de ganhar mais dinheiro, uma vez que o preço de listagem mais alto influenciará os lances dos interessados, ancorando-os no número mais alto.[8]

Mas e quanto ao preço inicial dos produtos no eBay? Será que faz sentido ancorar as pessoas em números mais altos lá também. No final das contas isso seria um erro. Se você quiser ganhar dinheiro no eBay, deverá fazer com que seja fácil para os consumidores darem lances em seus produtos, porque um lance inicial baixo faz com que o item pareça mais popular. Suponha que estejamos vendendo câmeras digitais idênticas e que você deixe as pessoas começarem os lances no preço ridiculamente baixo de US$ 1. Alguém dará um lance de US$ 1 em sua câmera, induzindo outra pessoa a dar um lance de US$ 5, até que as coisas esquentem rapidamente e você consiga outros dispostos a pagar boas quantias. Enquanto isso, exijo um lance mínimo de US$ 75. Encontrarei clientes dispostos a pagar esse valor pela minha câmera. Mas no final do período de vendas, sua câmera deverá obter um valor de venda maior do que a minha. Por quê? Porque muitas pessoas dão lances em sua câmera, fazendo com que ela pareça mais atraente. Veja, o eBay exibe com destaque informações sobre o número de pessoas dando lances em qualquer objeto, então aqueles que procuram câmeras veriam que a sua está gerando mais interesse do que a minha e muitos concluiriam de maneira errônea que sua câmera deve ser melhor.[9]

Além disso, seu lance inicial baixo aumentou as buscas para sua câmera, criando assim efeitos de dotação: a partir do momento que alguém der o maior lance em sua câmera, ele se sentirá seu dono. Então, quando for dado um lance maior em sua câmera uma hora depois, quem deu o lance primeiro sentirá como se tivessem tomado de você a câmera, o que fará com que ele deseje a câmera ainda *mais*. Rapidamente, ele já terá investido muito tempo nesse objeto — dando lances nele, observando os lances de outras pessoas — e não desejará que todo esse tempo seja considerado perdido, fazendo com que ele eleve o preço ainda mais.

Custos reduzidos, efeitos de dotação, heurística de ancoragem... os economistas comportamentais demonstraram que todos esses fenômenos aparentemente irracionais influenciam um comportamento frio de mercado. Saindo de seus laboratórios — abandonando suas pesquisas e seus voluntários do curso de graduação — os economistas comportamentais avaliaram as pessoas que davam lances no eBay e descobriram que elas se comportavam de maneira irracional.

Consumidores astutos

A teoria econômica padrão não consegue explicar a maneira pela qual as pessoas se comportam no eBay. Ainda assim, um defensor da racionalidade poderia observar que muitos daqueles que navegam no eBay não são necessariamente os consumidores mais astutos do planeta. Talvez um consumidor mais bem informado não fosse uma presa de algo tão tolo quanto a heurística de ancoragem.

Não há dúvida de que um economista tradicional não se impressionaria da mesma maneira com o estudo realizado por Gregory Northcraft e Margaret Neale, revelando que os estudantes da graduação são suscetíveis a efeitos de ancoragem ao estimar o preço de uma casa nova.[10] Northcraft e Neale deixaram que os estudantes perambulassem por uma casa que estava à venda, depois de darem a eles uma planilha descrevendo quantos metros quadrados de área privativa e dormitórios tinha a casa, além de outros quesitos, incluindo o preço sugerido. Depois perguntaram aos alunos qual seria a oferta mais baixa que eles aceitariam se estivessem vendendo a casa. Ao longo da amostragem dos estudantes, Northcraft e Neale variaram aleatoriamente o preço de mercado, no entanto, e, exatamente como previsto, descobriram que os estudantes se ancoravam nesse preço ao dizer por quanto eles venderiam a casa. Aqueles para quem revelaram que o preço era de US$ 125.000 estariam dispostos a vender a mesma casa por menos dinheiro do que aqueles que acreditavam que o preço de mercado da casa era de US$ 150.000.

É claro que esse é um estudo passível de críticas. Afinal de contas, o que os estudantes sabem sobre comprar e vender casas? Além disso, o mercado tem uma forma simples de cuidar desse problema, uma vez que a maioria dos compradores e vendedores de imóveis trabalha com consumidores altamente experientes. Nós os chamamos de corretores de imóveis. Então se até mesmo os estudantes universitários são inexperientes demais para saberem quanto vale uma casa, os corretores de imóveis devem orientá-los.

Só há um problema com essa linha de crítica: quando Northcraft e Neale fizeram esse mesmo experimento com agentes imobiliários, encontraram os mesmos resultados! Os corretores de imóveis tinham o mesmo grau de suscetibilidade aos efeitos de ancoragem que os estudantes universitários.

Está começando a parecer que esse negócio de economia comportamental não é simplesmente um artefato de experimentos espertos de pesquisa. Às vezes até os consumidores mais astutos não podem cumprir os padrões da escolha racional.

Quando consumidores ingênuos subsidiam os astutos

Existem muitos poucos contextos em que eu possa ser caracterizado como um consumidor astuto. Ternos masculinos? Nem um pingo de astúcia: meu pai me ajudou a comprar paletós quando trabalhei na Mayo Clinic, no final da década de 1980, e eu fiquei com essas roupas fora de moda desde então.

Serviços de hotelaria, por outro lado? Pode-se provar que eu seja um especialista, principalmente porque a maioria das vezes que fico hospedado em hotéis é para viagens de negócios, em que sou responsável apenas por alguma despesa adicional. Tentado a comer o chocolate de US$ 3 do frigobar do hotel? Não quando seriam *meus* US$ 3. E US$ 15 por hora para usar a internet? Na verdade, até que sinto prazer em ficar off-line por dois dias. Quer ligar para casa para falar boa-noite para as crianças? Claro, mas usarei meu telefone celular (chamadas interurbanas gratuitas) e não o telefone do hotel, onde eles me cobrariam US$ 10 apenas para fazer uma ligação para um número 0-800.

Quando teorias de racionalidade evoluíram nos séculos XIX e XX, as pessoas eram consideradas não apenas extremamente racionais, mas também profundas conhecedoras de informações relevantes para seu comportamento de mercado. Eram consumidoras astutas, sabendo exatamente a quais características de um novo produto deveriam estar atentas e quais ignorar. É claro que os economistas reconheceram que ninguém sabia absolutamente tudo. Tinham consciência de que consumidores experientes levariam vantagem sobre os menos experientes. Mas perceberam que com compras comuns, a maioria das pessoas se tornaria bastante sensata e, portanto, o mercado se adaptaria rapidamente para tornar felizes os consumidores astutos.

É claro que quando as teorias se desenvolveram os tempos eram muito mais simples. Os mercados locais não estocavam 150 tipos de cerveja. Ao escolherem um banco, os indivíduos tinham de pesquisar apenas um ou dois aspectos, como a taxa de juros e a chance de a instituição sobreviver a uma crise do mercado. As pessoas optavam por hotéis de acordo com a localização e depois com a limpeza dos quartos. Na época não havia muito que aprender e então era razoável pressupor que os consumidores tomavam boas decisões de compras.

Você tentou escolher um banco recentemente? Provavelmente haverá meia dúzia de planos de poupança diferentes. Precisará levar em consideração não apenas a taxa de juros na qual a sua poupança irá render, mas também as tarifas que terá de pagar quando usar o caixa eletrônico do banco, quando utilizar o caixa 24 horas, quando o saldo ficar abaixo de algum limite predeterminado e quando, Deus não permita, um cheque for devolvido. Em meio a essa variedade tão confusa de cobranças e tarifas, nem todo consumidor conseguirá descobrir tão bem quando um banco é realmente de baixo custo. Isso cria a oportunidade para alguns bancos esconderem seus verdadeiros custos de consumidores desatentos.

Será que o mercado toleraria essa desonestidade? De acordo com a explicação econômica padrão, a concorrência deveria neutralizar esse tipo de trapaça. Um hotel que cobre tarifas exorbitantes para o hóspede usar telefones, por exemplo, será punido por uma quantidade suficiente de consumidores astutos a ponto de ele ter de reduzir as tarifas. E ainda assim as tarifas continuam iguais, como se ocultadas propositadamente dos consumidores.

Dois economistas comportamentais, Xavier Gabaix e David Laibson, têm uma explicação para a persistência dessas tarifas. Eles demonstraram que se um hotel começar a anunciar claramente os custos de telefone e de estacionamento (em seu site na internet, por exemplo, quando pessoas estiverem procurando quartos), perderá em concorrência de outro hotel que não anuncie esses custos. Por quê? Porque o hotel mais sorrateiro irá atrair alguns hóspedes astutos, que gostem dos preços baixos dos quartos do hotel e que sejam espertos o suficiente para evitar custos adicionais. Também atrairá alguns consumidores menos astutos, cujo uso desatento do telefone e do frigobar aumentará o lucro do hotel, exatamente o mesmo lucro que permite que ofereça quartos baratos aos consumidores astutos. Os clientes ingênuos, em outras palavras, vão subsidiar as tarifas de quarto dos clientes astutos ao consumir chocolates do frigobar. O hotel transparente, por outro lado, não conseguirá cobrar o mesmo preço da diária do hotel mais sorrateiro, uma vez que a transparência de suas tarifas adicionais reduzirá o uso do telefone e do frigobar. Isso quer dizer que os clientes astutos evitarão este hotel e irão para algum lugar onde eles consigam algum subsídio. Da mesma maneira os clientes menos astutos, que não perceberão que acabarão pagando mais pelo outro hotel, porque usarão de maneira desatenta seus serviços veladamente caros.

A teoria de Gabaix e Laibson é bastante profunda, demonstrando que os economistas comportamentais, longe de abandonarem a ideia de que as pessoas se comportam de maneira racional, demonstraram que o mercado é determinado por uma mistura muito mais sutil e fascinante de tomadas de decisões racionais e irracionais.[11] Em um mundo em que os indivíduos fossem supercomputadores racionais, os frigobares de hotéis não teriam barras de chocolate de US$ 3. Por outro lado, em um universo em que todas as pessoas fossem completos idiotas o tempo todo, ninguém nem saberia como produzir um frigobar. Portanto, os economistas comportamentais não pressupõem que as pessoas sejam idiotas. Ao contrário, simplesmente reconhecem que elas tomam decisões de maneira imperfeita e que o mercado evolui em resposta tanto às suas decisões inteligentes quanto às não tão inteligentes assim, às suas escolhas racionais e aos seus impulsos irracionais.

Neste livro, não me proponho a atacar a disciplina da economia. As teorias econômicas de racionalidade tradicionais ainda oferecem insight sobre uma ampla variedade de comportamentos humanos, como demonstrarei ao longo dos capítulos. E as teorias econômicas mais recentes, que dão ênfase ao lado irracional da natureza humana, também são relevantes para muitos comportamentos humanos.

Meu alvo neste livro não são os economistas. São aqueles que pregam o livre mercado — que pensam que coisas como obesidade são resultado de um comportamento racional e que, portanto, deveríamos deixar o livre mercado desimpedido para que eles possam continuar a comer até que alcancem a felicidade.

A economia comportamental não apenas chamou atenção para falhas na maneira pela qual as pessoas tomam decisões importantes, mas também, como veremos adiante, nos indicou caminhos de ajuste para que os mercados consigam se integrar melhor tanto com o lado racional quanto com o irracional da natureza humana.

CAPÍTULO 5 Paternalismo mais generoso, mais moderado

De acordo com vários parâmetros objetivos, John Howard (o ex-astro de atletismo que conhecemos no Capítulo 1) está melhor do que nunca. A pequena TV em preto e branco de sua infância foi substituída por um grande aparelho colorido com mais de duzentos canais de programação disponíveis. O velho e fraco sedã de sua juventude foi trocado por uma minivan equipada com CD-player, airbags duplos e um dispositivo de GPS que acabou com as reclamações de sua mulher sobre sua recusa em pedir informações. Sua mercearia é abastecida o ano inteiro com frutas frescas que, em sua juventude, ficavam disponíveis apenas poucas semanas por ano. Ele pode pegar o telefone celular e ligar imediatamente para qualquer um dos seus quatro filhos. E, aos 69 anos, ainda pode ter a esperança, com a ajuda da medicina moderna, de viver mais uma ou duas décadas.

Mas é claro que a vida de John não é perfeita. Sua região lombar cronicamente dura é um lembrete constante de todas aquelas horas que passou na estrada, se deslocando durante os anos em que trabalhou. Com tantos programas de TV disponíveis, ele gasta tempo demais vegetando diante da tela e tempo de menos andando ao ar livre ou se inteirando com amigos. Suas articulações doeriam menos se ele conseguisse emagrecer aproximadamente 10 quilos. Sente-se ofegante quando sobe um lance de escadas. E ele se preocupa que não poupou dinheiro suficiente durante os anos em que trabalhou e talvez não tenha dinheiro para viver as décadas adicionais que a medicina oferece.

Está convencido de que sua vida ficaria melhor se conseguisse comer melhor, fazer exercícios com mais regularidade, desligar a TV com mais frequência, parar de gastar tempo visitando sites estúpidos na internet e se lembrar de assistir a filmes que contassem com personagens de verdade. (Sinceramente, ele *sabia* que o *Surfista prateado* representaria duas horas jogadas fora, mas de alguma forma não conseguiu resistir).

Se John estiver certo em acreditar que essas mudanças melhorariam sua vida, então temos de perguntar se a sociedade deveria fazer alguma coisa para melhorar sua vida. Certamente não limitaremos sua liberdade de assinar a TV a cabo ou sintonizar no canal E! Não o proibiremos de comprar batatas chip ou o obrigaremos a se exercitar com um personal trainer. John tem o poder, dentro de si próprio, de melhorar a própria vida. Mas será que a sociedade deve fazer algo para facilitar as coisas para ele?

Uma das vantagens da visão econômica da natureza humana do século XIX é que ela leva a respostas diretas a esses tipos de perguntas. Para quase todos os problemas sobre políticas, aquele que acredita na racionalidade responde: deixe para o mercado. Como a tirinha *Far Side* sobre o tratamento de cavalos enfermos: perna quebrada? sacrifique; pneumonia? sacrifique. Epidemia de obesidade? Deixe para o mercado. Se todos realmente se preocuparem com barrigas achatadas, o mercado encontrará uma forma de atender a esses desejos. Ou pelo menos é isso que diz a teoria. Mas, infelizmente, a liberdade não é a cura para tudo que seus principais defensores argumentam que seja. Até mesmo quando as pessoas sabem o que querem da vida, geralmente carecem de competência para tomar decisões para que alcancem essas metas.

Nos primórdios da economia comportamental, pessoas como Dick Thaler e George Loewenstein realizaram pesquisas imaginativas que enfatizaram os limites da racionalidade humana, expondo, dessa forma, falhas na visão econômica padrão da natureza humana. À medida que a disciplina amadurecia, os praticantes passaram a localizar seus estudos cada vez mais no mundo real, demolindo ainda mais o mito da racionalidade humana. E foram acompanhados nessa busca por cientistas de várias disciplinas diferentes — psicólogos sociais, cientistas políticos, especialistas em marketing e cientistas de alimentos. Conforme veremos nos capítulos adiante, esses e outros grupos expandiram nossa compreensão da estranha mistura entre racionalidade e irracionalidade que orienta o comportamento humano. Essa mistura pode desencaminhar os indivíduos — fazendo com que vivam onde provavelmente não deveriam viver, comam o que provavelmente não deveriam comer e fumem o que definitivamente não deveriam fumar.

Como devemos lidar com esses problemas? Será que alguma vez é adequado restringir as liberdades das pessoas para protegê-las das próprias decisões ruins? Será que a sociedade deve interferir e ter uma posição firme quando os indivíduos tenderem a ter pouca força de vontade?

Recentemente, os economistas comportamentais começaram a pensar exatamente nessas questões, buscando alternativas ao libertarismo em que estavam imersos durante seu treinamento econômico. Não é surpreendente que suas incursões iniciais na esfera das políticas tenham sido cautelosas. Tendo sido treinados em departamentos de economia, a maioria dos economistas comportamentais fez amizade com mais libertários do que deveriam e se preocupam com as opiniões dos colegas. De fato, eles se esforçam para publicar seus estudos mais importantes em periódicos tradicionais de economia em vez de nas novas publicações sobre economia comportamental. Não há dúvida de que alguns deles adorariam se juntar a Daniel Kahneman recebendo um prêmio Nobel.

Então quando os economistas comportamentais começaram a criticar o libertarismo, voltaram seus argumentos para o público que mais se preocupavam em influenciar — o alvo era os economistas tradicionais. E, assim, trabalharam duro para encontrar um tipo de paternalismo que mesmo um libertário poderia apreciar. O paternalismo moderado. O paternalismo *light*, digamos assim. Esforçaram-se para mostrar para as pessoas que a sociedade não está diante de uma escolha do tipo "tudo ou nada" entre liberdade e coerção. Para ilustrar a abordagem feita por eles, considere os comportamentos inconscientes que influenciam a maneira pela qual as pessoas poupam visando à aposentadoria.

Programando a aposentadoria

As taxas de poupança variam drasticamente no mundo desenvolvido. Na China, por exemplo, a taxa para o ano fiscal 2005-2006 foi de 25%, enquanto na União Europeia foi de 11%.[1] Compare isso com os Estados Unidos, onde as taxas de poupança despencaram abaixo de zero recentemente, o que significa que os norte-americanos em geral estão recorrendo mais a empréstimos do que poupando.[2] Muitos especialistas financeiros estão preocupados com o fato de as pessoas nos Estados Unidos não estarem guardando dinheiro suficiente. Ao tentar estimular a poupança, o governo dos Estados Unidos permitiu que os cidadãos depositassem em contas de poupança previdenciária não tributadas. Em outras palavras, a porção de seus rendimentos inclusa nesta modalidade não será tributada como renda. Para estimular uma poupança ainda maior, muitas empresas oferecem programas para complementar uma parcela das contribuições dos seus funcionários a essas contas previdenciárias. Por exemplo, se eu colocar 5% dos meus rendimentos em um plano 403(b), a University of Michigan acrescentará outros 10%. Se eu não nivelar minha contribuição para a aposentadoria, na prática estarei recusando dinheiro grátis.

Como quase ninguém se recusa a ganhar dinheiro, devemos esperar que a maioria das pessoas aproveite essa oportunidade. No entanto, quando empresas criam novos programas para complementar as contribuições dos funcionários, muitos demoram a usufruir dessa vantagem. Com o tempo eles acabam compreendendo. Num prazo de 5 anos, a maioria das empresas que oferecem esses planos de complementação podem esperar que pelo menos 80% de seus funcionários se inscrevam. Muitos desses funcionários, que não contribuem para esses planos, contam com pouco dinheiro para poupar alguma parcela para a aposentadoria. Então parece que os indivíduos são bastante racionais quando se trata de tomar decisões sobre a aposentadoria. Se você os estimula a poupar pagando para que eles façam isso, a maioria acabará compreendendo isso em algum momento.

Mas o que está acontecendo com essa questão de em algum momento"? Se no quinto ano mais de 80% das pessoas tiverem compreendido que contribuições dos tipos 401(k) e 403(b) representam uma boa ideia, por que 80% não perceberam isso no primeiro ou no segundo ano?

No final das contas, o que acontece é que aqueles que demoram para aderir estão sendo influenciados pelo que os economistas comportamentais chamam de um *viés de status quo*.[3] Em termos racionais, todos deveriam reavaliar seus benefícios de empregado a cada ano, levando em consideração, por exemplo, qual plano de saúde mais convém esse ano em virtude de mudanças na saúde da família ou nas ofertas dos seguros. Mas, geralmente, ninguém faz isso. Insistindo nas suas maneiras, muitos demoram para adotar novas oportunidades e hesitam em aprender novos truques.

Sabendo que esses vieses de *status quo* costumam ser contrários aos melhores interesses das pessoas, os economistas comportamentais propuseram que superássemos tais vieses tirando vantagem de outro: o de mantermos opções padrão. Pense em uma "opção padrão" como aquilo que acontecerá se você não agir de forma alguma. Se não for à mercearia para comprar leite, a "opção padrão" costuma ser que você não terá nada de leite na geladeira. Se uma equipe de ambulância o encontrar no meio da rua sofrendo um ataque cardíaco, seu procedimento padrão é tentar ressuscitá-lo. Você poderá controlar essas ações padrão agindo: você poderá dirigir até a mercearia e comprar um pouco de leite, ou tatuar as letras *NR** em seu peito. (Infelizmente, simplesmente assinar um testamento em vida não resolverá, a não ser que tenha alguém por perto para avisar a equipe da ambulância sobre seus desejos.)

As opções padrão são abrangentes e poderosas. Se você não pleitear nenhuma restituição do seu imposto de renda retido na fonte, a Receita Federal não lhe restituirá nada. Esse é o procedimento padrão do Tesouro Nacional dos Estados Unidos e, como resultado disso, muitos não declaram retenções suficientes em seus impostos de renda. Quando médicos prescrevem receitas, os farmacêuticos costumam ter a liberdade de substituir por equivalentes genéricos, a não ser que o médico ressalte

---

* Iniciais de *Do not resuscitate*: não ressuscitar. (*N. do. R*)

na receita a proibição de substituições. O procedimento padrão é dar aos farmacêuticos essa margem.[4]

Muitas dessas opções padrão poderiam ser mudadas. De fato, há duas décadas, os farmacêuticos nunca sonhariam em brincar diante da ordem do médico. Naquela época o procedimento padrão era seguir o que o médico prescrevia e apenas mudar para um genérico com sua permissão. Essa inversão permitiu que milhões de pacientes recebessem medicamentos genéricos, economizando bilhões de dólares.

O que nos traz de volta aos planos do tipo 401(k). Dick Thaler e seu colega na University of Chicago Cass Sunstein reconheceram que os planos do tipo 401(k) eram um exemplo perfeito do novo tipo de paternalismo que queriam disseminar, o *paternalismo libertário*.[5] Veja, a atual posição padrão para a maioria dos planos de aposentadoria de funcionários é US$ 0. Se você não preencher nenhuma papelada, seu empregador irá pressupor que você não queira aplicar nenhuma quantia. Mas alguns empregadores inverteram as opções padrão de tal maneira que aqueles funcionários que não se manifestarem automaticamente tenham a quantia máxima de seus pagamentos colocados em planos do tipo 401(k), juntamente com a contribuição complementada por seu empregador. Essas empresas descobriram que não chega a levar cinco anos para os funcionários adotarem esse investimento inteligente. Ao contrário, isso acontece de imediato.

Duas coisas importantes aconteceram aqui. Em primeiro lugar, a simples inversão de uma opção padrão aumentou drasticamente o número de pessoas que investem nos planos do tipo 401(k), aqueles que acabarão compreendendo em algum momento que era isso que queriam fazer. Em segundo lugar, e o mais importante para Sunstein e Thaler, isso não limitou em nada a liberdade das pessoas. Elas são livres para investir como quiserem em seus planos de aposentadoria. Simplesmente precisam escrever o número na parte específica da papelada de seus benefícios.

Suponha que queiramos estimular as pessoas a usar o cinto de segurança, mas que não desejemos restringir sua liberdade. Não apoiaremos leis que obriguem o uso do cinto de segurança. Mas e se conseguíssemos convencer os fabricantes de automóveis a tornarem norma os cintos de segurança automáticos — aqueles que deslizam sobre os ombros quando você entra no carro. Em outras palavras, em vez de se prenderem, todos teriam de decidir se iriam querer se *desprender*. Isto aumentaria o uso do cinto de segurança ao mesmo tempo em que preservaria ainda a capacidade dos indivíduos de dirigir sem se prenderem. (Infelizmente, os cintos de segurança automáticos não funcionavam tão bem quanto se esperava. Eles não incluíam restrições automáticas para a cintura, o que causava muitas lesões, até mesmo alguns pescoços quebrados. Mas exceto esse pequeno problema, funcionavam muito bem!)

Ficando com a opção padrão

Eric Johnson, da Universidade Colúmbia, foi um dos primeiros a determinar o grau a que chegava a força da influência das opções padrão no comportamento do mundo real. Quando era professor na Universidade da Pensilvânia, acompanhava atentamente o noticiário local e percebeu que tanto Nova Jersey (seu estado natal) quanto a Pensilvânia tinham aprovado recentemente leis de reforma de atos ilícitos para reduzir os custos de acidentes de automóvel. A ideia básica era a mesma nos dois estados. O cidadão poderia escolher pagar um valor do seguro para cobertura total de atos ilícitos e, assim, reservar o direito de processar quem batesse em sua traseira na rodovia. Ou poderiam pagar menos para ter cobertura quando não fosse o culpado, mas nesse caso abririam mão de processar. Apesar das escolhas serem basicamente iguais nos dois estados, havia uma diferença: a opção padrão. Em Nova Jersey, a opção padrão era a ausência de culpa, enquanto na Pensilvânia era o ato ilícito completo. Consequentemente, 20% das pessoas em Nova Jersey escolheram cobertura total de atos ilícitos em comparação com um imenso índice de 75% na Pensilvânia.

Vale a pena nos lembrarmos, agora mesmo, que a teoria econômica padrão não tem nenhuma boa explicação para essa diferença drástica na escolha do seguro. De acordo com a visão econômica padrão, essa diferença só poderia ser explicada ou pelo fato de haver preços significativamente diferentes dos seguros entre os dois estados (o que não era verdade) ou pela existência de preferências diferentes — com indivíduos em Nova Jersey tendo preferências drasticamente diferentes em relação a seguros das pessoas na Pensilvânia. Ao permitir que decisões irracionais sejam tomadas, os economistas comportamentais simplesmente atribuem essas escolhas de seguro a vieses da opção padrão. Muitos ficam com a opção padrão, negligenciando pesar os prós e os contras dos dois tipos de seguro.[6]

Johnson também demonstrou que as opções padrão podem ter forte influência sobre decisões relativas à doação de órgãos. Se pressupusermos que as famílias não queiram doar os órgãos dos entes queridos, então os especialistas em transplantes precisarão convencê-las a doar, uma tarefa que costuma ser bem difícil.[7] Afinal, as famílias de doadores potenciais estão envolvidas em uma imensa tristeza, tornando muito desafiadoras as conversas sobre assuntos delicados como a doação de órgãos. Em muitos países europeus, no entanto, a lei sustenta que se pressupõe que pessoas que acabaram de morrer concordem em ter seus órgãos doados, a não ser que a família faça objeções específicas. Em outras palavras, o procedimento padrão é retirar órgãos daqueles que acabaram de morrer, a não ser que a família se oponha. Não é de surpreender que os índices de doação de órgãos sejam significativamente maiores em países que adotem essas políticas.[8]

Temos basicamente um tema aqui, com pouca variação. Ao mudar as opções padrão, podemos ter forte influência sobre o comportamento do indivíduo sem restringirmos sua liberdade de forma alguma.

Grandes vencedores, pequenos perdedores

Os economistas comportamentais começaram a procurar situações em que pequenas restrições à liberdade possam gerar grandes benefícios para os consumidores. Algo que foi observado foram as práticas de *leasing*. As "barganhas" de consumo que eu descobri, por experiência pessoal, não costumam ser desse tipo.

Aprendi essa lição quando me mudei para Rochester, em Minnesota, em 1988, para iniciar minha residência médica. Entusiasmado por receber meu primeiro pagamento de verdade, decidi alugar um piano, uma vez que eu não tinha dinheiro para comprar um (você não se gradua na faculdade de medicina com muito dinheiro no banco). A empresa de locação sugeriu que eu direcionasse o dinheiro do aluguel para a compra do piano se eu decidisse comprá-lo futuramente. Na época, adorei a ideia, uma vez que eu não teria de me afundar ainda mais em dívidas para comprar o piano e também não precisava ver todo o dinheiro do aluguel indo por água abaixo, me deixando sem nenhum instrumento quando eu parasse de pagar.

O contrato de *leasing* que utilizei na época consiste em uma ferramenta cada vez mais comum usada por empresas para atrair clientes. Mas quem se sente atraído por esses negócios? Geralmente, pessoas com orçamentos limitados, como era meu caso em 1988. Mas nós que somos membros da legião do *leasing* temos mais um item em comum: a maioria de nós está tomando decisões erradas. Veja meu exemplo. Acabei comprando o piano, convencido de que eu fora brilhante ao assegurar que parte de meu dinheiro de aluguel tinha contado para sua compra. Porém, se em 1988 eu tivesse simplesmente feito um empréstimo e comprado o piano, eu o teria adquirido por um valor quase 50% menor. Observe, o contrato de *leasing* acaba custando tanto dinheiro quanto fazer um empréstimo com uma taxa de juros de 100% ao ano ou mais. Onde eu estava com a cabeça?

Colin Camerer e vários colegas da área de economia comportamental argumentam que os contratos de *leasing* são um exemplo de uma transação de mercado que prejudica as pessoas e que, portanto, deveria ser regulamentada de maneira rigorosa. Vindo de uma formação em economia, Camerer e seus colegas admitiram que a maioria dos economistas não concordaria muito com essa ideia. Ainda assim, se convenceram de que tinham encontrado um exemplo de regulamentação que até um conservador adoraria, — o *paternalismo assimétrico* —, um tipo que tem muito poucos aspectos negativos para a maioria das pessoas, mas que é extremamente benéfico para um pequeno número que, caso contrário, seriam vítimas das próprias loucuras de tomadas de decisões.[9]

Suponha que o governo exigisse que empresas de *leasing* exibissem claramente a taxa de juros que as pessoas pagariam se alugassem algo por tempo suficiente para possuí-lo. Camerer e seus colegas afirmam que esse tipo de regulamentação traria grande benefício para pessoas como eu. Se essa regulamentação já existisse em 1988, por exemplo, eu nunca teria gastado tanto dinheiro para arrendar meu piano. A regulamentação também não teria tido nenhum efeito danoso sobre consumidores mais espertos, que já teriam descoberto os verdadeiros custos da "barganha" do *leasing*. Certamente, esse tipo de regulamentação prejudicaria as empresas de *leasing*. Mas beneficiaria bancos dispostos a fazer empréstimos com tabelas razoáveis. E quem poderia ser contrário a uma regulamentação que premia de maneira mais eficiente empresas que atendam aos melhores interesses dos consumidores?

Já vimos dois tipos de paternalismo, oferecidos por economistas comportamentais para cutucar os libertários, fazendo com que eles abandonem sua visão de mundo extrema. Sunstein e Thaler são a favor de um paternalismo sem custos, envolvendo mudanças sutis para o mundo que ajudem as pessoas a fazer escolhas melhores sem restringir sua liberdade. Camerer e seus colegas são a favor de uma versão com um custo apenas um pouco maior, em que os benefícios sejam bem maiores do que os custos. Nenhum desses grupos está ávido para se afastar muito das tradições de suas tribos econômicas, reconhecendo sabiamente que se eles quiserem afastar os economistas do libertarismo, deverão começar com medidas pequenas e convincentes.

Não sou um membro da tribo

Como sou médico, não economista, não sou avesso a nenhuma tradição libertária forte. Ao contrário, na medicina existe uma história longa (e ignóbil) de paternalismo. Há várias décadas, os médicos rotineiramente se recusavam a revelar aos pacientes que eles tinham câncer, temerosos de que ficassem desesperados e emotivos demais.[10] Em vez disso, os médicos mencionavam vagamente que o paciente tinha uma sombra nos pulmões ou uma infecção visível no exame de raios x e então receitavam medicamentos muito fortes, supostamente para eliminar a sombra ou tratar a infecção.

Esse paternalismo extremo foi corrompido. Hoje em dia os médicos raramente escondem diagnósticos dos pacientes. Ainda assim, eles costumam se sentir justificados ao moldarem as informações que dão aos pacientes para convencê-los a fazer o que acham que os pacientes *deveriam* fazer. Em outras palavras, hoje em dia as pessoas treinadas em medicina raramente veem sua profissão em termos estritamente libertários.

Sou significativamente mais libertário na minha prática médica do que a maioria dos médicos. Trabalho com afinco para compreender com o que os pacientes se preocupam e me esforço para envolvê-los em decisões médicas importantes. Mas por causa de meu treinamento em economia comportamental e ciências da decisão, também tenho muito mais consciência do que a maioria dos médicos sobre os motivos pelos quais os pacientes, por sua própria conta, não buscarão os seus melhores interesses.[11] Então, eu adoraria ver o quanto conseguimos realizar com formas leves de paternalismo. Mas estou preocupado com o fato de que pessoas como John Howard, ex-estrela de atletismo e atualmente diabético, sofrerão a não ser que tomemos medidas mais agressivas. John está bem amparado por um plano de aposentadoria razoável. Ele se declarou doador de órgãos em sua carteira de motorista. Usa o cinto de segurança, monitora os hábitos de gastos e usa tranquilamente medicamentos genéricos quando possível. Mas ele também continua a engolir duas sobremesas na maioria das noites e não fez exercício suficiente para suar bastante há mais de uma década. Não posso deixar de imaginar se podemos fazer mais como sociedade para mudar o mercado de maneiras que melhorarão a vida de John.

Na próxima parte deste livro, quero voltar à epidemia de obesidade e considerar as forças irracionais e inconscientes que contribuem para nossas cinturas. Mostrarei a vocês por que não acredito que um problema como a epidemia de obesidade possa ser abordado com uma simples cutucada.

PARTE III Apetites inconscientes e cinturas em expansão

CAPÍTULO 6 Gostos irracionais e tigelas de sopa sem fundo

Boa ciência exige bons dados. De fato, em muitas ocasiões, o progresso científico parou temporariamente enquanto os cientistas esperavam (e muitas vezes gastavam seu tempo os desenvolvendo) instrumentos melhores para medirem fenômenos naturais. Microscópios e telescópios, por exemplo, os ajudaram a ver objetos que, antes da existência desses instrumentos, eram muito pequenos ou ficavam longe demais para serem observados.

Mas por mais importantes que sejam os dados para a boa ciência, eles seriam inúteis se não houvesse teorias científicas. Se você olhar através de um telescópio sem alguma teoria, verá várias luzes brilhando no céu e muito mais escuridão, mas não saberá interpretar o que vê.

Teorias científicas ajudam os cientistas a analisar os dados que eles coletam. Se você me der um arquivo lotado de dados sobre vendas de automóveis — sobre o preço de carros, a fabricação e os modelos etc. —, não saberei dizer o que está acontecendo. Se você me oferecer uma teoria de oferta e demanda, poderei começar a desenvolver uma história sobre o motivo pelo qual determinado modelo vendeu mais unidades neste ano do que no ano passado.

As teorias não apenas ajudam os cientistas a compreender os dados que eles coletam, como, inclusive desempenham um papel crucial ajudando os cientistas a decidir quais dados eles *devem* coletar. Sem a Teoria da Relatividade de Einstein, os físicos não teriam pensado em procurar evidência de que a gravidade pode curvar a luz.

As teorias representam uma parte crucial do progresso científico. Quando algumas pessoas criticam a evolução por ser simplesmente "uma teoria", estão apenas demonstrando incompreensão sobre como a ciência funciona.

Estou introduzindo a importância de teorias científicas porque elas têm desempenhado um papel bastante importante em relação a como as pessoas passaram a compreender a epidemia de obesidade. No Capítulo 2 aprendemos sobre indivíduos que teorizaram que a obesidade é consequência principalmente de escolhas racionais. Da maneira como a ciência funciona, as teorias costumam vir antes da coleta e da análise de dados. Isso quer dizer que aqueles que estudam a obesidade racional não coletaram dados, os observaram com total objetividade e depois percebem (eureka!) que a obesidade foi causada pela tomada de decisões racionais. Em vez disso, como todos os cientistas bons, elas começaram com suas teorias — nesse caso, a de que os humanos são em grande medida racionais. Então eles coletaram o tipo de dados por meio dos quais podiam testar essa teoria. Conjeturaram que se a obesidade for racional, então o preço dos alimentos poderá explicar a epidemia de obesidade — se a comida for mais barata do que era antes, será mais fácil para as pessoas comerem mais. De maneira semelhante, indivíduos com uma visão racional da obesidade poderão observar como o custo de preparação do alimento mudou ao longo do tempo para ver se isso pode explicar a epidemia. Orientados pela teoria, os cientistas demonstraram que ela é consistente com o que os dados mostram.

Com formação na área médica, fui exposto a outras teorias científicas que tentam explicar a obesidade. Considerando-se que profissionais como eu estão imersos em ciências biológicas, não em ciências sociais, não é surpreendente que nós médicos tenhamos procurado explicações biológicas para a obesidade. Pesquisamos moléculas, como a leptina, que vinculamos à obesidade mórbida.[1] Apontamos para micro-organismos que alteram o metabolismo dos indivíduos.[2] Procuramos causas hormonais, genéticas ou fisiológicas da obesidade. E coletamos o tipo de dados que testarão nossas teorias sobre a obesidade e percebemos que eles geralmente provam que elas são verdadeiras.

As consequências dessa teorização científica são profundas. Teorias médicas levam a soluções médicas para a obesidade. Médicos e empresas de biotecnologia procuram pílulas que alterem o metabolismo das pessoas. Empresas de alimentos desenvolvem moléculas que interfiram na absorção de gordura. Cirurgiões até desenvolveram cirurgias que limitem a quantidade de alimentos com que as pessoas conseguem empanturrar a barriga.

Teorias da escolha racional indicam tipos diferentes de soluções. Num extremo, defendido por Philipson e Posner, a teoria da escolha racional chama "sobrepeso" de um termo impróprio e argumenta que nenhuma solução para o problema da obesidade é necessária, porque a obesidade ... não é um problema.[3]

Mas a abordagem de Philipson e Posner não é a única disponível para aqueles que buscaram explicações racionais para a epidemia de obesidade. Teorias de escolha racional também indicam intervenções potenciais para reduzir a obesidade — intervenções para aumentar o custo da obesidade (ou elevar o custo de comer) ou reduzir o custo de comer de maneira saudável (ou o custo de fazer exercícios).

Voltarei a algumas dessas intervenções quase ao final deste livro. Mas antes de começarmos a observar intervenções potenciais para reduzir a obesidade, realmente devemos ampliar nosso sistema teórico. Porque, veja, uma teoria pode ser verdadeira sem ser *totalmente* verdadeira. O comportamento racional *efetivamente* explica a epidemia de obesidade: a comida e sua preparação realmente se tornaram mais baratas e os custos de fazer exercícios realmente aumentaram nos últimos anos para muitas pessoas. Mas apenas a racionalidade não explica a epidemia de obesidade.

Suponha que eu verifique a cor da pele de 100 homens irlandeses após uma tarde atipicamente ensolarada em Dublin. Percebo que 25 estão com queimaduras solares. Teorizo que a exposição ao sol causa queimaduras solares, calculo quanto tempo cada pessoa passou ao sol naquele dia e descubro que estar ao ar livre no sol prevê fortemente se um homem específico se queimou. Todos os 25 homens que têm pele vermelha e brilhante passaram um tempo considerável expostos ao sol. Prova-se que minha teoria está correta com grande relevância estatística.

Mas imagine que outra cientista observe meus dados e perceba que 25 dos 75 homens sem queimaduras solares também passaram um tempo considerável expostos ao sol naquela tarde. Então ela desenvolve uma teoria adicional. Especula que algumas pessoas que adoram o sol passaram um creme estranho na pele antes de saírem e que este as protegeu do dano causado pelo sol. E *voilà*: os dados confirmam isso.

A teoria da escolha racional ajuda a explicar a epidemia de obesidade. Mas nossa compreensão científica da obesidade será mais precisa se complementarmos essa teoria com uma visão mais ampla da natureza humana. Saberemos mais sobre o motivo pelo qual as pessoas tornam-se obesas se também procurarmos forças irracionais ou inconscientes que influenciem os hábitos alimentares delas.

"Decidindo" o que comer

É simplesmente natural pensar que o alimento que comemos acaba parando em nossos estômagos por causa de escolhas deliberadas que fazemos. Em casa, decidimos entre cozinhar macarrão ou bistecas de porco. No restaurante, ficamos na dúvida entre a especialidade do chef e a costela. Na mercearia, comparamos cuidadosamente os preços de alternativas ao feijão refrito* e apertamos as fôrmas de pão para encontrarmos o tipo mais adequado a nossos gostos. E ao fazer essas escolhas, utilizamos uma vasta experiência, com total consciência de nossos gostos e o que estamos procurando em nossa comida.

E ainda assim nosso comportamento alimentar acaba sendo bem menos deliberado do que pensamos. Percebi esse fenômeno pela primeira vez quando nosso filho mais velho começou a frequentar a creche. Antes de termos filhos, minha mulher e eu confiávamos bastante em nossa capacidade de estabelecer hábitos alimentares saudáveis em nossa casa.

*Prato típico da culinária mexicana, já industrializado e vendido em latas. (*N. do R.*)

De fato, na semana que nos casamos, saímos para jantar fora com alguns amigos que tinham um filho de 18 meses, Max. Fomos a uma lanchonete e pedimos hambúrgueres e sanduíches de peru, quando Max anunciou que queria "comida tailandesa". Paula e eu ficamos muito impressionados com o paladar desenvolvido do garoto, até ficarmos sabendo que pouco tempo antes ele tinha ido com os pais a um restaurante tailandês e, sem querer comer nenhuma das comidas estranhas lá, ganhou um cachorro-quente de um restaurante localizado na mesma rua. Agora ele pressupunha que os cachorros-quentes eram comida tailandesa. Enquanto ríamos da confusão culinária de Max, Paula e eu sussurramos um para o outro que, quando tivéssemos filhos, faríamos com que comessem comida tailandesa *de verdade*.

Alguns anos depois, com nosso próprio filho, achamos que tínhamos conseguido moldar suas papilas gustativas. Ele inalava comida indiana não apimentada, comida mexicana... praticamente qualquer coisa que colocássemos diante dele. Mas nossa vitória não durou muito. Na creche, ele sentava em volta da mesa de refeição, preso com cinco outras crianças em lugares demarcados, com as mãozinhas buscando a comida delas: vários tipos de salgadinhos e bolachas... meu Deus. A comida de casa rapidamente perdeu o brilho. Ele tinha provado o proibido — bem, não o *fruto* proibido, mas a comida processada proibida — e ficou fascinado.

Alimentos processados são tão imediatamente gratificantes que eles logo apagam o desejo por alimentos mais complexos, especialmente no paladar das crianças. Influenciado pelo ambiente social, os gostos de meu filho tinham mudado. Seus dias de comida indiana e tailandesa, aliás de qualquer comida com um sabor capaz de ser distinguido, rapidamente acabaram. Não há dúvida de que eu poderia ter sido um pai melhor para ele — se eu não tivesse cedido a seu pedido por *junk food* em casa, talvez ele tivesse mantido um paladar mais amplo. Afinal, as crianças na Índia comem comida indiana.

Mas muitos de nós somos influenciados inconscientemente por forças sociais. Nossos hábitos alimentares específicos são muito menos individualistas do que pensamos. De fato, estudos realizados em redes sociais mostraram que a obesidade é, metaforicamente falando, "contagiosa" —

se eu ficar acima do peso, então meus amigos atuais terão uma tendência maior a ficarem também.[4] O mesmo acontece com o comportamento em relação ao hábito de fumar.[5]

No caso deste, o contágio social não é tão surpreendente. Quando falo com meus pacientes sobre parar de fumar, já venho há muito tempo discutindo os hábitos de seus amigos mais próximos e cônjuges. Se eles pararem, mas o cônjuge continuar a fumar, há grande chance de que meus pacientes tenham uma recaída. Isso é tentação demais. Se eles pararem e os amigos no bar continuarem a fumar, eles têm ainda mais dificuldades.

Os hábitos alimentares parecem ser influenciados de maneira semelhante por interações sociais. É difícil "tornar-se vegetariano" se você andar com pessoas como, digamos, Roger Clemens, que diz não saber o que é um vegano.* É difícil implementar hábitos alimentares saudáveis se o cônjuge, a família e os vizinhos continuarem a oferecer alimentos que não sejam saudáveis.

De fato, o contexto social tem uma influência ainda mais sutil e mais surpreendente sobre nossos hábitos alimentares que vai além da mera exposição ao que as outras pessoas comem. O que realmente acontece é que a mera quantidade de comida que as pessoas ingerem é influenciada pelo contexto social de suas refeições. Estudos de caso provaram que quando os indivíduos comem em grupo, armazenam muito mais calorias do que quando se alimentam sozinhas. Por exemplo, um grupo de pesquisadores centrou seus estudos em uma creche e convenceu os funcionários a variarem o número de crianças que eles acomodavam em torno da mesa de refeição a cada dia. Eles observaram e perceberam que, à medida que o número de crianças em torno da mesa aumentava, também crescia o consumo de lanches.[6] Estudos envolvendo adultos revelam a mesma constatação.[7] Quando estão em grandes grupos, as pessoas não apenas

*Clemens, astro do beisebol americano, depôs em 2008 diante do congresso norte-americano em uma investigação sobre o uso de drogas legais por atletas, visando a melhorar o rendimento. Um dos congressistas quis saber se ele havia adotado a dieta vegana (que exclui inteiramente produtos de origem animal). Clemens disse em seu depoimento que estava usando injeções de vitamina B12, um complemento alimentar necessário aos veganos. (*N. do R.*)

comem mais rápido, mas também passam mais tempo à mesa, discutindo esportes, política e coisas do tipo. O resultado é que o número de calorias que consomem em uma refeição específica não é determinado pelos apetites ou necessidades calóricas, mas é influenciado também, ainda que de maneira inconsciente, pelo contexto social de suas refeições.

Você tinha percebido que estava ingerindo 100 calorias a mais toda vez que comia em um grupo maior? Provavelmente não. As calorias adicionais que os indivíduos consomem em reuniões sociais costumam ser ingeridas de maneira inconsciente. Eles não *decidem* comer mais nesses contextos. Apenas ficam tão energizados pelo ambiente que consomem proporcionalmente. Afinal de contas, quase ninguém calcula de maneira consciente o número de calorias que ingere em uma refeição específica (exceto aqueles que participam dos Vigilantes do Peso e programas semelhantes). Portanto, a quantidade de comida que as pessoas comem é influenciada por diversas forças inconscientes.

Brian Wansink, um cientista comportamental em Cornell, realizou diversos estudos inteligentes que revelam os fatores sutis que influenciam a maneira pela qual comemos. Mais precisamente, devo dizer que ele promoveu muitos estudos inteligentes, porque boa parte de sua pesquisa (descrita em detalhes hilários em seu livro *Mindless Eating*) acontece em restaurantes e cafeterias de verdade, onde faz experiências com clientes para testar suas teorias sobre os fatores que influenciam a quantidade de comida que as pessoas ingerem.[8] Naquele que talvez seja meu estudo favorito, Brian montou uma tigela de sopa que ele podia abastecer debaixo da mesa através de tubos escondidos, sem ser detectado por quem estava comendo. O estudo ajudou a confirmar a teoria de que as pessoas costumam confiar em lembranças visuais, como o ato de esvaziar uma tigela de sopa, para dizer a seus estômagos quando ele deve parar de comer. Essas dicas visuais são tão importantes que um participante no estudo de Wansink consumiu pouco mais de um litro de sopa, sem ao menos questionar como tanta sopa coubera em sua tigela. Em outro estudo de dicas visuais, Wansink estudou pessoas que jantavam em um restaurante que vendia asas de frango. Em metade das mesas, combinou com a garçonete que ela retirasse os ossos de frango das mesas assim que eles começassem a acumular. Nas mesas restantes, pediu que as garçonetes deixassem os ossos acumulando nas tigelas de descarte. Os frequentadores da mesa com ossos acumulados saíram com a lembrança visual de quanto eles eram glutões e comeram uma quantidade significativamente menor de asas de frango.

Não há dúvida de que esses estudos eram fascinantes, mas lembravam um pouco a primeira pesquisa realizada por Kahneman e Tversky sobre ilusões cognitivas. Wansink parece estar utilizando ilusões visuais, como tigelas de sopa sem fundo, para revelar o funcionamento de nossos apetites. Então apesar de seus resultados serem incontestáveis, o que podemos dizer do aspecto prático? Afinal, as pessoas não encontram tigelas de sopa sem fundo em seu dia a dia.

Mas os estudos de Wansink são muito relevantes para a vida normal, porque demonstram que as lembranças visuais influenciam muitas situações realistas do ato de comer. Por exemplo, em minha própria casa, temos dois aparelhos de jantar, um deles com pratos de diâmetro de um pouco mais de 24 centímetros e o outro, com pratos de 28 centímetros. Quando convidamos mais de oito pessoas para jantar, somos obrigados a utilizar os dois tamanhos de prato. Desconhecia, até encontrar a pesquisa de Wansink, que a quantidade de comida que cada um dos meus convidados costuma comer está sendo influenciada pelo prato que acaba sendo colocado em seus lugares. Pois Wansink realizou experiências em que ele designa pessoas aleatoriamente para receber pratos pequenos ou grandes e percebeu que o tamanho do prato tem um impacto significativo sobre os hábitos alimentares das pessoas. Se receber um prato grande, você não apenas colocará mais comida do que você faria se o prato fosse menor, mas também acabará comendo uma quantidade maior.

Suponha que você encha um pote de cerâmica com amendoins e o coloque em sua mesa enquanto estiver trabalhando. Provavelmente irá colocar a mão no pote ocasionalmente e beliscar alguns amendoins, às vezes fazendo isso sem pensar. Provavelmente não irá calcular quantas calorias está consumindo com cada punhado de comida. E se for como eu, muitas vezes você irá beliscar os amendoins quando não estiver especificamente com fome.

É difícil acreditar que esse comportamento seja resultado de um cálculo racional. Mas a irracionalidade por trás desse comportamento é ainda mais forte do que pensamos. Pois se os amendoins estivessem num pote de vidro, um que (diferentemente do seu equivalente de cerâmica) facilitasse sua visualização dentro do recipiente, você beliscaria uma quantidade substancialmente maior. A lembrança visual da comida influenciaria para que você beliscasse com mais frequência.

Quando alguém coloca comida em recipientes ou em cima de bancadas, raramente pensa sobre a influência que o ato de observar a comida exercerá sobre seus hábitos de consumo. Em um mundo ideal, nossos corpos saberiam quantas calorias precisamos consumir para manter um peso corporal saudável e nos sentir saciados com nossa comida, uma vez que tivermos ingerido essa quantidade de calorias. Nossos corpos poderiam até nos tornar avessos a comida a partir do momento que atingíssemos nosso limite diário. Mas infelizmente, nossos corpos não nos policiam muito bem, deixando-nos vítimas do comportamento insensato de beliscar.

Considere tudo que se come fora de pratos de jantar. Quantos amendoins você beliscou antes do jantar? Quantos pãezinhos o garçom colocou em sua mesa. Quantos M&M's comeu da tigela que estava na mesa da Nancy no trabalho? Você efetivamente tomou decisões deliberadas sobre o que e quanto comer nessas situações? Ou simplesmente colocou um pouco de comida na boca, beliscando algumas centenas de calorias de maneira insensata?

Gostos irracionais

Conforme vimos anteriormente, alguns entusiastas do mercado argumentam que a obesidade é uma escolha de estilo de vida e que, portanto, a sociedade deveria deixar que as pessoas determinassem sozinhas suas cinturas ideais. Mas nossas "escolhas" de comida são muito menos escolhidas do que gostaríamos de imaginar. A quantidade de alimento que consumimos não é apenas consequência de nossas preferências racionais. De fato, até nossa preferência por salgadinhos a uma fruta pode não ser tão deliberada quanto imaginamos. O próprio fato de rotularmos um alimento como não saudável pode torná-lo mais desejável.

Essa descoberta foi demonstrada por pesquisadores de marketing que convidaram um grupo a seus escritórios de pesquisa para testarem supostamente vários tipos de bolachas salgadas consideradas as mais saborosas. Os pesquisadores apresentaram uma marca como tendo 11g de gordura boa e 2g de gordura ruim. Não importa qual bolacha eles identificassem como a de alto teor de gordura boa (e havia variações na bolacha descrita como "saudável"), as pessoas descreveram essa bolacha saudável como sendo menos saborosa.[9] O principal pesquisador, Rajagopal Raghunathan, repetiu a experiência em um jantar em sua casa, dizendo a algumas pessoas que o lassi de manga que ele estava servindo era "considerado muito saudável" na Índia e ao mesmo tempo falando para outros convidados que ele era "considerado não saudável". Não preciso revelar qual grupo gostou mais do lassi.

Conforme Raghunathan demonstrou, de maneira tão furtiva, o gosto da comida não é apenas função de quais papilas gustativas ela estimula, mas também é resultado de nossas expectativas. Esperamos que a comida não saudável tenha gosto bom e, portanto, tem. Então perambulamos pela mercearia, decidindo o que comprar. Escolhemos os alimentos que parecem mais saborosos, inconscientes de como nossas previsões de sabor foram influenciadas por nossas concepções errôneas sobre alimentos saudáveis e não saudáveis.

Ninguém deve confiar que a comida chegue ao estômago principalmente como resultado de escolhas deliberadas. Ao contrário, o alimento que servimos em nosso prato, os lanches que beliscamos entre uma refeição e outra, os pacotes que colocamos em nossas carrinhos de supermercado... todas essas comidas acabam em nosso estômago não meramente em virtude de decisões conscientes que tomamos, mas também como resultado de forças inconscientes.

Os limites da educação

Pode parecer óbvio que a comida exposta nos fará comer mais do que a oculta. Pode inclusive parecer evidente que pratos grandes nos estimularão a consumir mais do que os menores. Entretanto, costumamos ser influenciados por essas questões sem reconhecermos que fomos influenciados.

Em seu livro, Wansink descreve a grande confiança que os alunos demonstram quando enfrentam os resultados da pesquisa. Eles acham graça das pessoas ingênuas que usaram a tigela de sopa sem fundo, certos de que não serão vítimas dos mesmos truques. Então, o professor Wansink os convida para uma festa de final de semestre e em sigilo realiza uma experiência. Talvez ele varie os tamanhos dos pratos. Talvez bagunce a forma dos copos (é comum alguém subestimar a quantidade de fluido em recipientes baixos e largos) ou a cor dos M&M's (as pessoas comem mais M&M's a partir de uma porção com várias cores do que de outra com apenas uma, apesar de a cor dos M&M's não terem nenhuma influência sobre o sabor). Invariavelmente, os alunos caem nos mesmos truques que eles haviam acabado de aprender no curso.

Algumas das descobertas de Wansink podem ser utilizadas individualmente para que as pessoas melhorem seus hábitos alimentares. Elas podem tirar sua *junk food* de vista. Podem trocar seus aparelhos de jantar incluindo pratos menores. Mas a variedade de fatores que influenciam de maneira inconsciente nossos hábitos alimentares é simplesmente grande demais para podermos controlar.

Falha do mercado

Os economistas do século XIX, como Jevons, desenvolveram a teoria da decisão racional ao considerar a psicologia da escolha da comida: como a utilidade relativa que uma pessoa atribui a maçãs em comparação com laranjas determina a quantidade de fruta que irá comprar a qualquer preço específico? A geração de Jevons não tinha recursos para imaginar como seria a aparência de uma mercearia moderna — quantos milhares de opções de comida seriam expostas em seus corredores ou quantos especialistas estariam à espreita nas esquinas descobrindo como nos afastar da seção de produtos agrícolas e nos seduzir para a seção mais lucrativa da comida processada. Aliás, não consigo imaginar que

Jevons teria utilizado maçãs e laranjas para desenvolver sua teoria de maximização da utilidade se ele tivesse passado uma hora em uma das lojas da rede de supermercados Kroger.

Por outro lado, tenho dificuldade em acreditar que qualquer pessoa possa observar a epidemia de obesidade e supor que os indivíduos estejam escolhendo, racionalmente, ser gordos. Mesmo ignorando as consequências da obesidade para a saúde — a apneia do sono e as articulações desgastadas, a doença cardíaca e o diabetes —, consideremos as consequências econômicas e as sociais. Aqueles que estão acima do peso ganham menos dinheiro do que aqueles que não estão.[10] Pessoas obesas também relatam altos níveis de infelicidade e problemas de saúde mental.[11] De fato, a maioria daqueles que estão acima do peso gostaria de conseguir perder peso. Eu já testemunhei dezenas de brigas conjugais no escritório da minha clínica, com o marido e a mulher discutindo sobre qual dos dois tem mais preguiça para perder peso.

A epidemia de obesidade não é resultado de nossos genes, mas de nossos genes interagindo com mercados modernos. Ela é consequência de nossos comportamentos racionais e irracionais. O livre mercado nunca irá resolver a epidemia por si só.

CAPÍTULO 7 O comportamento impulsivo e a batalha entre nossa personalidade atual e futura

Dava para ver as engrenagens girando enquanto Taylor pensava na escolha que eu dera. Se cutucasse o irmão mais velho mais uma vez, ele não poderia assistir à TV por uma semana. Enquanto isso, Jordan estava sentado do outro lado da van, pensando na mesma escolha. Cada um dos meninos sentia um estranho impulso de se esticar e ganhar alguma medida de retribuição, convencidos de que a desavença durante a brincadeira iniciada por eles, havia vários minutos, só tinha aumentado porque o *outro* tinha perdido o controle. Jordan gritou que Taylor tinha se excedido dando um tapa em suas partes íntimas. Não — argumentava Taylor — foi Jordan que se excedeu, *quase* dando um tapa em suas partes íntimas pouco antes.

Quem seria o próximo a se exceder? Ou minha ameaça iria impedir que houvesse mais contato? Os garotos estavam no meio de impulsos concorrentes: o forte estímulo por gratificação imediata e uma influência mais medida, a luta constante para conquistar o autocontrole, com uma recompensa remota que os aguardava: a chance de assistir à TV no sábado de manhã.

É incrível a frequência com que enfrentamos escolhas desse tipo — entre gratificação imediata e a longo prazo. Quando a quantidade de gratificação é igual durante períodos diferentes, a escolha costuma ser fácil. Se sua mulher oferecer para ter, digamos, relações com você hoje à noite ou amanhã à noite, então qualquer pessoa que estivesse no clima para o sexo (ou seja, qualquer homem) escolheria hoje à noite. Quem sabe, amanhã ela poderá não estar mais interessada.

Mas em muitos domínios da vida, a escolha entre agora e depois é um verdadeiro *trade-off* entre ganhar um pouco agora ou muito mais depois. Um aluno do colegial escolhe toda noite entre os prazeres da descontração (assistir à TV, conversar com amigos ou "tipo assim, qualquer coisa") e os benefícios de trabalhar duro agora (notas melhores, ser aceito em uma faculdade melhor e, ocasionalmente, um emprego mais satisfatório). Alguém que esteja fazendo dieta escolhe entre os prazeres de curto prazo de comer um bolinho e os benefícios de longo prazo de perder aqueles últimos 2 quilos e 200 gramas. Um casal jovem decide entre a gratificação imediata de esbanjar em uma viagem dispendiosa e os benefícios de investir em um fundo de aposentadoria.

Muitas dessas escolhas têm consequências muito menos previsíveis do que a escolha diante de Jordan e Taylor naquele dia. Porque Jordan e Taylor *sabiam* que seu tempo para assistir à TV no sábado de manhã estava ameaçado. O pai não faz ameaças vazias. Enquanto o aluno do colegial não tem nenhuma razão para esperar que sua nota de álgebra dependa do dever de casa de uma noite ou que sua aceitação em Stanford e um emprego bem remunerado estejam ameaçados agora. Afinal, notas boas, aceitações na faculdade e empregos satisfatórios são o resultado de milhares dessas escolhas. O mesmo raciocínio se aplica a bolinhos e investimentos — cinturas e fundos de aposentadoria não costumam depender de uma única decisão, mas, sim, de milhares de pequenas decisões.

Lamento pelas pessoas que nunca esbanjaram em suas vidas. Afinal, em algum momento temos de experimentar os prazeres da vida. Mas também precisamos lastimar por aqueles que nunca abrem mão de uma gratificação, que não conseguem tolerar nenhuma dor de curto prazo mesmo quando têm a chance de ter grandes ganhos de longo prazo: o viciado que destrói sua vida na busca do prazer imediato; a vítima de acidente de trânsito parcialmente paralisada que, antes do seu incidente, escolheu esbanjar em posses materiais ao invés de investir em seguro de invalidez; o antigo líder do campus que abriu mão dos estudos e agora vê os estudiosos passarem por ele na escada corporativa, com títulos de mestrado e habilidades úteis.

Essas pessoas merecem nossa piedade ou não? Afinal, fizeram suas escolhas e estão sofrendo as consequências. Elas escolheram agora em vez de mais tarde. Tem algo errado nisso? Mais relevante para o assunto desse livro: essas preferências entre agora e mais tarde são racionais ou irracionais? Os indivíduos devem tomar essas decisões sozinhos ou a sociedade deve direcioná-los para comportamentos "mais inteligentes" de longo prazo?

Uma questão de preferência racional

Imagine que você acabou de ganhar um pequeno prêmio na loteria e precisa escolher entre receber um prêmio de US$ 10.000 agora ou esperar um ano e receber US$ 11.000. Minha expectativa é que alguns leitores deste livro vão optar pelo prêmio imediato, buscando lidar com uma necessidade financeira imediata ou, talvez, na esperança de comemorar a boa notícia com uma compra grande. Outros leitores preferirão aguardar um ano para receber o prêmio maior, concluindo que um aumento de 10% nos seus ganhos é maior do que poderiam esperar se tivessem investido o dinheiro agora.

Existe uma decisão "racional" aqui? A resposta curta é não. Ao contrário, a escolha racional depende das preferências de uma determinada pessoa. Se, por exemplo, eu oferecesse aos leitores optar entre iogurte de morango e de framboesa, eu não esperaria uma preferência unânime de um sabor sobre o outro. A escolha certa dependeria de qual sabor determinado leitor gosta mais. No caso da escolha do iogurte, os libertários de mercado diriam que a utilidade do iogurte de morango é maior do que a do de framboesa para algumas pessoas e vice-versa para outras. Portanto, o melhor a ser feito é deixar que elas escolham qual sabor consumir.

Da mesma maneira que as preferências por sabores de iogurte variam entre as pessoas, isso também ocorre com as preferências temporais. Os economistas denominam tais preferências *taxas de desconto*. Para compreender a ideia das taxas de desconto, considere uma escolha entre US$ 10.000 agora ou US$ 10.000 em dez anos. Quase todo mundo escolherá o dinheiro imediato, sabendo que eles poderão não estar vivos em dez anos e que eles poderiam investir os US$ 10.000 agora e que seu valor aumentaria ao longo desses dez anos. É racional valorizar mais o presente do que o futuro nesse tipo de situação.

Mas até que ponto devemos valorizar o agora em relação ao futuro? Devo preferir US$ 10.000 agora a US$ 100.000 em dez anos? A US$ 1 milhão? A resposta curta, que a maioria dos economistas tradicionais prefere, é que não existe uma taxa de desconto "correta", da mesma maneira que não há um sabor de iogurte correto.

Isso quer dizer que aqueles que acreditam na racionalidade acham que o fato de indivíduos diferentes terem taxas de desconto diferentes não é um problema. E, portanto, também não há qualquer inconveniente em que, como resultado dessas diferentes preferências temporais, as pessoas façam escolhas diferentes na vida. Um universitário decide se tornar cirurgião cardíaco, ciente de que ele não conseguirá alcançar essa meta por mais de uma década. Ao contrário, seu companheiro de quarto opta pela gratificação mais rápida de um emprego de consultor logo após a graduação. É possível que um dos dois estudantes tenha tomado a decisão errada. Talvez a vida de um cirurgião cardíaco não seja tão satisfatória quanto o primeiro estudante pensava ou o estilo de vida de consultor não seja adequado para o outro estudante. Mas também é bem possível que os dois estudantes saibam o suficiente sobre suas próprias preferências a ponto de cada um deles ter tomado a decisão certa.

Conforme vimos, portanto, alguns indivíduos se concentram muito mais em ganhos de curto prazo do que outros: eles baseiam suas decisões em taxas de desconto mais altas do que outras pessoas. Mas será que alguma vez é irracional ter uma taxa de desconto alta — se preocupar tão pouco com o futuro?

Considere o vício. Estudos demonstraram que viciados em heroína têm taxas de desconto mais altas do que os não viciados.[1] O mesmo ocorre com aqueles que abusam do álcool, fumantes e jogadores compulsivos.[2] Mas se uma pessoa tiver uma preferência forte o suficiente por uma gratificação imediata a uma futura, será que não pode ser considerado racional que ela mande tudo para o alto e aproveite a heroína circulando em suas veias sem se preocupar com o futuro?

Na economia neoclássica estrita não existem preferências irracionais. De fato, ao adotarem essa visão permissiva, os economistas voltaram ao amigo de Adam Smith, David Hume, cuja afirmação ficou famosa: "Não vai contra a razão preferir a destruição do mundo inteiro a coçar o meu dedo."[3] Variações menos eloquentes dessa visão podem ser vistas na teoria do vício racional de Gary Becker e Kevin Murphy, em que eles escreveram: "Este artigo conta com um conceito fraco de racionalidade que não descarta grandes descontos de eventos futuros." Para crédito deles, Becker e Murphy não parecem totalmente vendidos à noção de Hume de que todas as preferências são racionais, perguntando a certa altura: "Será que alguém que negligencia totalmente, ou em grande parte, as consequências futuras de suas ações pode ser chamado de racional?"[4] Mas eles não respondem essa pergunta.

E quem pode culpá-los? Afinal, não é fácil saber quando uma preferência por gratificação imediata deixa de ser mera preferência e passa a ser uma miopia irracional, até patológica. Será que é irracional eu preferir US$ 10.000 imediatamente a US$ 20.000 em um ano? E a US$ 50.000? Ou a US$ 1 milhão? A não ser que eu esteja morrendo de fome e que precise de dinheiro imediatamente, ou esteja devendo para a máfia e marcado para morrer, eu seria tolo de não aceitar o US$ 1 milhão. Então em algum lugar ao longo desse *continuum*, entre taxas de desconto baixas e altas, as preferências das pessoas passam de racionais a irracionais, da curiosidade ao patológico. E como é impossível identificar o lugar exato em que a mudança ocorre, muitos teóricos, como Becker e Murphy, escolheram permanecer agnósticos.

No entanto, não acho que seja necessário descobrir exatamente quando as preferências pelo agora e não pelo futuro passam de racionais para irracionais, de defensáveis para indefensáveis. Afinal as atitudes das pessoas em relação ao tempo — suas taxas de desconto, digamos assim — são bagunçadas de formas muito mais graves do que já descrevi até agora, fazendo com que os indivíduos comam demais e façam exercícios de menos, fiquem saciadas demais e invistam de menos. São formas intimamente relacionadas com a batalha dentro de todos nós para controlarmos nossos impulsos prejudiciais.

Sempre falta apenas um dia para amanhã

O despertador tocou às 5h. O trabalho só começaria às 8h30 e os meus filhos só acordariam às 7h. Então por que despertar tão cedo? Eu queria fazer exercícios por uma hora e isso se tornava cada vez mais difícil com todas as minhas responsabilidades familiares. Mas ao escutar o começo da *Morning Edition* em meu rádio, não consegui reunir nenhum entusiasmo para malhar. Então estiquei o braço, desliguei o despertador e dormi de novo.

Eu estava diante de uma simples escolha entre os prazeres de dormir e os benefícios de fazer exercício, e, por causa da maneira pela qual eu percebia essas atividades naquela manhã, escolhi voltar a dormir. Ninguém poderia chamar essa escolha de irracional. De fato, considerando minhas preferências naquela manhã, era óbvio que a utilidade de dormir me parecia muito maior do que a utilidade de uma corrida matinal.

A história tem apenas um problema: na hora de dormir na noite anterior, eu tinha uma preferência igualmente forte por fazer exercício em vez de dormir. Por que outra razão você acha que programei o despertador para as 5h? Além disso, quando finalmente acordei às 6h30, disse para mim mesmo que eu acordaria às 5h na manhã *seguinte* e faria essa corrida.

O mundo está cheio de indivíduos comendo sobremesas, fumando cigarros, lendo romances ruins, assistindo a sequências de filmes de Hollywood ruins e esbanjando em despesas desnecessárias, e todos eles prometem que amanhã comerão de maneira mais saudável, largarão o vício, começarão a ler livros de Dickens, verificarão aquele novo filme estrangeiro e pouparão algum dinheiro para financiar a faculdade do

Júnior. O problema é que quando chega o amanhã, este passou a ser o hoje e o desejo por gratificação imediata fala mais alto de novo.

Becker e Murphy não estavam preparados para concluir que, ao longo de um *continuum* de taxas de desconto, as preferências de algumas pessoas por um ganho imediato eram irracionais. Mas como podem permanecer agnósticos em relação à racionalidade das pessoas que vacilam entre uma taxa de desconto e outra — entre programar o despertador e desligá-lo?

Imagine escolher entre receber US$ 100 em um ano e US$ 110 em um ano e um dia. Se você for como a maioria, escolherá a quantia maior, considerando que um aumento de 10% é uma boa recompensa por esperar apenas um dia. Agora considere uma escolha diferente: entre receber US$ 100 hoje e US$ 110 amanhã. Nessa situação, muitos escolhem a *menor* quantia. No futuro distante, grande parte das pessoas estará disposta a esperar um dia para ganhar US$ 10, mas não estará propensa a fazer isso hoje. Elas têm uma alta taxa de desconto no curto prazo e uma baixa no longo prazo.[5] Qual dessas taxas de desconto reflete suas verdadeiras preferências? Será que podemos mesmo falar sobre taxas de desconto racionais quando as pessoas são tão inconsistentes?

O vencedor do prêmio Nobel, Thomas Schelling, escreveu de maneira brilhante sobre os múltiplos "eus" que batalham dentro de todos nós, cujas preferências lutam para dominar nossas vidas.[6] Meu "eu" de longo prazo quer investir em um plano previdenciário seguro, enquanto meu "eu" de curto prazo quer injetar dinheiro em um novo negócio de alto risco. Um dos meus "eus" quer acordar às 5h e o outro, apertar o botão soneca.

Quando pensamos sobre se a sociedade deve tentar ajudar as pessoas a se comportar de maneira mais racional em contextos de mercado, precisamos pensar sobre qual desses "eus" elas precisam ouvir. O mercado deve maximizar as utilidades de qual deles? Os libertários argumentam que não é função da sociedade responder a essa pergunta. Devemos deixar os indivíduos decidirem como viver suas vidas e se estiverem em conflito sobre o que fazer, então, como adultos, devem descobrir as respostas e agir de acordo.

Aqueles que defendem os livres mercados acreditam que seja intrusivo os governos ou qualquer força externa orientar os indivíduos como devem escolher entre ganhos de curto e de longo prazos. De acordo com os defensores do livre mercado, se as pessoas tiverem múltiplos "eus", caberá a elas decidirem a qual "eu" obedecer em cada momento. Competirá a elas como indivíduos mapear seu caminho ao longo da vida. Algumas pessoas tomarão decisões mais inteligentes do que as outras. Algumas pessoas, que teriam tido um resultado melhor no longo prazo se tivessem permanecido na faculdade, abandonarão o curso. Mas quem somos nós, como estranhos, para lhes dizer o que fazer?

Conforme Glen Whitman escreve em uma publicação do Cato Institute, "Adotar políticas *apenas* porque elas desenvolvem o interesse do "eu" de longo prazo seria inadequado" (itálico de Whitman).[7]

E de fato, como observou Schelling, os indivíduos desenvolvem estratégias inteligentes para ajudar um dos seus "eus" a vencer a outro. Você quer acordar às 5h? Programe o despertador para essa hora e coloque o relógio do outro lado do quarto. Quer economizar mais dinheiro? Faça com que parte do seu pagamento seja depositada diretamente em uma conta bancária em que você será severamente penalizado se tirar o dinheiro de maneira prematura. Se você quiser evitar que sua corrida da tarde seja interrompida, não corra na esteira, onde é fácil demais parar. Ao contrário, corra em linha reta a partir de sua casa por, digamos, quase 5 quilômetros e será obrigado a fazer uma corrida de quase 10 quilômetros. Convença-se de que precisa seguir regras rigorosas para controlar sua dieta ou seus gastos. Encontre maneiras de se punir se não obedecer a essas regras. Você provavelmente será capaz de dominar o autocontrole.

Considere o ex-governador do Arkansas e candidato à presidência Mike Huckabee, um pastor batista que também fez proselitismo das maravilhas de se fazer exercícios e dieta. Por meio de pura determinação e força de vontade, Huckabee já perdeu mais de 45 quilos e conseguiu manter o peso. Será que outros que estão acima do peso não deveriam ser capazes de fazer o mesmo?

Mas essas estratégias não funcionam se as pessoas não as utilizarem. O que significa que ainda precisamos considerar qual "eu" merece destaque quando nós, como sociedade, estivermos pensando sobre como estruturar o livre mercado.

O Problema do 10 de Março

Se você me perguntar no dia 1º de janeiro o que desejo fazer no dia 1º de março, direi que quero fazer exercícios, comer bem, ser paciente com meus filhos, ser eficiente no trabalho e não assistir a mais do que 30 minutos de TV. Se você me fizer essa mesma pergunta no dia 2 de janeiro, 3 de fevereiro, ou 15 de fevereiro, darei a mesma resposta. Tenho sentimentos fortes sobre como quero me comportar no dia 1º de março e esses sentimentos existem em todos os dias do ano. Até que chega o dia 1º de março e esqueço os exercícios, como um cheeseburguer triplo, brigo com meus filhos, navego na internet no trabalho em vez de reescrever este capítulo e pego no sono diante de um confronto da NBA entre dois times com os quais nem me importo. No dia 2 de março, não apenas me arrependo do que fiz no dia 1º de março, como também planejo me comportar melhor amanhã e depois de amanhã e de fato no dia 1º de março do ano que vem.

Qual personalidade merece prioridade? Aquela que domina um dia por ano, no dia 1º de março, ou a que afirma suas preferências nos outros 364 dias? Ted O'Donoghue e Matthew Rabin, dois economistas comportamentais de Cornell e UC Berkeley, respectivamente, colocam a história do 1º de março como uma forma de refutar libertários como Whitman. Este argumenta que não existem razões para escolher "eus" de longo prazo em detrimento dos de curto. O'Donoghue e Rabin acreditam que seu exemplo do 1º de março mostre que preferências de curto prazo são erros, e, não, preferências que mereçam respeito quando se elaboram políticas. Com efeito, eles pensam que as pessoas se prejudicam regularmente ao abandonar suas preferências de longo prazo, comprando mais, fumando mais, comendo mais e fazendo menos exercícios do que deveriam.

Como evidência do prejuízo, observam o ônus cada vez maior da dívida do cartão de crédito em muitos países industrializados.[8] A maioria dos norte-americanos não paga as faturas do cartão de crédito na data de vencimento e, portanto, acabam recorrendo a empréstimos a taxas exorbitantes que costumam ultrapassar 19% ao ano. Em raras ocasiões, essa alta taxa de juros é justificável, quando alguém realmente precisa comprar um produto caro imediatamente e não pode pedir um empréstimo a juros mais baixos. Mas a maioria dos consumidores está simplesmente jogando dinheiro fora ao pagar essas taxas de juros tão altas. De fato, se sua meta fosse maximizar o consumo de curto prazo, então essas pessoas estariam melhores exibindo apenas autocontrole suficiente para pagar as faturas do cartão de crédito na data do vencimento, uma prática que as pouparia o custo dos empréstimos a juros de 19% e, portanto, as deixaria com mais dinheiro para comprarem o que desejassem.

De maneira semelhante, quase 10% dos norte-americanos utilizam empréstimos consignados, submetendo-se a uma taxa de juros exorbitante de 18% em apenas duas semanas para conseguirem um adiantamento dos seus pagamentos. "Não importa até que ponto a situação deles esteja ruim" — argumentam O'Donoghue e Rabin — "recorrer a empréstimos repetidas vezes a taxas exorbitantes coloca os indivíduos em situações piores." Todos, quer dizer, exceto aqueles que emprestam o dinheiro.

Os defensores do mercado nos alertariam contra regulamentar empresas de cartão de crédito ou operações de empréstimo consignado. Afinal, essas empresas competem por clientes no mercado, muitos dos quais compram seus serviços diversas vezes. Argumentam que esses clientes claramente levariam seus negócios para outro lugar se considerassem os produtos de uma empresa insatisfatórios. Aqueles que acreditam na racionalidade quase total percebem que se todos realmente quisessem poupar mais dinheiro, fariam isso.

A maioria de nós, que somos treinados em economia comportamental, não aceita mais esses argumentos e gostaria de explorar regulamentações brandas que ajudarão as pessoas a evitar o problema do 1º de março. Não consideramos decisões de curto prazo como sendo impulsionadas apenas por taxas de desconto, mas, ao contrário, as compreendemos como sequestradas pela energia limitada que as pessoas podem utilizar para regulamentar o próprio comportamento. No final das contas, todos estão exaustos demais para controlar seus impulsos de curto prazo. Não acredita em mim? Observe o que acontece quando pesquisadores obrigam as pessoas a comer rabanetes enquanto sentam próximas a um prato de cookies de chocolate saindo do forno.

Autocontrole: Um Recurso Valioso e Esgotável

Você acabou de ser colocado em uma sala impregnada com o odor de cookies de chocolate saindo do forno. Mas o assistente de pesquisa informa, encolhendo os ombros, que os cookies à sua frente estão proibidos, porque você foi escolhido aleatoriamente para "o grupo do rabanete". Veja, o estudo do qual você está participando é supostamente sobre a percepção de gosto. Foi por isso que os pesquisadores pediram para que pulasse uma refeição antes de vir para o laboratório.

Não é fácil para você evitar furtar um dos cookies. É necessário força de vontade. Mas você se abstém de desfrutar dos cookies e obedientemente come rabanetes.

Se você fosse uma criancinha, talvez você não tivesse demonstrado tanta limitação. A maioria das crianças pequenas não desenvolveu a força de vontade para superar uma tentação tão grande quanto essa. De fato, algumas das pesquisas mais profundas sobre o autocontrole envolveu crianças pequenas que receberam vários desafios, como não tocar em uma pilha de brinquedos até os pesquisadores voltarem para a sala. Se você der esse tipo de desafio a crianças pequenas, algumas desistirão logo de início e outras demonstrarão mais limitação. O tempo necessário para que as crianças comecem a brincar com os brinquedos é uma maneira poderosa de prever o futuro dessas crianças. Aquelas que demonstram maior limitação terão maior probabilidade de obter uma nota alta no SAT,* de não serem presos, de evitarem a gravidez na adolescência e de viverem até uma idade avançada.[9] Afinal, o autocontrole é um recurso muito valioso. As preferências míopes que as pessoas demonstram pelo consumo de curto prazo, levadas a um extremo, não são nenhuma receita de uma vida gratificante.

Mas quando os pesquisadores o colocaram na frente dos cookies, não estavam testando o nível de restrição que você demonstraria. Ao

*Iniciais em inglês para Teste de Aptidão Acadêmica; exame nacional aplicado nos EUA para avaliar habilidades cognitivas gerais (matemática, interpretação de textos e redação) dos candidatos às universidades. (*N. do R.*)

contrário, estavam estudando se essa restrição acabaria com sua força de vontade. Então depois de torturá-lo com os cookies proibidos, o assistente de pesquisa volta para a sala, pede para que você preencha um rápido questionário sobre seu estado de espírito e depois informa que você precisa esperar por lá enquanto o gosto de rabanete se desvanece em sua boca. Para ajudar a passar o tempo, ele pede para que você resolva um teste de resolução de problemas. Ele mostra uma figura simples, digamos, um quadrado, e pede para você traçá-lo sem levantar a caneta do papel e sem redesenhar nenhuma das linhas. As duas primeiras figuras são fáceis e as duas seguintes são um pouco mais complicadas. Então o assistente de pesquisa entrega a você uma figura mais complexa e pede que faça seu melhor para traçá-la. Ele até fornece várias cópias da figura, porque esta parece que vai ser difícil. Pede para que você toque uma campainha quando tiver conseguido traçar a figura ou tiver desistido.

O que o assistente de pesquisa não informou é que a figura não pode ser traçada sem retraçar pelo menos uma linha. Você nunca resolverá esse problema e então acabará tendo de desistir. Os pesquisadores forneceram a figura porque querem descobrir se o autocontrole que você acabou de exercer, resistindo à tentação de comer os cookies, esgotou suas reservas de autocontrole de maneira suficiente a ponto de você desistir dessa segunda tarefa mais cedo do que outros participantes.

Você tem dificuldade com a figura e finalmente, depois de pouco mais de oito minutos, toca a campainha derrotado, com vinte cópias da figura à sua frente coberta com seus rabiscos sem sucesso. Seria surpreendente para você descobrir que se não tivesse ficado tentado pelos cookies, você teria gastado mais de duas vezes o tempo tentando resolver o problema?[10]

Estudos como este levaram muitos psicólogos a concluírem que o autocontrole é finito. Quando as pessoas tiverem exercido autocontrole por algum tempo em uma situação, elas inevitavelmente contarão com menos força de vontade na situação seguinte.

Esta é uma descoberta profunda que apresenta vários desafios para aqueles que desejam se comportar de maneira racional dentro do livre mercado. Por exemplo, tenho um estranho padrão de comprar frutas e verduras demais na mercearia — compro tanto que parte da comida invariavelmente estraga antes que a minha família possa comer. Por que cometo esse erro constantemente? É porque faço uma previsão errada de meu autocontrole. Quando compro vegetais frescos na mercearia no domingo, visualizo todas as refeições saudáveis que irei preparar para a minha família ao longo da semana. Então chego em casa na hora do jantar na segunda-feira, cansado de um dia de trabalho, com a lombar doendo por ficar tempo demais em minha mesa e com meus recursos emocionais em frangalhos. Nesse momento, é muito fácil empurrar os vegetais de lado e colocar algo menos saudável no micro-ondas.

Não estou sozinho nisso. Considere uma mãe dona de casa que acabou de passar o dia cuidando de duas crianças pequenas, uma verdadeira maratona de autocontrole. Ela tinha planejado ir à academia quando o marido chegasse em casa, mas na hora que ele chega, uma taça de vinho e dez minutos com a revista *People* parecem extremamente tentadores. Será que é de surpreender que a grande maioria de pessoas que se matricula em academias a frequentam de maneira tão irregular? Seus "eus" de longo prazo querem ir à academia quatro vezes por semana, para modelar seus abdominais. Mas seus "eus" de curto prazo não conseguem transportar seus abdominais infelizes até a academia assiduamente a ponto de fazer com que a mensalidade paga valha a pena. Há simplesmente dias demais da semana em que as demandas da família ou do trabalho esgotam sua energia para fazer exercícios.

Psicólogos sociais que estudam o autocontrole descreveram isso como sendo "um dos mais preciosos dotes do eu humano", observando que problemas como depressão, agressividade, gravidez na adolescência, obesidade, dívidas de jogo e baixo desempenho escolar são resultado de pouco autocontrole.[11]

De fato, você pode ter notado que muitos dos problemas que resultam da falta de autocontrole acometem de maneira especialmente intensa pessoas de baixa renda. Por exemplo, as taxas de obesidade entre mulheres de baixa renda são 25% maiores do que entre as de alta renda com a mesma idade.[12] Aqueles que defendem os livres mercados, que também costumam ser intensamente a favor da responsabilidade pessoal, podem responder a essas estatísticas com um pedido para que as pessoas se recomponham. O comentarista da Fox News, Radley Balko, lamenta quaisquer esforços para "tirar a responsabilidade pela saúde individual dos indivíduos", escrevendo que a única solução para a epidemia de obesidade é forçar as pessoas a assumirem o domínio da própria saúde.[13]

Acredito muito na responsabilidade pessoal. E acho que o mundo seria um lugar melhor se mais pessoas exercessem o autocontrole de modo satisfatório. Mas também reconheço que é mais fácil para mim, que sou um médico abastado, exercer controle sobre minha própria saúde do que para uma mãe solteira mal remunerada. Eu me lembro quanto eu ficava exausto quando meus filhos eram mais novos. Não consigo imaginar até que ponto eu teria ficado mais exausto se eu também tivesse tido que lidar com problemas financeiros ao mesmo tempo, ou se tivesse ficado estressado com crimes no bairro ou com um ambiente de trabalho ruim.

Ser pobre acaba com as reservas de autocontrole do invidíduo. De fato, as taxas de obesidade no mundo estão aumentando mais rapidamente em algumas das áreas mais pobres. Isso criou o que, à primeira vista, parece um paradoxo — pesquisadores na África e na Ásia observaram que alguns dos aumentos de peso mais dramáticos estão ocorrendo em áreas que também têm as maiores taxas de desnutrição.[14] Mas esse paradoxo pode ser resolvido em parte ao se compreender os tipos de problemas de autocontrole que as pessoas enfrentam nessas mesmas regiões. Para resolver mais desse paradoxo, precisamos ir além do que os cientistas sociais aprenderam sobre o autocontrole nos últimos vinte anos, para compreendermos o que os últimos poucos milhões de anos de evolução fizeram para frustrar as tentativas das pessoas de controlar o tamanho de suas cinturas.

Escolhendo perder peso

Teoricamente, perder peso deveria ser simples. Apenas queime mais calorias do que consome e você perderá peso. Falando sério. Basta isso. Se estiver acima do peso e não conseguir se livrar dos quilinhos a mais, isso deve significar ou que você não quer perder peso (talvez tenha escolhido, racionalmente, permanecer obeso) ou que não tem força de vontade suficiente para reconquistar sua massa corporal ideal. Considere o que aqueles que fazem dieta ouviram de seus médicos, ou o que ouviram no programa

Oprah, sobre as pequenas mudanças que influenciam o quanto as pessoas pesam. Foi-lhes dito que o ganho de peso pode resultar de um punhado de bolachas salgadas a mais por dia, sendo que aquelas 50 calorias a mais totalizam milhares de calorias ao longo dos anos.[15] Se isso for verdade, então o inverso também deve ser: se elas simplesmente deixarem de comer algumas bolachas salgadas por dia, perderão peso. Então eliminam as bolachas salgadas, mas nada acontece. Cortam os lanchinhos, mas não perdem quase nada. Abrem mão de uma das três refeições diárias e ainda assim não parecem perder peso algum. Relatam os esforços a seus médicos e são recebidas com incredulidade, considerando que não devem estar sendo honestas em suas dietas. Seus cônjuges levantam-se subitamente quando ouvem isso, denunciando a sobremesa que elas comeram no último fim de semana na casa dos amigos. As pobres pessoas em dieta não sabem o que pensar. A teoria da entrada e saída de calorias não parece se encaixar na experiência delas. As calorias conseguem entrar muito bem, mas não são tão boas para sair.

Então por que apenas 5% das pessoas que tentam perder peso conseguem fazer isso de uma forma equilibrada?[16] Esta baixa taxa de sucesso é resultado do que acontece quando você mistura a moderna indústria de alimentos com as forças muito antigas da evolução.

Ao considerarmos como a evolução conspirou contra o sucesso da dieta, vamos voltar brevemente à época em que éramos caçadores e coletores, no meio da tundra vivendo constantemente ameaçados pela fome.[17] Em tempos de abundância, nossos ancestrais se empanturravam com a caça, armazenando a carne nas próprias células adiposas e depósitos de glicogênio em vez de deixar que ela apodrecesse junto com os ossos. Entre caçadas com sucesso, no entanto, era importante impedir que se morresse de fome.[18] Consequentemente, a evolução favoreceu aqueles indivíduos capazes de conservar energia e, dessa forma, manter as calorias que já tinham consumido. As pessoas que fazem dieta reconhecerão o resultado infeliz dessas pressões evolucionárias. Quando fazem dieta, não parecem perder tanto peso quanto deveriam.

Todos aqueles que fazem dieta têm todo o direito de lamentar suas batalhas calóricas, porque as pressões evolucionárias tornaram os seres humanos acumuladores prolíficos de calorias. Quando fazemos dieta, nossos corpos respondem como faziam na tundra quando nossas ofertas sazonais de comida diminuíam. Eles entram no estágio de fome. Para lidar com a fome aparente, nossa programação evolucionária entra em cena para desacelerar nosso metabolismo. Podemos diminuir em 10% nossa ingestão de calorias e ainda assim não perder peso algum, ou estabilizar depois de perder apenas poucos quilos.

Então, perder um peso substancial exige uma redução ainda maior do consumo. Contudo isso demandará uma incrível força de vontade porque nossa programação evolucionária — que, lembre-se, pensa que estamos morrendo de fome — também enfraqueceu a química de nosso cérebro para fixar nossa atenção em achar comida. É claro que essa programação ajudou bastante em nossa época de tundra. Mas falha quando você é obrigado a passar ao lado do prato com doces no trabalho todo dia. Como resultado dessa programação, quem faz dieta fica obcecado por comida. Chega a experimentar uma mudança em suas preferências alimentares. Uma refeição açucarada, que antes da dieta teria sido considerada enjoativa, agora tem um gosto ótimo.[19] Quando estávamos evoluindo na tundra, pessoas com facilidade em perder peso não acumulavam vantagem alguma. Não evoluímos para termos sucesso nas dietas. Ao contrário, de acordo com os psicólogos Janet Polivy e Peter Herman, "Fazer dieta é exatamente o tipo de ameaça que evoluímos para combater".[20]

Ah, essa estrutura evolucionária tem mais um último pedacinho de crueldade. Depois de nos privarmos de milhares de calorias, esbanjamos, digamos, 750. Nosso metabolismo passa a se arrastar, nossos cérebros começam a se fixar em comida, sucumbimos em um momento de fraqueza às tentações de um Big Mac. Mas a essa altura, com nossas taxas metabólicas agora se arrastando e nossos corpos em alerta de fome, as 750 calorias — não importa que fiquem muito abaixo de nossa ingestão de caloria normal anterior — provavelmente levarão a um *ganho* de peso.

Claramente, a vida não evoluiu de maneira a ser justa. Na melhor das circunstâncias, fazer dieta exige uma tremenda força de vontade, uma vez que a maioria de nós é cercada por lanchinhos tentadores e refeições deliciosas. Para piorar ainda mais, os que enfrentam na sociedade as maiores formas de estresse — as principais delas sendo a insegurança no trabalho e a pobreza — se encontram com menos reservas de autocontrole para evitar essas comidas. Finalmente, o tipo de estresse que essas pessoas enfrentam induz seus corpos a armazenar quaisquer calorias que elas consumam.

O que nos conduz de novo à ideia de que a obesidade deve-se apenas à fraqueza pessoal. Será que qualquer indivíduo crível efetivamente acredita que variações *regionais* na obesidade sejam causadas por alguma fraqueza de caráter regional?

Conforme enfatizo ao longo de todo o livro, os seres humanos se comportam tanto de maneira racional quanto irracional. Suas decisões são influenciadas tanto por forças conscientes quanto pelas inconscientes. Da mesma forma que as pessoas são apenas parcialmente racionais, elas são apenas parcialmente responsáveis pelos seus comportamentos.

Quando cuido de veteranos de guerra, estimulo muitos dos meus pacientes a assumir maior responsabilidade pela própria saúde. Tento ajudá-los a parar de fumar e a começar a fazer exercícios. Muitas vezes não obtenho tanto sucesso quanto gostaria. E meus pacientes merecem parte da culpa por seus estilos de vida imprevisíveis.

Por outro lado, se eu tivesse sido exposto ao trauma da batalha militar quando jovem, se viesse tendo pesadelos violentos por várias décadas, se tivesse voltado do serviço militar com alguma incapacidade que me impedisse de voltar para meu antigo trabalho e com pensão por invalidez que mal me fizesse cruzar a linha de pobreza — quanto eu pesaria agora e quantos maços de cigarro eu estaria inalando por dia?

Seria arrogante concluir que eu teria autocontrole e força de caráter suficientes para sair dessa experiência ileso.

Internalidades

Há muito tempo os economistas reconheceram que, sozinho, o livre mercado não consegue lidar com o que se chama de *externalidades*. Estas consistem em custos e benefícios suportados por terceiros. Por exemplo, se uma fábrica emitir uma grande quantidade de fumaça, os custos dessas emissões são arcados pelos indivíduos que estarão inalando aquela fumaça. A fábrica, portanto, tem pouco incentivo para reduzir a fumaça.

Baseados na longa história de trabalho sobre essas externalidades, os economistas comportamentais começaram a se referir a problemas de autocontrole como sendo *internalidades*.[21] Se uma pessoa obesa com diabetes decidir devorar um pouco de sorvete, então seu "eu" de curto prazo estará prejudicando o de longo prazo. O de curto prazo recebe todos os benefícios (os prazeres de uma barriga cheia e de uma sobremesa saborosa), enquanto o "eu" de longo prazo arca com todas as consequências prejudiciais (as artérias entupidas e os rins que não funcionam).

Em situações que envolvem externalidades, a maioria das pessoas pensa que se justificam as regulamentações governamentais ou a interferência. O governo pode tributar empresas que poluam, para lhes dar um incentivo para reduzirem a poluição. Ou o governo pode regulamentar a quantidade permitida de partículas emitidas pelas empresas a partir de alguma chaminé específica.

Pela mesma razão que se justifica a interferência do governo para reduzir as externalidades, alguns economistas comportamentais acreditam que o governo deveria agir para reduzir as internalidades. O livre mercado, por conta própria, não protegerá necessariamente os interesses de longo prazo dos indivíduos. Um programa do governo que possa ajudar as pessoas a economizarem visando à aposentadoria, ou a consumir alimentos mais saudáveis, ou a passar mais tempo na escola, promoverá os interesses de seus "eus" de longo prazo.

E quando os indivíduos mais prejudicados pelas internalidades são os mais pobres entre nós, quando incluem os veteranos de guerra de quem eu cuido, cujas reservas de autocontrole estão sendo esgotadas pelo desafio de lidar com a invalidez e com o transtorno do estresse pós-traumático, será que o governo não deveria procurar maneiras adequadas de reduzir essas internalidades prejudiciais?

Ajudando as pessoas a se ajudarem

Os colegas economistas de Dick Thaler agradeceram quando ele retirou a tigela tentadora de castanhas de caju do seu campo de visão, pois reconheceram que suas forças de autocontrole eram limitadas e acharam bem-vinda a ajuda do anfitrião. Conforme Thaler descobriu naquela noite, quando a existência dessas escolhas deixar as pessoas suscetíveis à própria falta de autocontrole, restringir suas escolhas pode aumentar o bem-estar geral.

Dan Ariely relata um exemplo surpreendente desse fenômeno em seu livro *Predictably Irrational*.[22] Descreve um tempo em que ele designava três trabalhos trimestrais a certa turma e dizia que os alunos poderiam entregar quando quisessem, espaçando os trabalhos de maneira uniforme ao longo do semestre se preferissem ou esperando até o último dia para entregar todos os três de uma vez, ou qualquer estratégia entre essas duas. Não foi surpreendente que muitos alunos atrasaram e entregaram trabalhos medíocres feitos às pressas no último minuto possível.

Ariely adotou outra estratégia com uma turma diferente, obrigando os alunos a entregarem os três trabalhos em intervalos regulares ao longo do semestre. Essa turma de alunos, tendo suas escolhas restritas, escreveu trabalhos muito melhores. A primeira turma poderia ter escolhido impor prazos regulares para ela própria ou escolhido outros prazos que se adequassem melhor a seus horários de aula. Contudo, essa liberdade veio acompanhada da liberdade de fracassar.

A maioria das pessoas não tem a força de vontade para perder peso e não recuperá-lo. E esse fracasso é totalmente compreensível. Muitos indivíduos também não conseguem poupar dinheiro suficiente para a aposentadoria, uma vez que ficam tentadas pela variedade de bens de consumos disponíveis para elas e por nossa economia, que facilita o crédito. Francamente, tenho mais piedade daqueles que fazem dieta do que da maioria das pessoas que gastam muito, mas tento compreender os dois grupos e pensar sobre o que uma sociedade humana deveria fazer para ajudar a ambos os grupos a controlarem seus impulsos.

Será alguma surpresa que haja algum apoio público tão forte à Seguridade Social nos Estados Unidos ou a programas semelhantes em outros países? As pessoas reconhecem que precisam de ajuda para se ajudarem. Da mesma maneira que adoram a ideia de liberdade, a maioria dos indivíduos não quer liberdade *completa*. Certamente, não querem desperdiçar todos os recursos da juventude em bens materiais, ao custo de estarem falidas quando se aposentarem. Portanto, um governo humano — que leve a natureza humana em consideração — encontrará maneiras de fazer com que seus cidadãos poupem dinheiro visando à aposentadoria. Ao fazer isso, ele poderá defender exclusivamente um programa de aposentadoria do governo ou aproveitar mecanismos de poupança privada. Mas ele não deixará que os cidadãos sejam presas dos próprios piores instintos.

A liberdade é algo maravilhoso, mas não tão intenso a ponto de precisar existir, irrestrita, em detrimento do bem-estar das pessoas. Minha expectativa é que a maioria das pessoas, como os convidados de Dick Thaler, ficaria feliz em abrir mão de uma parte de sua liberdade para aumentar a chance de agir de acordo com seus melhores interesses de longo prazo. Os indivíduos reconhecem que precisam de ajuda para o autocontrole.

Cupons de alimentação e a natureza humana

Ainda não esgotamos o assunto do autocontrole neste livro. Ele virá à tona em outro ponto. Mas por enquanto vale a pena considerar um exemplo da relevância de diretriz das ideias que apresentei neste capítulo. Vamos considerar como o autocontrole deve influenciar a maneira pela qual a sociedade distribui cupons de alimentação.

O programa de cupons de alimentação foi criado para assegurar que cidadãos pobres não enfrentassem desnutrição ou morressem de fome. Ele tem sido criticado por libertários de mercado desde seu início. Se você acreditar que os indivíduos costumam tomar decisões racionais, programas como os de cupons de alimentação não farão muito sentido para você. Conforme Milton Friedman observou, se as pessoas fossem totalmente racionais, então seria melhor lhes dar dinheiro e deixar que elas decidissem se queriam usá-lo para comprar comida ou alguma outra coisa.[23] O argumento é de que os cupons de alimentação limitam as escolhas e, dessa forma, reduzem a capacidade dos indivíduos maximizarem o próprio melhor interesse.

Adversários dos cupons de alimentação têm novos argumentos e críticas a esses programas. Eles podem observar, como notei anteriormente nesse capítulo, que atualmente as pessoas pobres têm maior probabilidade de experimentarem a obesidade do que morrer de fome. Acrescente isso aos problemas de altos custos burocráticos, fraude e um mercado negro de cupons de alimentação, e os críticos terão fortes argumentos para erradicar o programa.

Mas a ciência do autocontrole faz surgir outra forma de se utilizarem cupons de alimentação para promover os melhores interesses das pessoas. Imagine uma família que dependa dos cupons de alimentação para ajudar nas suas compras de mercearia. O dinheiro entra no começo de cada mês e durante duas ou talvez três semanas, a família consegue ir à mercearia e comprar o que precisa. No entanto, no final do mês, o orçamento da família está apertado e seus membros são obrigados a pular refeições. O programa de cupons de alimentação encaminhou esse grupo para o mesmo ciclo de fome e abundância pelo qual passaram os antigos humanos na tundra. Agora sabemos que a evolução nos programou para combater esse ciclo armazenando comida como gordura nos tempos de abundância. Em outras palavras, distribuições mensais de cupons de alimentação podem tornar as famílias suscetíveis à obesidade.

Se, ao contrário, o governo distribuísse cupons de alimentação não a cada mês, mas a cada semana, o ciclo poderia ser potencialmente quebrado. O programa de cupons de alimentação poderia acrescentar dinheiro a uma conta de cartão de crédito a cada semana e exigir que o dinheiro fosse gasto dentro de um prazo específico. Assim como no caso dos estudantes de Ariely que foram obrigados a entregar os trabalhos em intervalos regulares, esse tipo de espaçamento dos cupons de alimentação poderia levar a hábitos alimentares mais saudáveis. Além disso, seria até possível limitar os tipos de alimentos que as pessoas poderiam comprar com os cupons de alimentação para garantir que o dinheiro não fosse utilizado para comprar comida industrializada não saudável.

Desconheço se atualmente esse tipo de programa é viável. Todas as soluções do governo vêm acompanhadas dos próprios custos e precisam ser testadas no mundo real para procurarem consequências involuntárias.

Entretanto, se quisermos ajudar as pessoas a viverem o tipo de vida que elas quiserem viver, devemos investir os recursos do governo para desenvolvermos e avaliarmos maneiras inovadoras de compensar as falhas do mercado.

Devemos desenvolver e testar programas informados por uma compreensão da humanidade e sua rica mistura de racionalidade e irracionalidade. De fato, antes de observarmos quaisquer outras reformas potenciais do mercado, devemos explorar outros domínios de nossas vidas, além de nossas cinturas, nas quais nossos impulsos irracionais nos impedem de agir de maneira consistente, de acordo com nossos próprios melhores interesses racionais.

PARTE IV Irracionalidade em casa, no escritório e no hospital

CAPÍTULO 8 Jardins espaçosos e deslocamentos longos

David e Terry eram advogados bem-sucedidos em Minneapolis que viviam perto do centro da cidade em uma casa modesta com três dormitórios. Estavam felizes em sua casa, desfrutando do acesso fácil ao centro da cidade, o deslocamento curto até o trabalho e a comunidade diversificada da vizinhança. Mas à medida que eles pagavam o crédito estudantil e começavam a aproveitar as recompensas dos primeiros empregos na área da advocacia, desejavam algo melhor. Eles não conseguiam reconciliar seus empregos impressionantes com a cozinha pequena que tinham e cobiçavam os jardins espaçosos que enfeitavam as propriedades dos colegas seniores. Então compraram uma casa na comunidade em crescimento no limite dos subúrbios de Minneapolis. Agora eles precisam dirigir 45 minutos até o trabalho todas as manhãs, se não houver atrasos. Com a neve no inverno, esse deslocamento passa a ser de mais de uma hora em cada sentido, o que significa que eles aumentaram o período que passam dentro do carro — tempo longe um do outro, longe da pista de patins e de esqui cross-country — em mais de oito horas por semana.

Quando compraram a casa nova, estavam convencidos de que o lado desagradável dos deslocamentos longos seria mais do que compensado pelo fato de voltarem para casa toda noite para um espaço de moradia compatível com o estilo de vida deles e para um jardim espaçoso que, quando tivessem filhos, poderia acomodar facilmente uma partida de futebol de dois contra dois. No que diz respeito a David e Terry, eles seriam muito mais felizes na casa nova.

Se você acreditar na abrangência das escolhas racionais, tenderia a concluir que David e Terry melhoraram de vida, aumentaram sua utilidade, ao comprarem uma casa distante dos subúrbios. Afinal, pensaram nessa mudança por muito tempo. Eles visitaram dezenas de casas e esperaram até acharem uma com todas as características que procuravam. Fizeram uma lista meticulosa dos prós e dos contras de mudar. Inclusive verificaram a fundo o principal ponto contra, o deslocamento longo, ao dirigirem até a casa no começo da manhã para que pudessem testar o trânsito no deslocamento e ver exatamente quanto tempo levaria para chegarem aos respectivos escritórios. Se o mundo já viu uma decisão racional, certamente foi esta.

Será que David e Terry tomaram a decisão correta quando compraram a casa nova? Como já aprendemos a essa altura, nem sempre as pessoas tomam decisões tão bem quanto gostariam. As decisões são influenciadas por todas as fraquezas psicológicas, as heurísticas e os erros de cálculo, que Kahneman e Tversky tornaram tão famosos. Muitas dessas heurísticas e tendências refletem nossos julgamentos errôneos probabilísticas de certas coisas acontecerem, ou maneiras estranhas em que incorporamos informações probabilísticas às nossas decisões, dando ênfase maior a itens como a certeza. Mas a decisão de David e Terry não dependia de probabilidades. Os vieses de disponibilidade e a heurística de representatividade não estavam em jogo.

Entretanto, Daniel Kahneman se preocupa que pessoas como David e Terry estejam tomando decisões ruins por outra razão. Desconfia de que eles não estejam conseguindo prever corretamente o que os deixará felizes. Ou para colocar em termos da economia neoclássica — acredita que eles estão prevendo de maneira errônea sua utilidade futura.

Quando os economistas fazem teorias sobre a maximização das utilidades das pessoas, estão praticando o que se conhece na área como *economia de bem-estar*. Usado desta forma, *bem-estar* não se refere a um programa do governo para pessoas pobres, mas, ao contrário, ao bem-estar humano como um todo. Este é um campo da economia que tenta descobrir o que deixa os indivíduos melhores. Daniel Kahneman, como vimos, está profundamente interessado na maneira pela qual os economistas se decidiram pela maximização da utilidade como medida do bem-estar. Ele se preocupa que os economistas neoclássicos tenham sido pegos no meio de uma tautologia falsa. Acreditam que as pessoas sejam racionais e que façam escolhas de acordo com o que maximizaria sua utilidade. E, portanto, que se você quiser saber o que a maximiza, deve observar suas escolhas.[1] Kahneman já mostrou alguns dos processos cognitivos que interferem na decisão racional. A partir desse trabalho único, está convencido de que as escolhas dos indivíduos nem sempre maximizam sua utilidade. Mas por muito tempo ele não se pronunciou em sua crítica da economia do bem-estar porque não tinha uma medida alternativa de bem-estar para oferecer, para substituir a utilidade observável das quais os economistas passaram a depender.

Então Kahneman teve uma inspiração repentina. Ele refletiu sobre as obras filosóficas que tinha lido sobre a utilidade, tal como foi definida antes de os economistas compreenderem bem a ideia. Especificamente, pensou nas ideias de Jeremy Bentham, amplamente considerado como o pai do utilitarismo e imaginou se a teoria econômica melhoraria se os economistas "voltassem a Bentham".[2]

Os Prazeres e Dores de Jeremy Bentham

Se as pessoas puderem ser descritas, pelo menos em parte, como maximizadoras racionais de utilidade — com suas decisões baseadas em grande parte na ideia do que as beneficiará mais —, então a economia neoclássica poderá ser caracterizada como a ciência da maximização da utilidade, disciplina que demonstra como uma sociedade ou uma economia pode maximizar o bem-estar dos cidadãos ou dos consumidores.

Mas o que é essa "utilidade" que todos estão tentando maximizar? Antes de Jevons escrever sobre maçãs e laranjas, Jeremy Bentham conseguiu responder a essa pergunta. Bentham nasceu em Londres em 1748, a muitos dias de viagem de onde Adam Smith, então com 25 anos de idade, estava morando na época. Bentham foi uma criança prodígio, dominando a gramática do latim aos 4 anos, matriculando-se no Queens College para estudar direito aos 12 e recusando um emprego como advogado na idade avançada de 16 anos, tendo ambições muito maiores, mesmo sendo tão jovem. Na escola, Bentham ficara negativamente surpreso com a flacidez intelectual do código legal, em que assuntos como prazos de prisão estavam sendo determinados pela emoção ou por capricho em vez de por algum procedimento racional.

Então em vez de embarcar em uma lucrativa carreira de colocar criminosos na cadeia, começou a desenvolver um sistema filosófico que determinaria quanto tempo criminosos específicos deveriam ficar presos. Ao concluir o desenvolvimento de seu sistema, estava convencido de que tinha descoberto uma maneira não apenas de reformar o sistema legal, mas também de melhorar virtualmente *todas* as decisões sobre políticas. Bentham tinha convicção de que se você quiser saber o que fazer com seu código tributário, seu sistema escolar, seu código penal ou suas leis previdenciárias, você simplesmente precisa avaliar quais opções de políticas maximizarão a utilidade das pessoas.

Para colocar mais lenha na fogueira dessa teoria, vamos retornar ao sistema penal que deixara o jovem Bentham tão furioso. Os juristas da época tinham dificuldade para descobrir se, por exemplo, um ladrão de cavalos merecia uma punição maior do que um fraudador. E apesar de todo mundo concordar que um assassino merecesse uma punição maior do que um vândalo, poucos estavam de acordo sobre *quão* maior essa punição deveria ser. Bentham contou às pessoas que esses desafios podiam ser superados apelando-se à utilidade. Para ele utilidade significava qualquer coisa que tenda a "aumentar ou diminuir a felicidade das partes cujos interesses estão em jogo: ou, dizendo a mesma coisa em outras palavras, promover ou abstar a essa felicidade".[3] A visão de utilidade de Bentham era hedonista, enfatizando o prazer e a dor. De acordo com Bentham, se você quiser descobrir o quanto o roubo à mão armada é pior do que o vandalismo, você simplesmente precisa descobrir quanto a mais aquele delito reduz a felicidade das pessoas afetadas. Ao considerar o sistema penal britânico, que era aleatório, Bentham concebeu a ideia de basear a punição criminal, aliás de embasear toda a "moral e a legislação", no princípio da utilidade. Bentham acreditava que a meta de qualquer política é maximizar a quantidade de prazer experimentado pelos indivíduos e, ao mesmo tempo, minimizar sua dor.

A visão de utilidade de Bentham era completa e explicitamente hedonista. Ele se interessava em saber como as pessoas se sentiam — se estavam felizes ou infelizes, com dor ou sem dor. Se for para punir os indivíduos, devemos prestar atenção ao grau de infelicidade causado pelos crimes que cometeram. Infelicidade maior merece punição maior. De fato, a meta de toda política pública, para Bentham, deveria ser maximizar a felicidade e minimizar a dor do povo como um todo. Portanto, se você quiser comparar duas alternativas de política, digamos, duas maneiras de projetar um sistema de educação pública, deverá considerar o saldo dos valores de todos os *prazeres*, por um lado, e dos valores de todas as *dores* por outro lado".

A visão de Bentham da natureza humana

Bentham acreditava que as políticas deveriam se concentrar no prazer e na dor não apenas porque acreditasse que ambos fossem moralmente importantes, mas também porque acreditava que um foco na dor e no prazer se adequava bem à natureza humana. De acordo com a visão de Bentham, "a natureza colocou a humanidade sob o domínio de dois mestres soberanos, a dor e o prazer. Apenas eles devem indicar o que devemos fazer e determinar o que faremos". Para crédito de Bentham, ele não era um hedonista extremista. Ele não glorificava a libertinagem ao estilo de Las Vegas. E apesar de reconhecer que as pessoas são motivadas para buscar prazeres, certamente não propôs que todas as buscas são igualmente louváveis. Buscar prazer sexual, ele escreveu, não é sempre a busca imoral que os ascetas nos fariam acreditar. Bentham não achava que os homens deveriam se sentir culpados por desfrutar de sexo com suas esposas (puxa!). Mas acreditava que a desonra de uma virgem, apesar de também ser motivada pela busca do prazer sexual, era moralmente errado.

Por quê? Porque para Bentham, o comportamento moral, assim como decisões sobre políticas, deve ser orientado pelo saldo de prazer e dor que *todas as pessoas* experimentarão como resultado de uma ação específica (ou política). Os indivíduos não devem buscar os próprios prazeres independentemente de como essas buscas afetam outras pessoas. De fato, de todos os motivos que impulsionam o comportamento humano, "os ditames de boa vontade são os que, com mais certeza, coincidem com os da utilidade".

Bentham era um radical político, cujos tratados morais exigiam a reforma da sociedade britânica. Solteiro ao longo de toda a vida, passava o tempo livre organizando grupos políticos e sociedades intelectuais, inclusive fundando o University College de Londres, onde, de acordo com seu testamento, seu corpo tem sido preservado em um estojo de vidro com uma cabeça de cera afixada a seus ombros, para que ele ainda possa participar de reuniões importantes dos professores. (Nós, de Ann Arbor, não toleraríamos um pedido tão estranho de ninguém menos que um técnico de futebol americano bem-sucedido)!

Bentham ansiava por um tempo em que o prazer e a dor pudessem ser quantificados para que as políticas pudessem ser orientadas pela ciência e pelos dados. Mas os cientistas não conseguiram realizar rapidamente essa terrível tarefa. De fato, os economistas abandonaram a visão hedonista de Bentham em grande parte porque ela era difícil demais de quantificar.

Kahneman propôs uma volta a Bentham por duas razões. Em primeiro lugar, como veremos adiante, ele estava convencido de que a ciência tinha chegado ao ponto em que poderia alcançar os objetivos de Bentham de medir prazeres e dores. Em segundo, como veremos neste capítulo, achava que frequentemente as decisões das pessoas falhavam em promover a própria felicidade e acreditava que a eliminação do hedonismo da economia estava fazendo com que muitos cientistas sociais negligenciassem a importância das vidas emocionais dos indivíduos ou dessem pouca ênfase a elas.

Na verdade, os cientistas sociais descobriram nas últimas duas décadas que as decisões das pessoas costumam ser influenciadas tendenciosamente pela incapacidade de prever o que as deixará felizes. Por exemplo, elas pressupõem que o dinheiro aumentará sua felicidade significativamente, quando, na verdade, alguém de classe média tem quase a mesma chance de ser feliz que uma pessoa rica.[4] De maneira semelhante, os indivíduos pressupõem que uma doença ou incapacidade crônica os tornarão miseráveis quando, ao contrário, os melhores dados sugerem que as pessoas são altamente resistentes diante da adversidade.[5] Previsões erradas são implacáveis. Muitos acham que vão se acostumar com o barulho da rodovia, mas não conseguem.[6] Acreditam que alcançarão felicidade duradoura se comprarem um carro mais bonito, mas seu bom humor raramente dura mais tempo do que o cheiro de carro novo.

Se as pessoas podem errar em relação ao dinheiro e à incapacidade, quão precisamente elas podem prever o efeito do deslocamento até o trabalho sobre seu bem-estar?

Hora do Rush

A maioria das pessoas reconhece que deslocamentos longos costumam ser experiências desagradáveis, causando tensão na coluna e reduzindo o tempo de que dispõem para fazer exercícios, brincar ou preparar jantares interessantes. David e Terry poderiam ter mantido o deslocamento curto se tivessem permanecido na casa pequena de Minneapolis. Agora que se mudaram, poderiam reduzir o deslocamento procurando novos empregos nos subúrbios. Mas o salário é abismal em empresas suburbanas, então mantiveram os antigos empregos, confiantes de que, apesar dos deslocamentos longos, encontraram a melhor combinação possível de vizinhança e trabalho.

A teoria econômica padrão sustenta que se o deslocamento for uma fonte de infelicidade, então pessoas como David e Terry escolherão deslocamentos longos se acreditarem que aumentarão sua felicidade em alguns outros aspectos, como um salário maior ou melhores condições de vida. Se essa teoria econômica for verdadeira, então quando você questionar os indivíduos sobre o quanto estão felizes com suas vidas, os que fazem deslocamentos longos deverão ser tão felizes quanto os que fazem deslocamentos curtos. As pessoas racionais devem conseguir encontrar o equilíbrio adequado entre o valor da propriedade, a vida no trabalho e o tempo de deslocamento.

No entanto, quando os economistas Alois Stutzer e Bruno Frey estudaram a população alemã, perceberam que quanto mais tempo as pessoas se deslocavam por dia, menos satisfeitas ficavam com suas vidas em geral.[7] De acordo com seus dados, Stutzer e Frey estimam que passar por um deslocamento longo é 20% tão ruim quanto estar desempregado. Daniel Kahneman e seus colegas confirmaram essa descoberta nos Estados Unidos. No estudo que realizaram, vincularam inclusive a atividade específica de se deslocar a um declínio mensurável no humor momentâneo.[8]

Essas descobertas deveriam dizer respeito a todos nós, porque o deslocamento está tomando um tempo cada vez maior dos indivíduos. Na Alemanha, onde Stutzer e Frey realizaram o estudo, as pessoas se deslocam, em média, por 42 minutos por dia. Isto é amplamente superado nos Estados Unidos, onde em média o cidadão gasta 49 minutos por dia se deslocando. De fato, um de cada seis norte-americanos passa mais de 90 minutos por dia dirigindo para o trabalho e voltando dele. As coisas são ainda piores em partes da Ásia. Em Bangcoc, por exemplo, a pessoa média gasta duas horas por dia se deslocando.[9] Duas horas!

O que poderia forçar as pessoas a passarem tanto tempo dirigindo? Uma conjetura é que esse comportamento resulte de um desejo de trabalhar na cidade — onde os salários são mais altos e as oportunidades de emprego, maiores —, e de ao mesmo tempo morar fora da cidade — onde as propriedades são maiores e os impostos, menores. Em outras palavras, os mercados impulsionam o ato de dirigir.

Boas decisões exigem previsões precisas. Muitos estão convencidos de que a felicidade que obtêm de ganhar mais dinheiro compensará seus deslocamentos mais longos. De fato, quando Kahneman e vários colegas pediram que os indivíduos previssem o que os deixaria felizes ou infelizes, descobriram que eles tinham fortes crenças em relação a dinheiro e felicidade. As pessoas pressupõem que alguém que ganhe US$ 100.000 por ano será significativamente mais feliz do que aquele que ganhe US$ 50.000 por ano.[10] Mas vários estudos demonstraram uma relação surpreendentemente pequena entre dinheiro e felicidade, uma vez que as pessoas ganhem dinheiro suficiente para atender as necessidades básicas de vida.[11]

Temo que tenhamos sido seduzidos pelo canto da sereia de salários mais altos para uma vida menos satisfatória. Um salário de US$ 100.000 parece muito melhor do que um de US$ 50.000. Se este exigir um deslocamento mais longo, então parece ser um preço baixo a se pagar. Mas, algumas vezes, coisas mensuráveis como salários têm uma influência grande demais sobre nossas decisões, fazendo com que prestemos muito pouca atenção em outros fatores que têm um impacto ainda maior em nossas vidas. Chris Hsee, da Universidade de Chicago, mostrou esse problema em um experimento brilhante. Ele e seus colegas pediram que os participantes trabalhassem em troca de sorvete. Recrutaram pessoas que preferiam sorvete de baunilha a sorvete de pistache e lhes deram uma escolha entre realizar pouco trabalho em troca de sorvete de baunilha ou muito trabalho em troca de pistache. Não é de surpreender que todos escolheram realizar a tarefa fácil para receber sorvete de baunilha. Menos trabalho, recompensa maior. Os indivíduos costumam ser irracionais, mas raramente são totalmente idiotas!

Mas Hsee alterou a situação para outro grupo de apreciadores de sorvete de baunilha. Nessa versão do estudo, ele deu chance dos participantes escolherem entre realizar uma tarefa fácil por 60 pontos ou uma tarefa mais difícil por 100. Então lhes deu a oportunidade de trocar esses pontos, como dinheiro, para comprar sorvete, sendo que o sorvete de baunilha custava 60 pontos e o de pistache, 100. Nessa situação, a maioria das pessoas escolheu realizar a tarefa mais difícil e acabou comprando sorvete de pistache. O que aconteceu nessa experiência? Os indivíduos foram seduzidos pela intuição de que mais deve significar melhor e, como resultado, obtiveram um resultado pior. Todos nós sabemos que 100 pontos é melhor do que 60, da mesma maneira que sabemos que um salário de US$ 100.000 é melhor do que um de US$ 50.000. Essa intuição impulsiona a busca por empregos que ofereçam salários maiores, mesmo que isso signifique passar mais tempo se deslocando.[12]

Não estou dando a entender de forma alguma que as pessoas fazem previsões erradas sobre tudo o tempo todo. Na verdade, espero que poucas busquem deslocamentos longos pelo prazer antecipado de estradas congestionadas. Minha expectativa é que a maioria consiga antever que um deslocamento mais longo será menos feliz. Mas os indivíduos costumam estar errados sobre as *outras* coisas da vida. Acreditam de maneira errônea que os benefícios emocionais de salários mais altos e jardins maiores — que, ai de mim, costumam ser passageiros — compensarão a miséria dos deslocamentos.

E quanto a David e Terry? Será que tomaram a decisão errada? Se você lhes fizer essa pergunta, eles defenderão a mudança veementemente. Reconhecerão que se deslocar não é divertido, mas dirão que eles gostam de ouvir a rádio pública enquanto dirigem e adoram ter espaço para todas aquelas louças que receberam como presentes de casamento.

Mas eis por que a situação é difícil: não tenho certeza de que podemos confiar em David e Terry quando nos dizem que nunca foram tão felizes. Devemos suspeitar da "felicidade" que eles alegaram não por eles serem desonestos, mas porque são seres humanos que, como o restante de nós, não ficam contabilizando seus humores de um ano para outro. Para mostrar o que quero dizer, vamos fazer um rápido desvio para explorar as percepções das pessoas de como a felicidade costuma mudar ao longo de suas vidas adultas.

Muitas memórias enganosas

Pesquisas mostraram que à medida que os indivíduos envelhecem, eles passam a se incomodar menos com pequenos aborrecimentos, tendo aprendido a evitar aqueles que consideram irritantes, como abstrair pequenos aborrecimentos e como direcionar mais do tempo em que estão acordados para atividades que considerem significativas e recompensadoras.[13] Em resumo, muitos tornam-se mais felizes à medida que envelhecem, sendo que a pessoa típica de 75 anos é significativamente mais feliz do que a de 20 ou 30 anos.[14]

Mas será que as pessoas têm consciência das alegrias que vêm com a idade? Quando meus colegas e eu pedimos a um grupo misto de mais jovens e mais velhos para nos contar até que ponto estavam felizes, nós confirmamos que os de 75 anos eram mais felizes do que os de 30. Mas quando pedimos que os de 30 anos previssem como a felicidade muda ao longo do período de vida, pressupuseram de maneira incorreta que a felicidade diminui com a idade.[15] Eles podem ser perdoados por terem essa visão. Não experimentaram as alegrias de envelhecer. Ao imaginarem a velhice, provavelmente pensaram em rugas e artrite. Será que evocaram imagens de um dos meus heróis, Jack LaLanne que, com mais de 90 anos, consegue levantar mais peso do que a maioria das pessoas de 30 anos e se gaba de ainda fazer sexo quase todo dia: quase segunda-feira, quase terça-feira, quase quarta-feira...!

Os jovens podem ser perdoados por previrem de maneira errônea como a felicidade muda com a idade, uma vez que não experimentaram como a sabedoria influencia os estados emocionais. Mas e aqueles que *efetivamente* experimentaram as alegrias de envelhecer? Ao pedirmos que pessoas de 75 anos nos contassem como a felicidade muda ao longo da vida, verificamos que *também* acreditam que ela diminui com a idade. Já foram tanto jovens quanto velhas, experimentaram a vida antes e depois das palmilhas para os pés, digamos assim. Mas não percebem que ganharam sabedoria mais do que suficiente para compensar as dores nas articulações.

Esse estudo ilustra uma verdade importante: que enganos da memória são impulsionados pelas mesmas forças que levam a previsões errôneas.[16] Todos nós carregamos teorias sobre o que nos torna felizes e infelizes. Mas raramente contabilizamos as mudanças momentâneas do nosso humor. Portanto, quando solicitados a prever, digamos, como a insuficiência renal afetaria nossos humores, temos certeza de que isso vai nos tornar miseráveis, apesar de os melhores dados disponíveis sugerirem que os indivíduos se adaptam, emocionalmente, a essa doença grave.[17] Para piorar as coisas, a partir do momento em que o rim de uma pessoa parou de funcionar, ela provavelmente não perceberá o quanto se adaptou. Enganar-se-á sobre o quanto foi feliz antes do seu rim falhar, "lembrando" da felicidade constante que já foi sua vida.

Quando minha equipe de pesquisa seguiu um grupo que esperava por transplantes de rim (nota para os leitores: não os seguimos literalmente aonde quer que eles fossem; nós os pesquisamos várias vezes ao longo de um ano), descobrimos que depois de receberem um transplante, essas pessoas começaram a enganar-se nas lembranças de suas vidas antes dele. Quanto mais se afastavam dos antigos períodos de diálise, mais miseráveis elas lembravam terem sido.[18]

Se você perguntar a David e Terry sobre a vida na casa nova, dirão que nunca foram tão felizes. Mas considerando o que os pesquisadores aprenderem sobre as previsões errôneas e as memórias enganosas que as pessoas têm sobre sua própria felicidade, eles poderão não estar certos. De fato, existem bons motivos para acreditar que as pessoas seriam mais felizes se sacrificassem parte de seus salários, ou aceitassem um jardim menor, para terem um deslocamento mais curto.

David e Terry tinham a liberdade de escolher onde comprar uma casa e é possível que tenham tomado uma decisão ruim mudando para os subúrbios ricos. Seu humor momentâneo certamente sofrem, uma vez que o casal descobriu, da maneira difícil, que o deslocamento é algo a que as pessoas raramente se adaptam. Enquanto isso, eles se adequaram em grande parte à nova casa, emocionalmente falando, e não estão mais deslumbrados simplesmente com a visão de seus jardins imponentes.

A sociedade poderia responder aos Davids e às Terrys do mundo de muitas maneiras. Ela poderia adotar uma posição libertária e deixar que eles escolhessem onde morar, para o bem ou para o mal. Mas, na verdade, não achei nenhum lugar no mundo que seja totalmente libertário nesse sentido. Afinal, leis de zoneamento influenciam muito os preços das moradias e a densidade nas cidades e nos subúrbios ricos e assim exercem poder sobre as escolhas de moradia das pessoas. Verbas para rodovias e subsídios para empresas de petróleo tornam mais fácil para o cidadão se mudar cada vez mais para longe da cidade, onde ele consegue encontrar terrenos do tamanho que procura. Leis tributárias tornam fácil para alguém como David e Terry pagar impostos territoriais baixos nos subúrbios ricos ao mesmo tempo que ainda desfruta dos benefícios culturais de viver perto de uma área metropolitana próspera.

Os governos precisam procurar formas de reduzir os deslocamentos. Eles prejudicam o meio ambiente, uma externalidade que o mercado não abordará por si só. Deslocamentos longos também reduzem a qualidade de vida dos indivíduos, uma internalidade que também deveria causar grande preocupação.

O governo não precisa proibir deslocamentos com duração de uma hora para reduzir esse comportamento. Impostos sobre combustíveis, por exemplo, não apenas estimulam a compra de carros econômicos, mas também incentivam os indivíduos a descobrir maneiras de dirigir menos. O governo também poderia tornar o deslocamento mais agradável ao apoiar o transporte público de alta qualidade em áreas com densidade populacional adequada.

É fácil ver o deslocamento como parte da cultura norte-americana. Adoramos carros e espaços abertos bastante amplos. Não compartilhamos o amor que os europeus têm por trens e quintais pequenos. Mas devemos reconhecer que nossa cultura não apenas molda nossas políticas, mas, por sua vez, é moldada por elas. A cidade de Portland, no Oregon, por exemplo, regulamentou de maneira rigorosa a densidade de bairros suburbanos e urbanos naquela área metropolitana, tentando combater o crescimento que afetou tantas cidades nos Estados Unidos. Não há dúvida de que regulamentações de zoneamento tão agressivas foram mais fáceis de serem realizadas em Portland do que teriam sido em Houston. Os moradores do Oregon têm atitudes diferentes em relação ao governo do que a maioria das pessoas no Texas. Entretanto, os cidadãos do Oregon, por sua vez, foram influenciados por essas próprias leis. Eles se fixaram em tipos de bairros diferentes das suas contrapartidas em Houston. Passaram partes diferentes de suas vidas se deslocando em comparação com os habitantes em Chicago ou Atlanta.

O mercado por si só não necessariamente nos proporcionará os deslocamentos e os bairros que merecemos.

CAPÍTULO 9 Riscos sentidos e pausas para o cigarro

Ao se aproximar do consultório do obstetra, Marta tinha decidido não fazer a amniocentese. Utilizando sua formação como médica acadêmica, se aprofundara em informações sobre os riscos e os benefícios da amniocentese, calculando e recalculando as chances de seu feto ter uma anormalidade genética grave. Conversara longamente com o marido, também médico, sobre os prós e os contras do procedimento e concluíra definitivamente que não deveria arriscar a saúde do filho, que ainda nem tinha nascido, ao fazer o teste.

Sentindo-se confiante em sua decisão, sentou-se na sala de espera. À sua frente, uma mãe amamentava o filho recém-nascido. À sua esquerda, uma mulher nos últimos meses de gravidez cuidava de uma criança que aparentava 2 anos. À sua direita, uma mãe estava tendo dificuldade para acalmar o bebê. A mãe parecia saudável e feliz, mas o bebê...o bebê parecia ter tido uma anormalidade cromossômica grave. Marta se viu imaginando como deveria ser a vida dessa mãe, e desse bebê também. Viu a mãe sorrindo e abraçando o bebê, mas não conseguia se imaginar sorrindo em circunstâncias semelhantes. O que ela viu naquele dia — uma mãe feliz abraçando um bebê impaciente — a encheu de pavor.

A enfermeira chamou seu nome e a conduziu pelo corredor até a sala de exames. O obstetra entrou na sala e perguntou se ela, pensara melhor se faria a amniocentese ou não. "Sim, pensei o bastante", ela se ouviu dizendo, "e decidi que quero fazer o exame."

Cérebros de animais

Não há dúvida de que os seres humanos estão muito avançados em relação a qualquer outro animal em termos da capacidade de raciocínio. Considere a imensa programação evolucionária que permite que você escaneie esse pedaço de papel e, sem esforço (se eu estiver fazendo bem meu trabalho), colha significado do amontoado de pontos de tinta espalhados pela página. Foi essa tremenda capacidade cognitiva que inspirou os gregos antigos a determinarem que a característica que distinguia os seres humanos era a racionalidade.[1] Diferentemente de outros animais, os seres humanos podem se envolver em pensamento abstrato, ponderando e às vezes até mesmo resolvendo mistérios sobre como o mundo funciona. Não há dúvida de que os gregos subestimaram as capacidades neurológicas de outros animais. Os seres humanos não são os únicos animais que fazem música, utilizam linguagem, resolvem problemas ou mesmo que criam ferramentas. Não somos os únicos que educam nossos filhos ou que transmitem o aprendizado por meio da cultura. Ainda assim, nenhum outro animal é capaz de compor uma sinfonia, escrever um soneto ou desenvolver um cálculo. Os gregos estavam certos ao identificarem nossas capacidades cognitivas como sendo nossa característica distintiva: podemos ser diferentes de outros primatas por sermos um macaco nu; podemos ser diferentes da maioria dos outros mamíferos por andar na vertical e por ter polegares opositores; mas a verdadeira característica que nos separa de outros animais é nosso cérebro. Os seres humanos são muito inteligentes.

Marta não se sentiu uma pessoa muito inteligente quando voltou, do consultório do obstetra, para casa naquele dia. Tentou explicar sua decisão para o marido, alegando que ao escolher a amniocentese, ela tivera mais uma mudança de sentimento do que de pensamento. Seu instinto, seu coração, seu cérebro reptiliano — algum tipo de instinto arraigado — pareciam ser as fontes de sua conversão, não seu córtex cerebral. Ele a encarou sem nenhuma expressão e sua confusão sobre a decisão dela aumentava quanto mais ela tentava explicar.

Talvez Charles Darwin pudesse ter explicado as coisas de maneira mais clara. Darwin tinha profunda consciência de que muitas emoções humanas também são compartilhadas por outros mamíferos. Em seu livro *The Expression of the Emotions in Man and Animals*, inclusive catalogara as expressões faciais e posturas corporais que os humanos compartilham com outros mamíferos quando experimentam medo, desgosto, fome e raiva.[2] Ele percebeu que quando os seres humanos evoluíram a partir dos animais, não tinham perdido suas antigas estruturas cerebrais reptilianas e mamíferas mas, em vez disso, tinham acrescentado novas camadas *superiores* de cérebro. E então, se quisermos compreender como as pessoas se comportam — como pensam e se sentem ao longo da vida —, precisamos prestar atenção não apenas aos pensamentos do nosso córtex cerebral, mas também às estruturas cerebrais primitivas localizadas em camadas mais profundas.

Qual dos nossos cérebros decide fumar?

Os amigos de Jean Connor a alertaram que seu hábito de fumar era perigoso. Ela começara a fumar Winstons aos 15 anos e prosseguiu ao longo dos 27 anos seguintes. Durante 22 desses anos, o cigarro que escolheu foi produzido pela R. J. Reynolds Tobacco Company. Então, quando ela recebeu o diagnóstico de câncer de pulmão, ainda na casa dos 40 anos, decidiu processar a R. J. Reynolds. Quando morreu aos 49 anos, deixando dois filhos, a família optou por continuar o litígio.

O julgamento que se seguiu não se baseou na questão de se o tabaco matou Jean Connor ou não. Apesar do depoimento de um cientista da R. J. Reynolds de que ele "não sabia se o ato de fumar cigarros causava câncer", o júri se convenceu de que o ato de fumar *tinha* causado o câncer de Jean.[3] O julgamento também não girou em torno da discussão se o tabaco fabricado pela R. J. Reynolds tinha causado sua morte. Todas as partes reconheciam que ela tinha sido firme em sua preferência por Winston e Salem ao longo dos primeiros 22 anos de sua vida de fumante. Em vez disso, o processo girou em torno de uma única questão contenciosa: Jean foi enganada para começar a fumar ou ela se viciou tendo plena consciência dos potenciais perigos que estava enfrentando?

O ano era 1997 e o advogado de Jean, Norwood Wilner, tinha vencido recentemente uma ação de indenização de US$ 750.000 para outra vítima de câncer de pulmão. Ele renovou com confiança seus argumentos bem-sucedidos: "Este é um caso simples e direto", disse Wilner numa entrevista. "A empresa fabricava um produto defeituoso que matava pessoas e deixou de fazer modificações viáveis no produto. E ela não revelou a verdade sobre isso. E agora o júri poderá punir o réu."[4] O advogado da empresa de cigarros discordou de maneira inflexível. "Jean Connor foi exposta ao equivalente a 27 anos de alertas, mas escolheu ignorá-los."[5]

De fato, Jean sabia muito bem que, conforme afirma o Ministério da Saúde dos Estados Unidos, "fumar causa câncer de pulmão, doença cardíaca, enfisema pulmonar e pode causar complicações na gravidez", tendo passado os olhos por esse alerta milhares de vezes ao longo de sua vida. Ela também sabia que o tabaco podia viciar, tendo conhecido muitas pessoas que tentaram se livrar do vício sem sucesso. Quando se tornou uma fumante regular, o tabaco já era um dos produtos de consumo mais regulamentados no mundo, regularmente vilipendiado pelo governo, por profissionais da saúde e até mesmo por Brooke Shields.

Mas será que seu cérebro reptiliano sabia quanto os cigarros podiam ser arriscados? Será que ele tinha alguma ideia de que ela poderia morrer de câncer no pulmão antes de completar 50 anos? Mais diretamente, será que seus sentimentos lhe diziam o mesmo sobre os riscos de ela fumar que seus centros de raciocínio?

Os prós e os contras de fumar

Kip Viscusi, um economista destacado que já lecionou nas universidades de Duke e Harvard, está convencido de que os fumantes estão decidindo racionalmente fumar, aceitando os riscos do tabaco para apreciarem seus benefícios — o sabor, o efeito calmante sobre os nervos, a capacidade de diminuir o apetite e o valor social. Segundo Viscusi em seu livro *Smoking: Making the Risky Decision*: "Indivíduos decidem consumir cigarro ou não de uma forma que não difere totalmente da decisão sobre uma dieta ou a compra do carro novo."[6]

Viscusi reconhece que nem todos, é claro, estão perfeitamente informados sobre os riscos de fumar. De fato, em estudo realizado em 1985, Viscusi pediu a mais de 3.000 pessoas em todo o território dos Estados Unidos para estimarem as chances de indivíduos que fumaram a vida inteira desenvolver câncer de pulmão. Em 1985, os especialistas tinham estimado que aqueles que fumaram a vida inteira tinham entre 5 e 10% de chance de desenvolverem câncer de pulmão. O risco não é de se espirrar (ou tossir). Mas não é nada em comparação com as percepções de risco daqueles que responderam a pesquisa de Viscusi. Em média, os entrevistados por Viscusi, muitos dos quais adolescentes — como Jean Connor era quando começou a fumar —, pensavam que aqueles que fumaram a vida inteira tinham quase 50% de chance de desenvolver câncer no pulmão.[7]

De fato, acreditando fortemente que o ato de fumar cigarros é resultado de uma consideração racional, Viscusi concluiu que uma quantidade muito *pequena* de jovens está fumando hoje em dia. Se percebessem que as chances de eles desenvolverem câncer no pulmão eram apenas de uma em dez, certamente mais pessoas nessa faixa etária escolheriam acender um cigarro e desfrutar dos prazeres de uma boa tragada!

Neste ponto no livro, já descobrimos todos os tipos de razões para contestarmos a visão hiper-racional de Viscusi sobre o hábito de fumar cigarros. Já vimos que os indivíduos são vítimas de todo tipo de vieses cognitivos e costumam ficar presos em batalhas que não podem ganhar entre seus interesses de curto e os de longo prazo. Mas a existência da irracionalidade e da fragilidade certamente não nos obriga a concluir que todos os riscos que assumimos em nossas vidas sejam sinais de burrice ou de fraqueza. Como tenho certeza de que Viscusi rapidamente observaria, as pessoas tomam todo tipo de decisões arriscadas em suas vidas. Alpinistas e aqueles que descem corredeiras em botes, por exemplo, apreciam essas atividades *por causa* dos riscos. Novos relatos de fatalidades com alpinistas inevitavelmente citam os familiares em luto consolando-se com o pensamento de que seus entes queridos sabiam que poderiam acabar assim. Vale a pena assumir outros riscos, não por causa da adrenalina, apesar deles. Toda vez que ando de bicicleta por Ann Arbor assumo um pequeno risco de lesão ou morte, risco que é superado pelo benefício de chegar ao trabalho ou de pegar meus filhos na escola.

Então todos nós aceitamos a ideia de que assumir riscos costuma ser a coisa racional a se fazer. Mas será que podemos falar de decisões racionais — sobre pesar riscos e benefícios de maneira lógica — no contexto, digamos, de drogas que viciam? Será que toda a natureza do vício não impede a escolha racional? Pense em todos aqueles fumantes por aí, tentando parar, mas não conseguindo. Eles não querem fumar e nem escolhem fumar. Eles simplesmente não conseguem, fisiológica ou psicologicamente, ser fortes o bastante para parar. Tendo colocado na balança tanto os riscos quanto os benefícios de fumar, decidiram que deveriam parar, mas simplesmente não conseguem levar isso a cabo.

A dificuldade dos indivíduos em abandonarem o vício não interfere com a visão que Viscusi tem da situação:

> O fato de muitos fumantes manifestarem um desejo de parar de fumar não deve ser necessariamente tratado como sendo uma indicação do fracasso do mercado. Quase metade dos moradores de Los Angeles revela um desejo de se mudar para fora da cidade, mas não fazem isso".[8]

Viscusi não é o único economista brilhante que sustenta esses tipos de visões. Considere novamente Gary Becker e Kevin Murphy e a teoria do vício racional que eles desenvolveram. Becker e Murphy estão convencidos de que se tirarmos os comportamentos que viciam do alcance da teoria da escolha racional, seremos obrigados a excluir uma grande variedade de comportamentos do estudo econômico:

> As pessoas se viciam não apenas em bebidas alcoólicas, cocaína e cigarros, mas também em trabalhar, comer, música, televisão, no seu padrão de vida, em outras pessoas, na religião e em muitas outras atividades. Portanto, muitos comportamentos seriam excluídos da moldura da escolha racional se os vícios tivessem de ser explicados de outra maneira.[9]

Viciadas em música e no seu padrão de vida? Sim, de acordo com Becker e Murphy, segundo os quais o vício ocorre quando o consumo passado de um bem aumentar a utilidade de consumi-lo novamente. Em outras palavras, uma vez que você conhece Mozart, a próxima sinfonia de Mozart que você ouvir será ainda mais agradável do que a anterior, fazendo com que você consuma cada vez mais de suas sinfonias. (Para dizer a verdade, eu consumi Mozart na veia enquanto revisava este capítulo.)

Em seu livro *The Logic of Life* (*A lógica da vida*),[10] o economista Tim Harford tenta explicar por que os hábitos de fumar e apostar resultam de decisões racionais, decorrentes logicamente de conceitos básicos como oferta e demanda, ou risco e recompensa.[11] Para sustentar essa visão, ele se refere entusiasticamente à teoria do vício racional. Observa que o uso de substâncias viciantes, como o tabaco, flutua de acordo com seu preço, caindo como você esperaria racionalmente que acontecesse quando o preço aumenta. Na verdade, o uso do cigarro diminuiu em mais de 1/3 depois do primeiro relatório do Ministério da Saúde dos Estados Unidos sobre seus danos em 1964, exatamente como poderíamos esperar logicamente.

No entanto, como médico, tenho dificuldade para aceitar essa definição de vício. Compreendo que essa definição permita que os economistas usem suas ferramentas analíticas para estudar os fatores que influenciam, digamos, a oferta de cocaína ou a elasticidade da demanda por heroína. Reconheço que precisamos compreender as forças de mercado que influenciam o consumo de drogas (e de Mozart). Mas também acho que precisamos explicar os tipos muito diferentes de "vícios" que os indivíduos experimentam.

Já cuidei de muitos pacientes que, ao tentarem parar de ingerir bebidas alcoólicas, experimentaram o que se chama de síndromes de abstinência. Nunca vi a abstinência de quartetos de cordas levar a uma reação fisiológica tão violenta. Recentemente, segurei as mãos de um homem de 40 anos — a barriga inchada como se estivesse grávido de trigêmeos e a pele da cor de um dente-de-leão murcho — enquanto lamentava sua incapacidade de parar de beber cerveja. De fato, recentemente tivemos um paciente tão viciado em álcool que ele engoliu o equivalente a três refis grandes de desinfetantes para as mãos e caiu em seu quarto no hospital com um nível de álcool no sangue três vezes acima do limite legal. E para voltar ao ato de fumar cigarros, já presenciei dezenas de pacientes que tiveram suas cordas vocais removidas por causa de um câncer na garganta que, apesar de terem uma oportunidade de evitar a recorrência do câncer, ainda assim insistiram em fumar durante as traqueostomias.

Não consigo equiparar pessoas que continuam a fumar com aquelas que não conseguem sair de Los Angeles.

Aparentemente, o júri no caso do julgamento de Jean Connor ficou mais convencido por Becker, Murphy e Viscusi do que por mim, concluindo que a R. J. Reynolds não tinha nenhuma responsabilidade sobre sua morte. Conforme a primeira jurada disse aos repórteres: "Connor sabia dos riscos."[12] Mas o que quer dizer saber da existência de um risco? E será que o conhecimento dos riscos leva necessariamente a decisões racionais sobre assumir esses riscos ou não? É hora de observarmos como os riscos são vistos e sentidos pelas pessoas cujas decisões dependem de uma compreensão precisa deles.

As suposições sobre o risco

A maioria dos médicos recomenda que mulheres acima dos 50 anos realizem mamografias uma vez por ano em busca de sinais de câncer de mama tratável. Porém, muitas mulheres se recusam a realizar mamografias ou convenientemente faltam às consultas agendadas. As mamografias são um incômodo, tirando o pouco tempo livre. Elas podem ser assustadoras, levando a exames complementares e até mesmo a biópsias. E costumam ser bastante doloridas. Conforme uma amiga me perguntou certa vez, "Você gostaria que alguém colocasse seus testículos num torno mecânico"? E o que existe para equilibrar esses aspectos negativos da mamografia? Um risco vago, não especificado, de câncer de mama, um risco em que provavelmente a maioria das mulheres não quer pensar. Você pode culpar qualquer mulher por faltar de vez em quando à mamografia?

Caryn Lerman, uma pesquisadora de câncer da Universidade da Pensilvânia, não gostava da ideia de as mulheres faltarem a esse exame importante. Então tomou a iniciativa de educar as mulheres sobre os riscos do câncer de mama para que elas pudessem tomar uma decisão melhor em relação à mamografia. Começou pedindo que as mulheres estimassem o risco ao longo de toda a vida de receberem um diagnóstico de câncer de mama. O que se concluiu foi que as mulheres precisam de educação substancial. A mulher típica tem 13% de chance de receber um diagnóstico de câncer de mama ao longo da vida.[13] Mas as mulheres no estudo de Lerman estimaram o risco como sendo, em média, três vezes maior, o que faz lembrar as participantes na pesquisa de Viscusi que superestimaram muito os riscos dos fumantes desenvolverem câncer de pulmão.

Então Lerman educou as mulheres, com sucesso na verdade. A maioria, após se reunir com os educadores de Lerman, passou a ter opiniões muito mais acuradas dos riscos de desenvolver câncer de mama. Mas depois de pensarem sobre o risco de desenvolverem câncer de mama — bem menor do que elas supuseram momentos antes — muitas das participantes na pesquisa de Lerman... perderam o interesse pela mamografia![14]

Seria fácil ver o estudo de Lerman através da lente da teoria da escolha racional. Ao decidirem se devem fazer uma mamografia ou não, as mulheres colocam os custos de uma mamografia (a inconveniência, a dor etc.) de um lado da balança e os benefícios, ou seja, a capacidade de diagnosticar um câncer de mama tratável, do outro. Se elas acharem que o risco de terem câncer de mama é extremamente alto, então as mulheres terão uma tendência maior a tolerar a mamografia. Ao saberem que o risco não é tão alto quanto pensavam, o balanço entre custo e benefício se afastará da mamografia. Esta é a única maneira racional para as pessoas terem respondido à intervenção educacional de Lerman.

Contudo, prefiro ver o estudo de Lerman através de outra lente, uma que revele as percepções de risco das pessoas como relacionadas não apenas a números — se o risco de desenvolver câncer de mama ao longo da vida é de 13% ou 33% — mas também com a maneira pela qual elas processam essa informação sobre o risco, tanto intuitiva quanto emocionalmente. Conforme mostrarei adiante, o teste de Lerman sobre as percepções das mulheres antes da sua intervenção educacional, sua indagação aparentemente benigna sobre qual o risco de desenvolverem câncer de mama ao longo da vida, foi *em si* uma intervenção poderosa que influenciou drasticamente a maneira pela qual as mulheres responderam à sua intervenção educacional.

Para descobrirmos o que tinha acontecido com as mulheres de Lerman, eu e meus colegas realizamos um estudo simples. Assim como Lerman, pedimos a um grupo de mulheres para estimarem o risco de desenvolverem câncer de mama ao longo da vida e depois revelamos o número real, os

13% que mencionei acima. Em seguida, perguntamos o que elas achavam sobre as informações: como esse risco fazia com que elas se sentissem e se ele parecia alto ou baixo. Diferentemente de Lerman, no entanto, excluímos aleatoriamente metade de nossas participantes do jogo de palpites, fornecendo-lhes o número de 13% logo de início, sem lhes perguntar antes quais eram seus palpites. Como você verá em breve, essa exclusão aleatória desempenhou um papel fundamental para demonstrar as forças sutis que influenciam como as pessoas respondem a informações sobre o risco.

Mas, antes, vamos dar uma olhada naquelas mulheres que, como as participantes no estudo de Lerman, foram anteriormente solicitadas a estimar o risco de receber um diagnóstico de câncer de mama ao longo da vida. Assim como as participantes no estudo de Lerman, essas mulheres superestimaram drasticamente o risco. Em média, acreditaram que 41% das mulheres receberiam esse diagnóstico ao longo de suas vidas, mais de três vezes o verdadeiro risco.

Com tantas informações na mídia sobre o câncer de mama e com o número "uma em cada oito" cogitado com tanta frequência na imprensa, como as mulheres podiam estar tão desinformadas? Para começar, devemos levar em consideração o problema dos 50%. Veja, em estudos sobre a percepção do risco, é comum as pessoas acreditarem que um determinado risco tenha 50% de chance de ocorrer. Para muitos leitores deste livro, espero que 50% signifiquem 50 de 100. Mas para muitos, o número significa "eu não sei" — cara ou coroa. As mulheres podem ter câncer de mama e podem não ter, então... esta é uma perspectiva de 50-50.[15]

Quando aqueles que conhecem matemática como Viscusi pedem que membros do público em geral façam estimativas de riscos, pressupõem que seus entrevistados utilizarão conceitos numéricos básicos da mesma maneira que eles, os pesquisadores, os utilizam. Mas essa pressuposição omite uma ignorância implacável em relação aos números que assola o público em geral.

Vamos testar rapidamente seu conhecimento de números. Suponha que eu segure uma moeda honesta em minha mão e a jogue para o alto 1.000 vezes. Quantas vezes você acha que aparecerá cara?

Você adivinhou 500? Ótimo. Eu teria aceitado qualquer número entre 450 e 550 como sendo uma resposta correta. E ainda assim, mesmo com um esquema de avaliação tão flexível, aproximadamente um quarto das pessoas errará esse tipo de pergunta.[16]

Está bem, vamos tentar outra pergunta. Suponha que exista uma população de 1.000 pessoas, das quais 10% são portadores de uma doença terrível — vamos chamá-la de hotchocolite crônica. Quantas dessas pessoas têm a doença? Não se trata de uma pegadinha. A resposta é 100, e mais uma vez aproximadamente um quarto dos que responderem à pergunta irão errar. Com efeito, se eu fizer mais uma pergunta com um grau de dificuldade semelhante a essas duas, aproximadamente metade do público em geral irá errar pelo menos uma pergunta. Quase metade! Em outras palavras, muitos membros do público em geral não se lembram mais das habilidades matemáticas de um aluno médio que se formou no ensino médio.

Ao defender sua pesquisa, Viscusi gosta de se gabar sobre a grande quantidade de indivíduos que ele entrevistou: mais de 3.000 em um estudo e mais de 1.000 em outro.[17] Ele questiona que um estudo menor possa contestar a verdade revelada em suas imensas pesquisas. O que Viscusi omite é a realidade de que se você pedir a 4.000 pessoas para responderem a uma pergunta e metade delas não a compreenderem, a única coisa que você terá ganhado com o imenso tamanho da população pesquisada é uma grande pilha de respostas inúteis. Não se podem consertar dados ruins simplesmente coletando mais dados.

Voltando ao nosso estudo sobre o câncer de mama: conforme eu disse antes, as mulheres estimaram, em média, que o risco de serem diagnosticadas com câncer de mama ao longo de suas vidas era maior do que 40%, apesar de o número verdadeiro ser mais próximo de 13%. Essas estimativas exageradas não foram a exceção, mas a regra. Mais de 90% das mulheres que entrevistamos supuseram que o risco era pelo menos 5% maior do que o número verdadeiro. Em outras palavras, as estimativas erradas não foram simplesmente fornecidas por aquelas mulheres que estavam tendo dificuldade de compreender assuntos como porcentagens.

Como as mulheres chegaram a uma percepção do risco tão inacreditavelmente imprecisa? Bem, para descobrirmos a resposta a essa pergunta, vamos voltar nossa atenção para a outra metade de nossos entrevistados, o grupo que não pedimos para opinar sobre o risco ao longo da vida. Na primeira página dos questionários, apresentamos o número de 13% e fizemos uma pergunta inocente: "Se tivéssemos pedido para que opinasse sobre esse risco, você teria indicado um número maior, menor, ou praticamente igual a esses 13%"? Agora lembre-se, entre a metade aleatória das mulheres que *efetivamente* opinaram, mais de 90% superestimaram o risco significativamente. Ainda assim, entre as que não opinaram, apenas um terço nos disse que teriam indicado um número maior. Outro terço, de fato, revelou que teriam indicado um número *mais baixo* e as restantes mencionaram que o número de 13% é muito próximo do que elas teriam respondido.

As mulheres que não opinaram demonstraram um fenômeno que o psicólogo Baruch Fischoff chama de *viés de retrospecto*.[18] A partir do momento que as pessoas sabem a resposta de uma pergunta ou o desfecho de uma situação, tanto a resposta quanto o desfecho parecem óbvios. Por que o esforço de guerra nazista se atolou na Rússia? Bem, é óbvio — Hitler não contava com tropas suficientes e o clima estava ruim. Como John Kerry pode perder para George W. Bush nas eleições de 2004? De novo... é óbvio: os eleitores dos subúrbios ricos, que prezam os valores, nunca favoreceriam um Democrata de Massachusetts em detrimento de um Republicano do Texas.

Ao demonstrarem um viés de retrospecto tão profundo, as mulheres que não estimaram na nossa pesquisa também demonstraram que o número de 41% não estava em suas mentes de antemão. A maioria delas não tinha crenças anteriores sólidas sobre o risco do câncer de mama ao longo da vida. Em vez disso, quando pedimos que nos dessem um número, elas o fizeram... não sei, acho que do nada. Outras escreveram 50%, porque não faziam ideia. Algumas indicaram 30% ou 40%, porque sabiam que o câncer de mama era uma doença comum e então acharam que deveria ser um número grande.

E então revelamos o *verdadeiro* número e aquelas que haviam opinado reagiram praticamente com um suspiro possível de se ouvir. O número de 13% as aliviou de suas preocupações e fez com que considerassem esse risco como (sendo) baixo. Realmente não foi surpreendente. Se você achasse que tinha 41% de chance de ter uma doença terrível, não se sentiria aliviada ao saber que o risco era de apenas 13%? Ao contrário, as que não estimaram não ficaram tão aliviadas. Não tinham sido obrigadas a nos dar um número do nada, então, quando viram os 13%, se sentiram alarmadas: isso as deixou ansiosas e elas perceberam como (sendo) um risco alto.[19]

Apresento esse estudo porque ele ilustra uma forma importante pela qual as pessoas processam informações sobre o risco. Por um lado, um risco de 13% tem um significado muito específico: uma chance de 13 em 100 de algo ruim acontecer. Mas será que um risco de 13% deve ser motivo de preocupação? Será que é suficientemente alto a ponto de alguém ter de fazer algo para evitá-lo? Bem, essa é uma questão para o outro lado, digamos assim. Porque quando as pessoas processam informações sobre um risco, elas não absorvem apenas os dados numéricos — também *interpretam* o risco, como sendo alto ou baixo, alarmante ou reconfortante. Seus cérebros matemáticos absorvem as informações, mas elas também são absorvidas pelos centros emocionais em seus cérebros.[20] E à medida que partes diferentes dos seus cérebros lutam para compreenderem essas informações, coisas estranhas podem acontecer.

De volta ao cérebro reptiliano

Os neurocientistas já sabem há muito que o cérebro abriga centros emocionais que não precisam se anunciar para o cérebro consciente. Um primeiro sinal desses centros emocionais foi descoberto por Edouard Claparede, médico francês do começo do século XX que ficou fascinado com a condição de uma mulher com amnésia grave e começou a visitá-la regularmente. A cada visita, por causa do problema de memória, ele era obrigado a se apresentar para ela novamente. Com efeito, se ele saísse da sala por pouco tempo durante a visita, tinha de se apresentar de novo quando voltasse, repetindo os mesmos apertos de mão e saudações que fizera apenas alguns minutos antes.

Certa vez, ao encontrar com ela, o médico apertou sua mão (como sempre acontecia), fazendo com que ela a retraísse com dor. Ele estava fazendo uma experiência e tinha colocado uma tachinha na mão. Ela rapidamente se esqueceu do incidente e a visita transcorreu como qualquer outra. No encontro seguinte ela não apenas tinha se esquecido da tachinha, mas também que já o vira outras vezes. Eles deram início ao ritual de apresentação normal, ele falando o próprio nome e ela revelando seu nome para ele. Mas quando o médico estendeu a mão para apertar a sua, ela afastou-a com medo. Ela não conseguia explicar a relutância, mas não se sentiu à vontade em apertar a mão dele.

Seu cérebro mais elevado, o córtex cerebral, evolucionariamente mais novo, não se lembrava do episódio da tachinha. Mas em algum outro lugar em seu cérebro, em locais como a amígdala cerebral e o hipocampo, ela havia armazenado essa memória, inconsciente, que a impediu de apertar a mão do jovem médico de novo. Se seu córtex cerebral não tivesse sido danificado, suas memórias conscientes também a teriam alertado. Mas é fundamental reconhecer que seu cérebro mais velho *ainda* teria sido parte do seu sinal de alerta, criando uma onda de medo nela antes mesmo que seu cérebro consciente ordenasse que se afastasse do aperto de mão dele.[21]

Nas décadas de 1960 e 1970, Robert Zajonc, psicólogo da Universidade de Michigan, promoveu seu nome com uma série de estudos revolucionários que revelaram a primazia de sistemas cerebrais inconscientes nos julgamentos das pessoas sobre coisas que elas encontram no mundo. Zajonc (cuja pronúncia, de maneira adequada, rima com ciência em inglês) começou determinando que, em muitas circunstâncias, a familiaridade não gera desprezo, mas sim aprovação. Se eu mostrar uma série de, digamos, cem ideogramas chineses e você não tiver nenhum conhecimento do chinês escrito, terá dificuldade para dizer se já viu um ideograma específico antes. Em outras palavras, na rodada 73, eu poderei mostrar a você um ideograma totalmente novo ou um que eu já tenha apresentado cinco vezes antes e você não conseguirá me dizer se ele é novo ou repetido. Mas se em vez de eu indagar se você reconhece o ideograma ou não, eu simplesmente perguntar se *gosta* dele ou não, então irá relatar que os ideogramas com os quais está familiarizado lhe agradam significativamente mais do que os que nunca viu. Quanto mais frequentemente você tiver visto um ideograma, mais agradável e atraente o achará, independentemente de se lembrar de já tê-lo visto anteriormente ou não. O mesmo acontece com exposições a melodias musicais desconhecidas. Você irá gostar mais das que você conhece do que daquelas que desconhece. (Isso coloca um pouco da cultura popular em perspectiva, não é mesmo? Os jurados do *American Idol* têm dificuldade para se relacionar com os candidatos até eles conseguirem encaixá-los em alguma categoria: "Seu jeito de cantar é como um cruzamento entre Tina Turner e Bonnie Raitt — eu adoro isso"!)

Quando os economistas do século XIX estavam desenvolvendo sua teoria da natureza humana, viam os julgamentos humanos em grande parte como sendo processos de cima para baixo. Eles pressupunham que quando as pessoas decidem se devem ou não comprar um par de botas, elas as inspecionam, examinando até que ponto são bem fabricadas, e confortáveis quando calçadas e, é claro, quanto elas custam em comparação com outras botas. Considerava-se que essas ponderações cognitivas levassem a julgamentos — que as botas são baratas ou feias ou caras demais. No entanto, esta visão de cima para baixo agora foi invertida. De acordo com Zajonc, "As preferências não precisam de inferências".[22]

As pessoas costumam ter sentimentos intuitivos em relação a coisas (é claro que ao falar de intuição quero dizer estruturas primitivas do cérebro). Mas e quanto à noção de que as preferências surgem de nossas cogitações? Essa noção é uma ilusão.[23]

Os centros emocionais do nosso cérebro influenciam a maneira pela qual pensamos sobre o mundo. Em outras palavras, o sentimento costuma anteceder o pensamento. Considere um paciente que passe por uma complicação após se submeter a um procedimento cirúrgico. Ele deve processar o médico? Falando racionalmente, deveria processar o médico se este tiver sido negligente, ou não tiver esclarecido sobre os riscos e os benefícios do procedimento. Mas ocorre que decisões de processar os médicos não tem quase nenhuma relação com essas questões. Ao contrário, a melhor forma de prever processos por imperícia é se os indivíduos *se sentem* bem em relação à maneira pela qual seus médicos se comunicaram com elas. Os pesquisadores descobriram isto recrutando um grupo aleatório de médicos e outro grupo de médicos que tinham sido processados pelo menos duas vezes em suas carreiras, e gravando as conversas deles com pacientes novos. Então os pesquisadores analisaram os estilos de comunicação dos dois grupos de médicos. Numa análise dessas gravações, eles filtraram as gravações em áudio de tal maneira que fosse impossível compreender o que os médicos estavam falando. Com o filtro acoplado à gravação, todos os médicos soavam como a professora do Charlie Brown — sons com modulação e volume, mas sem nenhuma palavra. Assim, as pessoas que ouviam a fita não tinham nenhuma dica, além do tom de voz expresso pelos médicos. Os pesquisadores conseguiram identificar quais tinham sido processados com grande precisão, apenas analisando o tom dessas vozes.[24] Os que tinham sido processados expressavam menos empatia e compaixão.

Quando pacientes passam por desfechos ruins, eles não cogitam simplesmente sobre se o acidente poderia ter sido evitado ou não. Não pensam retroativamente sobre se tinham sido especificamente alertados sobre esta complicação específica ou não. Em vez disso, respondem a quanto eles gostaram dos médicos. E esses sentimentos, essas atitudes em relação aos seus médicos, vêm dos centros afetivos do cérebro, que reagem ao tom de voz do profissional. De acordo com Zajonc, "Não podemos ser apresentados a uma pessoa sem experimentarmos algum sentimento imediato de atração ou repulsa".[25] Nossos cérebros fazem julgamentos instantâneos, que raramente esperam pelas reflexões ponderadas de nossas capacidades pensantes superiores.

Saber *versus* fazer

Em um depoimento gravado em vídeo, pouco antes de sua morte, Jean Connor admitia que "sabia que fumar fazia mal" para sua saúde. No entanto, nunca tentou parar de fumar até que um cirurgião plástico alertou que seria necessário se ela quisesse fazer uma redução da barriga.[26] Ela não viveu tempo suficiente depois daquilo para que soubéssemos se teria voltado ao seu velho vício. Mas isso importa? Se sabia que fumar fazia mal, por que não tinha tentado parar antes?

Não posso responder essa pergunta. Não há dúvida de que parte do cérebro de Jean simplesmente não achava, ou sentia, que os riscos de fumar eram graves o suficiente para mudar seus hábitos. Também pode ter lhe faltado força de vontade, quem sabe? E considerando-se seu desejo de fazer uma plástica de redução da barriga, não é demais imaginar que ela fumava, em parte, para evitar ganhar mais peso. De qualquer maneira, Viscusi tem razão quando diz que ela considerou conscientemente os prós e os contras de fumar, estando em grande parte consciente dos riscos que corria. A força dessa visão racional do comportamento humano é que ela está parcialmente certa. Algumas pessoas *efetivamente* param de fumar quando os custos aumentam, quando os impostos sobre os cigarros ficam altos demais ou quando seus hábitos prejudicam uma plástica de redução da barriga. É por isso que se você ler *A lógica da vida*, aprenderá que para todo lugar que olhar, mesmo para o que parecer ser o comportamento mais estranho, um economista mostrará a lógica subjacente. Os adolescentes fazem mais sexo oral agora porque o sexo comum tornou-se mais arriscado. O crime juvenil diminuiu no lugar X porque o governo local decidiu tratar os jovens de 17 anos como adultos. Viu só? Os jovens só cometem crimes quando é racional fazer isso!

Mas o perigo nessa visão de mundo hiper-racional é que ela exclui qualquer política que ajudaria a evitar que as pessoas se envolvessem em comportamentos arriscados, como fumar cigarros. Pois se acreditarmos, como Becker e Murphy, que fumar é um comportamento que maximiza a utilidade para aquelas pessoas que escolheram fumar, então só regulamentaremos o fumo para reduzir os danos do fumo passivo, ou para assegurar que as pessoas tenham acesso a informações precisas sobre os riscos e os benefícios para que elas possam decidir o que fazer para promover seus melhores interesses.

Se nós apenas procuramos a lógica subjacente aos comportamentos das pessoas, perderemos as forças ilógicas que influenciam as suas reações emocionais ao risco. Por exemplo, os indivíduos ficam significativamente mais preocupados de experimentarem um risco de 120 em 1.000 de terem um derrame cerebral do que um risco de 12 em 100. É claro que ambos os riscos são iguais, correspondendo a uma chance de 12%. Mas de alguma forma o risco de 120 em 1.000 parece maior, porque mais pessoas são descritas como sofrendo um derrame cerebral. De maneira semelhante, mulheres com 6% de chance de desenvolver câncer de mama nos próximos cinco anos ficarão significativamente mais preocupadas com esse risco se lhes disserem que o risco médio em cinco anos é de

3% em vez de 12%. O mesmo risco de 6% terá muito mais saliência emocional se as mulheres acreditarem que ele está acima da média.[27]

Considere uma mãe decidindo se deve fazer ou não uma amniocentese para determinar se seu feto tem uma anormalidade cromossômica grave. Suponha que a amniocentese tenha 5% de chance de machucar o feto e que, através de um exame de sangue, exista uma chance de 5 em 1.000 do seu feto ter um destes problemas cromossômicos. A probabilidade de essa mulher escolher fazer uma amniocentese depende em grande parte de se o resultado do exame de sangue, que ajudou a determinar o risco de 5 em 1.000, é descrito como "normal" ou "anormal". Uma chance de 5 em 1.000 de problemas cromossômicos parece mais preocupante se for resultado de um exame de sangue anormal, fazendo com que muito mais mulheres afirmem que optariam pela amniocentese.[28]

Pessoas como Viscusi compreendem que 6% é 6% é 6%. Que a decisão de fazer uma amniocentese deve se basear no risco de que o feto tenha uma anormalidade cromossômica e não em se o risco resulta de um exame de sangue normal ou anormal. Mas o que as mulheres deveriam fazer racionalmente e o que elas *efetivamente* fazem nem sempre são a mesma coisa, um fato que Viscusi parece esquecer. Ele acredita que quando as pessoas afirmam que fumar durante toda a vida traz 40% de risco de se desenvolver câncer de pulmão, elas não apenas sabem o que 40% significa, mas também sentem este risco de uma forma real o suficiente para motivar seu comportamento.

Não há dúvida de que pessoas como Viscusi são muito boas em matemática. Mas isso não quer dizer que elas compreendam a maneira pela qual a maioria toma grande parte das decisões. Lembro do que minha mãe diz sobre sua experiência universitária. Ela estudou no MIT em uma época em que poucas mulheres frequentavam aquela renomada instituição, tornando-a bastante popular com os rapazes no campus. Mas a atenção deles nem sempre era bem-vinda para ela, me dizendo que "quantidade não é qualidade".* Eu nunca conheci Kip Viscusi e ele pode ser um cara muito normal de muitas maneiras. Mas não é provável,

---

*No original: "*the odds were good, but the goods were odd.*" (N. do E.)

com todo o seu treinamento em matemática e economia, que ele tome decisões de maneira diferente da maioria das outras pessoas?

Os indivíduos simplesmente não *pensam* sobre riscos tanto quanto *sentem* os riscos. De que outra maneira você pode explicar a força do terrorismo? A chance de um cidadão dos Estados Unidos morrer em um ataque terrorista é, evidentemente, mínima e de fato teria permanecido minúscula mesmo que não tivéssemos adotado novas táticas antiterroristas depois do 11 de Setembro. O norte-americano médio tem uma probabilidade muito maior de morrer em um acidente de carro ou como vítima de uma picada de abelha do que em um ataque terrorista. Mas o terrorismo funciona através da emoção — medo, incerteza e coisas parecidas — não por meio de probabilidades.[29]

O mesmo se aplica ao medo de voar. A violência traumática de qualquer acidente de avião e a estranheza que desafia a gravidade do voo, para começar, faz com que a viagem aérea pareça muito mais assustadora para as pessoas do que viagens de automóvel, apesar, de quilômetro por quilômetro, os automóveis serem muito mais perigosos. Causa alguma surpresa o fato de os terroristas escolherem aviões como alvos para tantos dos seus ataques?

Considere como muitos de nós nos sentimos a respeito de cintos de segurança e capacetes de bicicleta. Se eu pedalar sem capacete, sinto-me extremamente vulnerável, preocupando-me com cada lombada na rua. Se eu dirigir sem cinto de segurança, sinto-me quase nu. Nossos sentimentos sobre capacetes de bicicleta e cintos de segurança são quase divorciados dos verdadeiros riscos e benefícios desses dispositivos de segurança. Apresentaram-me um exemplo dramático desse fenômeno há dois anos enquanto estive na casa dos meus pais em Minnesota. Meu irmão mais velho Andy tinha aparecido lá com seus filhos para levar meus filhos à casa dele, a 800 metros de distância. Quando minha esposa entrou em casa e descobriu que Taylor e Jordan tinham saído no carro de Andy, ela me vaporizou com seus "olhos malvados da morte", inconformada que eu tivesse deixado eles entrarem na minivan sem se prenderem em uma cadeirinha. (Sem que ela soubesse, Andy tinha trazido cadeirinhas extras para o carro.) Minha mulher é extremamente racional, tendo estudado economia em Cornell e administração na Universidade de Chicago. Mas ficara totalmente enlouquecida com um risco infinitesimal. Por quê? Porque a questão não eram as probabilidades. Era um sentimento — o de que uma mãe deve fazer tudo a seu alcance para proteger os filhos, e quando se trata de comportamento automobilístico, não existem riscos com alta ou baixa probabilidade, simplesmente riscos aceitáveis e inaceitáveis. E deixar os filhos andarem de carro sem uma cadeirinha — isto é, bem, inaceitável!

Os entusiastas do mercado argumentam que os governos não devem se intrometer nos assuntos das pessoas. Se alguém quiser fumar cigarros, deve ter permissão para fazer isso, e o governo não deve tentar coagi-lo — por meio de impostos ou leis — a abandonar o vício. E, pelo amor de Deus, continua o argumento, se alguém escolher fumar apesar de superestimar drasticamente o risco de fumar, então não devemos punir empresas de tabaco dando dinheiro às "vítimas".

Espero que você veja agora que essas visões não resultam necessariamente do tipo de evidência que Viscusi coletou sobre as percepções das pessoas relativas ao ato de fumar cigarros. Jean Connor conhecia os riscos de fumar, mas eles não pareciam tão grandes na época. Mais ainda, a indústria do tabaco tinha manipulado sistematicamente a quantidade de nicotina em seus produtos para maximizar a chance de que as pessoas que começam a fumar não parem.[30] Apesar de não haver dúvida de que Connor merecesse parte da culpa pelo seu hábito não saudável, a empresa de tabaco não deveria ter saído totalmente impune.

O modelo de escolha racional da tomada de decisões pressupõe que à medida que as pessoas recebam mais informações sobre qualquer decisão — por exemplo, sobre os riscos e os benefícios de fumar — a qualidade de suas decisões melhore. Ele pressupõe que conhecimento e liberdade levam à escolha ideal. Agora sou um grande fã do conhecimento e espero que este livro forneça conhecimento a uma grande quantidade de indivíduos insuspeitos. Mas não podemos ignorar o que os cientistas descobriram sobre a tomada de decisões: eles aprenderam que o conhecimento nem sempre leva a decisões ideais e que quando as pessoas *conhecem* o risco, elas ainda podem basear sua decisão em como o risco é *sentido*.

Espero que o conhecimento não o assuste tanto.

CAPÍTULO 10 O preço da vida e o custo da assistência à saúde

Eu não direi que sua vida está por um fio. Não o conheço bem o suficiente para saber se isso é verdade ou não. Mas posso dizer, com confiança, que sua vida depende de três pequenas estruturas, cada uma menor do que o buraco no meio de um carretel de linha. Essas estruturas são as três artérias que transportam sangue do coração para... o coração.

Seu coração depende desses três vasos para levar sangue de volta para seus próprios músculos. Se uma dessas artérias ficar bloqueada, você terá um ataque cardíaco. Se sua artéria coronária direita estiver obstruída na ponta distal, você poderá ter um pequeno ataque cardíaco, talvez até um que seja silencioso e que você nem perceba. Se sua artéria coronária descendente anterior esquerda (LAD) estiver bloqueada perto da sua origem, no entanto, você terá grandes problemas. Essa artéria alimenta partes fundamentais do seu coração. Uma *lesão da LAD proximal*, como denominam os cardiologistas, poderá matá-lo. E se não matar, poderá deixar sequelas, enfraquecendo tanto seu músculo do coração que você ficará com falta de ar ao andar apenas até o banheiro.

Isto é, a não ser que você chegue ao hospital rapidamente o suficiente para que alguém desobstrua sua artéria. Algumas vezes os médicos desobstruem as artérias dos pacientes injetando medicamentos que dissolvem coágulos. Mas com uma frequência cada vez maior, agora eles contam com balões para fazer este trabalho que salva vidas. Os cardiologistas introduzem catéteres sinuosos pelas pernas do paciente diretamente para suas LADs, por exemplo, e identificam a causa de um ataque cardíaco. Em seguida, abrem a artéria com um balão que empurra de dentro para fora as paredes da artéria obstruída. Aliás, através desses catéteres, os cardiologistas aprenderam a colocar stents nas artérias coronárias das pessoas — pequenos dispositivos de arame que se abrem dentro da artéria, empurrando placas arteriais para fora a fim de manter a artéria aberta.

Em 2003, um médico internista, que chamarei de dr. Holmes, chegou em sua sala de emergência local com dor alucinante no peito e alterações no eletrocardiograma consistentes com um ataque cardíaco capaz de ameaçar sua vida. Os cardiologistas comunicaram que queriam levá-lo para o laboratório de cateterização e inserir stents em suas artérias bloqueadas. "Vocês vão usar stents revestidos com medicamentos?", Holmes perguntou. Os cardiologistas foram surpreendidos. Eles explicaram que tinham stents tradicionais estocados no laboratório de cateterização, que eles vinham usando com sucesso havia vários anos. Mas o dr. Holmes insistia em receber os novíssimos stents revestidos com medicamentos, que são muito elogiados. Ele sabia que às vezes os stents padrão no longo prazo ficavam grandes demais por causa da placa, gerando o risco de as pessoas voltarem a apresentar um estreitamento das artérias no futuro, enquanto os stents mais recentes eram revestidos com fármacos que previnem a formação dessa placa.

Os cardiologistas informaram ao dr. Holmes que poderia levar uma ou duas horas para que eles tivessem os novos stents em mãos, pois teriam de ligar para um hospital próximo solicitando a entrega. Enquanto isso — eles lhe comunicaram com grande preocupação —, seu ataque cardíaco aumentaria. Mencionaram que não tinham certeza de que os novos stents representassem uma melhoria suficiente em relação aos antigos para justificar a espera. (Na época, não havia exames clínicos disponíveis para determinar se os novos stents realmente representavam uma melhoria em relação aos stents padrão, mas, mesmo na melhor das hipóteses, os cardiologistas não podiam imaginar que os novos seriam tão melhores a ponto de compensarem todo o tempo — do ataque cardíaco em andamento — que levaria para obter os stents revestidos com medicamentos.) Holmes, em pleno ataque cardíaco, nem assim se convenceu e comunicou aos cardiologistas que esperaria.

Como esses stents sem eficácia comprovada podem ter sido tão atraentes para esse médico a ponto de ele estar disposto a sofrer um ataque cardíaco mais longo para poder recebê-los? A resposta a essa pergunta está na psicologia por meio da qual as pessoas julgam a qualidade de bens de consumo — uma psicologia que costuma desafiar a lógica. Conforme veremos, uma ampla variedade de decisões de consumo é influenciada por crenças estranhas que os indivíduos têm sobre o que torna um produto melhor do que outro. Essas crenças interferem com nossa capacidade, como consumidores, de usarmos nosso poder aquisitivo para tornar mercados mais eficientes para que nos proporcionem produtos de alta qualidade. E mais importante, essas crenças arrasam os esforços para controlar as despesas cada vez maiores com assistência à saúde que oprimem tantas pessoas.

Exigindo eficiência

Para um mercado funcionar de maneira eficiente, os consumidores precisam de boas informações sobre o custo e a qualidade dos bens que estão pensando em comprar. Aliás, com essas informações, os consumidores devem disciplinar o mercado. Se uma empresa produzir um produto com qualidade ruim, por exemplo, deve-se espalhar a mensagem, fazendo com que as pessoas evitem o produto ou esperem até que seu preço caia o suficiente para fazer com que valha a pena comprá-lo. Os consumidores levam uma disciplina especialmente forte para aquelas partes do mercado com as quais eles interagem com mais frequência. Quanto mais experiência os consumidores tiverem com qualquer produto específico, mais eficientes irão se tornar em avaliar se o produto vale seu preço.

Já vimos que os consumidores nem sempre são tão astutos quanto os fãs do livre mercado nos afirmam que eles deveriam ser. Muitas pessoas não conseguem exercer autocontrole suficiente, outras se comportam de maneira irracional ao pensar sobre os riscos e os benefícios de produtos como cigarros e algumas ainda desprezam os custos ocultos da hospedagem em hotéis, onerando-se, dessa forma, com o preço inflacionado de ligações telefônicas locais ou de barras de chocolate do frigobar. Todos nós tomamos decisões de compra ruins em nossas vidas porque não temos informações suficientes ou porque estamos sendo influenciados inconscientemente pela nossa irracionalidade demasiado humana.

Mas quase nenhum de nós é irracional o tempo todo, ou até mesmo a maior parte do tempo. E, em geral, ficamos muito bem informados sobre os bens de consumo nos quais ficamos mais interessados. Aliás, somos tão astutos, que o mercado respondeu produzindo uma explosão de produtos bem projetados e úteis com preços incrivelmente acessíveis. Veja até que ponto os computadores tornaram-se baratos ao longo dos anos por meio da pressão dos consumidores. Ou dê uma olhada nos incríveis produtos agrícolas disponíveis o ano inteiro em sua mercearia local e compare com o que estava disponível na sua infância. Você conseguia comprar até coentro naquela época? E a que preço?

A mágica da pressão do consumidor funcionou até no setor de assistência à saúde, obrigando médicos e instituições médicas a melhorarem seus serviços e, ao mesmo tempo, reduzirem seus preços. Estou pensando agora sobre uma parte específica do setor de assistência à saúde, ou seja, a cirurgia de miopia a laser. Em 1999, se você quisesse se livrar dos óculos, teria de pagar US$ 2.100 para sua oftamologista corrigir a forma de seus olhos. Em 2005, esse mesmo procedimento a laser custaria a você menos de US$ 1.700 e se quisesse um procedimento a laser mais recente e melhorado, ainda conseguiria fazê-lo por aquele mesmo preço de 1999, ou seja, US$ 2.100.

Os editorialistas do *Wall Street Journal* apontam essa cirurgia a laser como exemplo do que aconteceria se as pessoas fossem mais responsáveis por suas despesas de assistência à saúde. Se o mercado de assistência à saúde fosse mais parecido com um livre mercado, a assistência à saúde seria melhor e mais barata: "Se tantas pessoas estão dispostas a pagar mais pelos procedimentos opcionais como Lasik", eles opinam, "elas certamente também conseguirão se acostumar com um gasto mais direto em necessidades médicas urgentes."[1] George W. Bush concorda, lamentando o fato de que "as pessoas conseguem comprar de acordo com o preço e a qualidade em quase todos os aspectos da nossa vida [*sic*], exceto a assistência à saúde".[2] Seu principal conselheiro econômico, Allan Hubbard, desenvolveu essa opinião em um editorial do *New York Times*:

> Ao permitir que consumidores e médicos tomem decisões sobre assistência à saúde que sejam corretas para eles, podemos melhorar muito a eficácia, a acessibilidade e o valor do nosso gasto com assistência à saúde... E nenhum consumidor é melhor do que o cidadão dos Estados Unidos para reduzir os preços e melhorar a qualidade.[3]

Mas será que os consumidores são tão bons assim em arrancar a ineficiência do mercado? Considere o dr. Holmes, esperando aquele novo stent. Ele era um consumidor muito astuto, aliás, muito mais astuto do que o paciente típico, por causa de todo o seu treinamento e a sua experiência na área médica. Mas até que ponto aqueles novos stents que ele insistiu em receber eram ótimos? Desde 2003, aprendemos muito mais sobre os riscos e os benefícios dos novos stents revestidos com medicamentos. Conforme prometido, eles reduziram o número de artérias que ficam obstruídas por uma placa arterial. Mas esse benefício vem acompanhado de um substancial efeito colateral: os stents revestidos com medicamentos geram mais coágulos do que os antigos, que só podem ser evitados com a utilização de medicamentos caros para afinar o sangue.[4] Já cuidei de vários pacientes que passaram por hemorragias que poderiam levá-los à morte como resultado desses medicamentos para afinar o sangue. Qual é o saldo desses riscos e benefícios? Os stents revestidos são um pouco melhores do que os tradicionais para prevenir novos ataques cardíacos, mas até hoje não há nenhuma evidência de que tenham salvado nenhuma vida adicional. No entanto, eles definitivamente acrescentaram novos custos, da ordem de mais de US$ 2.000 por stent.

As despesas com assistência à saúde têm aumentado mais rápido do que a inflação em virtualmente todos os países industrializados nas últimas várias décadas, independentemente de existir um seguro saúde público, como no Canadá, ou uma presença maior do mercado, como nos Estados Unidos.[5] Essa inflação é profundamente preocupante, tornando cada vez mais difícil para as pessoas manter um seguro saúde.[6] Defensores do mercado como George W. Bush argumentam que a solução para a inflação da assistência à saúde reside na força dos mercados. O raciocínio é que se os mercados de assistência à saúde fossem mais competitivos, então a qualidade dessa assistência aumentaria ao mesmo tempo que seus preços cairiam, como aconteceu no caso da cirurgia a laser.

Concordo plenamente com o presidente Bush de que os custos da assistência à saúde seriam significativamente menores se as pessoas tivessem de pagar do próprio bolso por todos os seus serviços de assistência à saúde. Mas não compartilho de sua visão cor-de-rosa do tipo de sistema de assistência à saúde que resultaria de sua abordagem de livre mercado. Porque, para desconhecimento do presidente Bush, quando as pessoas avaliam intervenções de assistência à saúde, elas costumam contar com atalhos psicológicos que impedem uma boa tomada de decisões. Como você verá adiante, esses atalhos dificilmente são limitados aos domínios da assistência à saúde. Mas dentro desses domínios, são especialmente problemáticos, porque a vida e a morte costumam estar em jogo. Para aprofundar nossa compreensão das falhas do mercado, precisamos analisar de maneira mais profunda os cérebros das pessoas, como o do médico que exige um stent, para vermos como certos fatores, como escassez, novidade e preço, influenciam suas percepções da qualidade dos bens que elas compram.

Se for escasso, eu quero

Poucas coisas são mais atraentes do que aquelas que não estão disponíveis. Diga-me que eu não posso ter algo e terei uma probabilidade muito maior de desejá-la. De fato, se você deixar uma criança em um quarto com dois brinquedos e colocar um brinquedo do outro lado de uma divisória transparente alta, ela imediatamente dará a volta para pegar o brinquedo que está atrás da parede, ignorando o brinquedo que teria sido mais fácil de alcançar. No entanto, se a parede divisória for mais baixa, o brinquedo mais distante perderá seu apelo.[7] Quando o dr. Holmes descobriu que o hospital não tinha os stents revestidos com medicamentos, se sentiu como a criança do lado errado da divisória. Ficou duplamente convencido que ele *tinha* de ter um daqueles stents difíceis de conseguir. De certo modo, não era o único a pensar assim. Na época que ele teve seu ataque cardíaco, era difícil encontrar os stents revestidos com medicamentos. Eram novinhos em folha e a demanda era tão grande que os fabricantes não conseguiam produzi-los em larga escala. A escassez resultante do desequilíbrio entre oferta e demanda apenas aumentou a procura por esses stents.

Todos nós já vimos como a escassez funciona no mercado. As empresas de brinquedos costumam demorar para fazer seus novos lançamentos em outubro, na esperança de gerar novas imagens de pessoas fazendo fila para comprarem o brinquedo, sabendo que essa demanda reprimida será recompensada em dezembro.[8] Em seu livro *Influence*, Robert Cialdini descreve um truque de seu irmão para vender carros usados que contava com a força psicológica da escassez.[9] Ele colocava um anúncio no jornal, convidando as pessoas para marcarem um horário para verem o carro. Quando a primeira pessoa ligava, ele marcava um horário para encontrar, digamos, às 13:00 no sábado seguinte. Quando a segunda pessoa ligava, ele agendava outra reunião *exatamente na mesma hora*. O primeiro cliente chegava e começava a olhar o carro, chutando seus pneus de maneira cética, apontando as falhas, fazendo um esforço para reduzir o preço. Então, inevitavelmente, o segundo cliente chegava na hora do chute no pneu e o irmão de Cialdini falava para ele “esperar apenas alguns minutos”, uma vez que o outro cliente tinha preferência sobre o carro. O irmão de Cialdini tinha manipulado a situação de maneira brilhante para fazer com que o carro parecesse popular e para estimular o apetite das pessoas.

Você não está convencido de que isso funciona? Bem, minha equipe de pesquisa realizou uma experiência para tentar aumentar a quantidade de indivíduos que respondem ao nosso convite para preencherem uma enquete pela internet. Metade das pessoas para quem mandamos e-mails recebeu nosso convite padrão, prometendo que a pesquisa seria fascinante e que elas receberiam uma pequena quantia em dinheiro como símbolo de nosso agradecimento. Mas para os convidados restantes, acrescentamos uma frase informando que "apenas as primeiras 500 pessoas que respondessem" poderiam completar nosso questionário. Tivemos um índice de resposta significativamente maior desse grupo. Tínhamos deixado a pesquisa mais atraente ao torná-la mais escassa!

A escassez não apenas aumenta nossos desejos, mas também dimensiona nosso prazer quando os realizamos. Por exemplo, em uma experiência engenhosa, um grupo de psicólogos pediu que as pessoas experimentassem uma bolacha com gotas de chocolate. Ofereceram um pote cheio de bolachas para metade dos participantes e fizeram com que cada um pegasse uma única bolacha. Deram um pote com apenas duas bolachas para a outra metade dos participantes. A bolacha proporcionou muito mais prazer a este último grupo.[10]

Novo e melhorado: uma redundância?

Presumo que o dr. Holmes tenha sido inflexível sobre receber um stent revestido com medicamentos não apenas porque era escasso, mas também porque ele contou com a regra empírica simples, segundo a qual mais novo significa melhor. Apesar de nem sempre ser verdade que produtos mais novos são melhores do que os mais antigos, se você não souber mais nada sobre dois produtos concorrentes além da data em que cada um foi lançado no mercado, existe uma boa chance que o mais recente seja o melhor produto. Afinal, a indústria gasta bilhões e bilhões de dólares em pesquisa todos os anos: o setor farmacêutico testa novos medicamentos voltados para a base molecular de uma ou outra doença. Empresas de produtos eletrônicos procuram maneiras de fazer com que caiba ainda mais memória em chips para computador cada vez menores, ao mesmo tempo desenvolvendo baterias mais duradouras para nossos telefones ou computadores. Os fabricantes de automóveis desenvolvem novas características de segurança, permitindo que sobrevivamos a acidentes que uma década atrás teriam sido fatais. Consequentemente, quando os anunciantes colocam palavras como *novo* em suas chamadas, eles vendem mais produtos.[11]

É claro que às vezes as empresas desenvolvem novos produtos projetados para serem inferiores aos já existentes, lançando-os no mercado como uma alternativa de menor custo em relação aos existentes. Quando uma empresa produz uma imitação de um sapato popular, por exemplo, a maioria dos clientes reconhece que a imitação não será tão durável quanto o sapato com preço alto. Mas em mercados de assistência à saúde, não existe muito precedente para lançar no mercado um produto que se sabe, desde o começo, que é pior do que os produtos existentes. Para início de conversa, os consumidores de assistência à saúde, sejam pacientes, médicos ou grupos médicos, geralmente não procuram barganhas em vários lugares. O que interessa na assistência à saúde é a excelência, não a economia. Quando produtos testados, como medicamentos, tornam-se mais baratos quando perdem a proteção da patente, muitos consumidores de assistência à saúde migrarão em bando para o novo produto genérico, em boa parte confiantes que estejam adquirindo um produto tão bom quanto o outro por um custo menor. Mas quando se trata de lançar novos produtos no mercado, geralmente não vale a pena lançar no mercado um que tenha qualidade inferior.

Consequentemente, novos produtos de assistência à saúde costumam ter um de dois sabores possíveis: uma variedade "similar" ou uma variedade "nova e melhorada". Produtos similares são comuns no setor farmacêutico. Quando a Pfizer começou a ganhar bilhões com o Viagra, por exemplo, outras empresas tiveram um incentivo enorme para desenvolverem pílulas tão boas quanto, para pegarem parte do mercado, sabendo que as novas pílulas não precisavam ser melhores que o Viagra para desviar negócios.

Stents revestidos com medicamentos foram um exemplo da segunda categoria de novos produtos de assistência à saúde — lançados no mercado na crença de que seriam drasticamente superiores aos stents mais antigos. Tão superiores, de fato, que assim que foram lançados no mercado, eram milhares de dólares mais caros do que os antigos. Essa formação de preço refletia parcialmente o custo de se produzir os novos stents. Mas também refletia uma jogada de marketing brilhante. Se você quiser que as pessoas percebam seu produto como sendo superior ao de um concorrente, simplesmente aumente seu preço.

A teoria econômica padrão sustenta que os consumidores avaliam de maneira independente a qualidade de um produto e seu preço para fazerem trade-offs entre qualidade e preço. De acordo com essa teoria, as pessoas estarão mais dispostas a pagarem mais pelo produto A do que pelo B se perceberem que A é melhor do que B. Mas considere a seguinte experiência, em que Baba Shiv e colegas deram a um grupo de 125 indivíduos uma bebida que supostamente aumenta a acuidade mental e depois pediram para que resolvessem uma série de jogos de caça-palavras.[12] O grupo foi informado de que o preço regular da bebida era de US$ 1,89. No entanto, eles a venderam por US$ 0,89 com desconto para metade dos participantes, selecionados aleatoriamente. Shiv descobriu que pessoas no grupo do preço com desconto não apenas relataram expectativas menores em relação à bebida do que aquelas no grupo do preço integral, mas que elas também tiveram desempenho significativamente pior na solução dos jogos, resolvendo apenas 7,7 caça-palavras corretamente, em comparação com 9,5.

As pessoas acreditam que recebem aquilo pelo qual elas pagam e que, no final das contas, uma barganha pode não ser uma barganha. De fato, os consumidores frequentemente utilizam o preço para inferir a qualidade dos produtos. Esse fenômeno psicológico explica a estratégia de negócios da Ursinus College, uma pequena instituição de artes liberais na área rural da Pensilvânia que, em 1999, estava enfrentando uma redução nas matrículas. Em vez de reduzir a taxa universitária, para estimular mais candidatos, o presidente da Ursinus a *aumentou* em quase 20%, na verdade. E em resposta a esse aumento de preço, a turma do primeiro ano apresentou um inchaço da ordem de 35%. Ao se tornar uma "faculdade de artes liberais cara", a Ursinus estava sinalizando para clientes potenciais que ela também era uma faculdade de elite.[13]

Um exemplo clássico desse fenômeno ocorreu no começo da década de 1980, quando a Glaxo, uma empresa farmacêutica pouco conhecida, lançou um novo medicamento para úlcera, o Zantac. Na época do lançamento do Zantac, o Tagamet já estava disponível como terapia com receita médica para pacientes acometidos de úlcera. Pode-se argumentar que o Tagamet tenha sido o primeiro medicamento com sucesso de vendas, gerando bilhões de dólares para seu fabricante e revitalizando a abordagem do setor farmacêutico para fazer com que seu negócio crescesse. O Zantac era um medicamento similar, projetado para drenar a participação no mercado do grande sucesso que o antecedeu. Antes do lançamento do Zantac, a maioria das empresas farmacêuticas fixava o preço de medicamentos similares pouco abaixo do produto que já estava no mercado, para encorajar as pessoas a se afastarem do antecessor. Essa prática de formação de preço está de acordo com a teoria econômica padrão, que sustenta que a concorrência deve reduzir os preços.

Mas a Glaxo adotou outra abordagem. Em uma jogada não convencional, decidiu fixar o preço do Zantac com ágio de 30% *sobre* o preço do Tagamet. O Zantac rapidamente superou o Tagamet em vendas e acabou sendo um dos medicamentos mais vendidos de todos os tempos.[14] Apesar de o Zantac efetivamente ter algumas pequenas vantagens em relação ao Tagamet, o que sem dúvida ajudou o produto a liderar a participação no mercado, o fenômeno psicológico demonstrado no exemplo do jogo de caça-palavras também desempenhou um papel substancial no sucesso da noite para o dia do Zantac. O alto preço do Zantac fez com que alguns médicos e pacientes acreditassem que ele era substancialmente melhor do que o Tagamet. Conheço bem o caso do Zantac porque fui um dos médicos que o receitou de maneira entusiasmada na época. Estudos de marketing demonstraram que as pessoas respondem de maneira intuitiva a informações sobre preço quando avaliam a qualidade de um produto.[15] Quando o Zantac foi lançado, eu sabia que ele era mais caro. Não me lembro se equiparei de maneira consciente esse preço com sua qualidade. Mas em retrospecto, agora percebo que o Zantac foi um dos poucos medicamentos cujo preço eu conhecia. Olhando para trás agora, vejo que a empresa trabalhou duro para fazer com que médicos como eu soubessem do seu preço mais alto. A empresa compreendia meu comportamento de passar receita melhor do que eu mesmo.

De fato, preços mais altos podem inclusive aumentar o *efeito* de alguns medicamentos. Conforme ilustra o exemplo do jogo de caça-palavras, preços mais altos criam expectativas maiores, o que pode efetivamente fazer com que alguns produtos funcionem melhor.[16] Provavelmente, esse fenômeno contribuiu para o sucesso de vendas de analgésicos caros como o Vioxx e o Celebrex. Exames clínicos tinham demonstrado que inibidores de COX-2, como o Vioxx, não eram melhores em nada para aliviar a dor do que medicamentos mais baratos, como o Motrin ou até mesmo o Tylenol. Ainda assim, muitos pacientes eram inflexíveis, afirmando que o Vioxx e o Celebrex eram muito mais eficazes, exigindo que seus médicos receitassem estes remédios novos e caros. Não há dúvida de que muitos pacientes se beneficiaram com eles pelo menos em parte porque acharam que um remédio tão caro *tinha* de ser melhor do que um medicamento antigo e genérico.

Durante o ataque cardíaco, o dr. Holmes estava diante de um desafio triplo. Enquanto estava lá deitado com o que parecia um elefante sentado em seu peito, ele queria receber a melhor assistência médica possível. E os stents revestidos com medicamentos, bem, eram mais novos, mais caros e mais escassos do que os antigos. Ele simplesmente *precisava* ter um!

Quando probabilidade significa esperança

O atirador coloca a ponta do revólver em sua testa, engatilha a arma e faz uma pergunta simples: quanto dinheiro dará a ele para poupar sua vida? Se você for como eu, dará tudo que conseguir alcançar, inclusive tudo que for possível arrecadar mendigando, pedindo emprestado ou roubando. Tenho muitos motivos para viver para deixar que o dinheiro me atrapalhe.

Muitas pessoas com doenças potencialmente terminais sentem como se *tivessem* uma arma apontada para suas cabeças. Desesperadas para viver, não estão preparadas para discutir sobre o preço de sua assistência à saúde. Elas simplesmente querem a melhor assistência médica disponível, independentemente de qual tratamento os médicos acham que proporcionará a melhor chance de sobrevida.

Em circunstâncias menos desesperadoras, os consumidores de assistência à saúde ou de outros bens e serviços costumam examinar cuidadosamente os custos dos bens que estão pensando em comprar e a probabilidade de que estes os beneficiarão. Um aparelho celular vem com um localizador GPS e a consumidora pensa na probabilidade de necessitar dessa característica e se o custo compensa. O dentista comunica ao paciente que por mais US$ 50 ele pode ter uma obturação mais durável do que a padrão. Parece bom. Mas se o paciente tiver 70 anos pensará na probabilidade de essa durabilidade ser relevante ou não.

Mas quando a vida está correndo risco, a maioria das pessoas tem apenas uma maneira de ver as chances de obter o sucesso: querem saber o que mais aumenta as chances. E a não ser que a terapia que ofereça a melhor chance venha acompanhada de efeitos colaterais terríveis, elas tipicamente optam por ela. Então, não é de surpreender que a assistência médica em países industrializados invista muito em terapias que salvam vidas. Os hospitais possuem um ou dois, às vezes até mesmo três, helicópteros para o resgate de pacientes desesperadamente doentes. Exibem UTIs novinhas em folha, equipadas com toda a tecnologia mais moderna. Uma grande área metropolitana pode ter aproximadamente seis hospitais que ofereçam serviços de transplante cardíaco. E então o setor farmacêutico se junta, gastando milhões e milhões de dólares desenvolvendo medicamentos com alta tecnologia para o câncer, que poderão aumentar a vida dos pacientes em um ou dois meses e cobrando de US$ 50.000 a US$ 100.000 por esses tratamentos, sabendo muito bem que os mercados desses medicamentos arcarão facilmente com esses custos. Afinal de contas, quem vai falar para uma avó com câncer no cólon que ela não receberá o tratamento mais novo e mais eficaz porque é caro demais?

É claro que não é irracional querer viver. Também não é irracional desejar a melhor assistência médica possível quando a doença estiver ameaçando sua intensidade ou qualidade de vida. Mas nessas situações, por que devemos esperar que o mercado desenvolva as maneiras mais eficientes para abordar nossas necessidades de assistência à saúde? Quando eu estiver desesperadamente doente, posso garantir a você que não ficarei discutindo sobre o preço do meu transplante ou do meu leito na UTI.

Para piorar as coisas ainda mais, mesmo que eu tendesse a prestar atenção nos custos da minha assistência à saúde, não sou pessoalmente responsável por pagar a maior parte da minha fatura. Esse trabalho foi dado ao meu plano de saúde. Talvez eu veja apenas 10-20% do custo. Como resposta a isso, se eu fosse um consumidor astuto em relação ao custo da assistência médica, exigiria ainda mais bens de assistência à saúde do que um que seja ingênuo.[17] É claro que se eu demandar intervenções caras, provavelmente a operadora do plano irá responder aumentando as taxas do ano seguinte. Mas minha fatura será influenciada de maneira imensurável pelas minhas próprias despesas de assistência à saúde e então seria ilógico eu considerar as taxas do próximo ano quando eu pensar nos gastos atuais.

Infelizmente, todas os outros usuários do meu plano de saúde estão enfrentando a mesma situação. Todos nós temos um incentivo para gastarmos demais em assistência à saúde, porque estão pagando parte da fatura. A consequência de todos esses incentivos é a compra implacável de assistência à saúde, o que torna as taxas do ano que vem muito mais caras do que as deste ano.

A assistência médica no livre mercado

Toda semana atendo pacientes e vejo a limitada astúcia de mercado a que estão sujeitos e trazem à tona com seus problemas médicos. E reconheço que mesmo um médico como eu está suscetível às mesmas forças psicológicas. Nós, pacientes e médicos, batalhamos para usar as melhores e mais recentes tecnologias. E trabalhamos incansavelmente para achar esperança em meio a situações muitas vezes desesperadoras. É difícil para mim reconciliar minha visão ativa da assistência à saúde com os pronunciamentos de libertários, que estão tão confiantes que a melhor maneira de controlarmos os custos da assistência à saúde é desenvolvermos o livre mercado.

Karl Rove proclama de maneira confiante no *Wall Street Journal* que "o aumento da concorrência garantirá acesso maior, custos menores e mais inovação".[18] Uma combinação do tipo ganhar ou ganhar! Allan Hubbard, conselheiro econômico de George Bush, proclama as maravilhas do sistema privado de medicina nos Estados Unidos, que "aumenta a eficiência e a flexibilidade da concorrência e dos mercados".[19] Eficiência, não é mesmo? Como ele explicaria o fato de os Estados Unidos, que têm um dos sistemas de assistência à saúde mais privatizados do mundo, tornarem nanicos todos os outros sistemas no que diz respeito ao custo da assistência médica e, pode-se argumentar, com desfechos de saúde que não são melhores do que os demais?[20]

Infelizmente, quando pressionados a responderem esse tipo de pergunta, alguns especialistas voltados para o mercado trazem à tona o espectro assustador, você adivinhou, da "medicina socializada". Karl Rove, por exemplo, nos alerta de que a "medicina socializada inevitavelmente leva à qualidade ruim, ineficiência, aumento de impostos e racionamento".[21] John Stossel, no *Wall Street Journal*, afirma que "quando o governo é responsável pela assistência à saúde, as pessoas recebem menos assistência do que é considerado absolutamente necessário".[22] De maneira interessante, ele publicou seu artigo no mesmo dia que o *Journal* trazia na primeira página a notícia de que uma mulher não podia receber tratamento imediato para seu câncer de mama porque não atendia aos critérios para receber assistência do governo.[23] Será que uma assistência à saúde subsidiada pelo governo seria o pior para ela?

Eu poderia citar mais uma dúzia de editoriais do *Wall Street Journal* que reafirmam esses mesmos chavões. Mas darei apenas mais um exemplo, já que estamos tratando de câncer. No começo da campanha primária presidencial em 2007, Betsy McCaughey apresentou um argumento comum sobre as maravilhas da medicina de mercado nos Estados Unidos: que ela salva as vidas de pacientes com câncer. Veja, ela observou, os pacientes com câncer nos Estados Unidos têm "os maiores índices de sobrevivência do mundo".[24] Em outras palavras, se você receber um diagnóstico de câncer nos Estados Unidos, terá mais chance de estar vivo em cinco anos do que se receber este diagnóstico em qualquer outro país.

Você deve reconhecer que essa é uma estatística bastante decisiva. Quem pode argumentar que sobreviver a um câncer é algo ruim?

Bem, eu posso. Porque, veja, sobreviver a um câncer requer ter sido *diagnosticado* com câncer e o que essa estatística realmente demonstra é a agressividade com que os médicos nos Estados Unidos procuram diagnósticos potenciais de câncer nos pacientes. É claro que fazem isso com o melhor dos motivos. Eles realmente acreditam que os exames de triagem agressivos salvarão vidas. Mas geralmente estes levam a tratamentos discutíveis. Homens acima de certa idade são estimulados a fazer exames de sangue de PSA, em busca de cânceres de próstata. Quando o resultado é de alguma maneira anormal, os urologistas solicitam a biópsia da próstata (o que, se você pensar no assunto, não é um procedimento agradável). E quando encontram um pequeno foco de câncer dentro da próstata, eles indicam a remoção cirúrgica, um procedimento que costuma levar à impotência e à incontinência. Agora, lembre-se, eles fazem todas essas intervenções agressivas e caras apesar de ainda não haver *nenhuma* evidência de que podemos salvar vidas ao abordarmos os tipos de cânceres visíveis apenas com o exame de PSA.[25]

"Espere um minuto", você diz. "Pensei que você tinha acabado de concordar com o *Wall Street Journal* de que os pacientes *efetivamente* sobrevivem por mais tempo com câncer nos Estados Unidos." Bem, não é exatamente assim. Eles sobrevivem por mais tempo com diagnósticos de câncer, mas até onde sabemos, os portadores de cânceres pequenos teriam morrido de idade avançada ou de ataques cardíacos, enquanto os cânceres pequenos ficariam latentes. Ainda não sabemos se encontrar e remover um câncer de próstata bem pequenininho ou uma lesão pré-cancerígena na mama, o *carcinoma ducta in situ*, efetivamente salva as vidas. O que efetivamente sabemos, no entanto, é que o sistema de "remuneração por procedimento" nos Estados Unidos recompensa os médicos por serem agressivos ao fazer biópsias e cirurgias nesses pré-cânceres. Talvez algum dia descubramos que toda essa assistência agressiva tenha salvado algumas vidas. Certamente espero que isto aconteça. Porque já sabemos que ela fez com que dezenas de milhares de pacientes se preocupassem com o câncer e sofressem as complicações dos tratamentos dessa enfermidade.

Consumidores ingênuos

Se estiver procurando um lugar em que o livre mercado entrega bens e serviços da maneira mais eficiente aos consumidores, você faria bem em evitar a assistência à saúde. Os beneficiários dessas intervenções, os pacientes, não costumam ser muito astutos em relação aos prós e contras de suas alternativas de assistência à saúde. Eles também não se submetem ao preço total da maior parte do auxílio que recebem, sendo que procedimentos como a cirurgia Lasik são mais a exceção do que a regra. (A cirurgia Lasik é basicamente um procedimento cosmético e, portanto, o seguro não a cobre.)

O mercado médico nunca conseguirá alcançar a combinação poderosa de melhor e mais barato com os quais nos acostumamos em tantos outros setores de alta tecnologia, como produtos eletrônicos para computador e até mesmo a fabricação de bicicletas (em que atletas mais ou menos amadores agora podem ter acesso a bicicletas feitas de ligas de carbono que apenas profissionais conseguiriam comprar há uma década). Os consumidores simplesmente não são astutos o suficiente para fazer com que os preços na área médica sejam reduzidos. Por exemplo, já testemunhei centenas de pacientes que vêm ao VA* porque não conseguem mais comprar seus medicamentos. Depois de revisar seus históricos médicos, verifico os medicamentos com eles, quase sempre descobrindo que estão usando as pílulas mais novas e mais recentes para qualquer incômodo que sintam. Às vezes estão pagando centenas de dólares por mês do próprio bolso para as novas drogas maravilhosas, apesar de em muitos casos não serem melhores do que as alternativas genéricas. Em alguns casos, as pílulas são efetivamente piores. Se eles quiserem que eu receite remédios para hipertensão ou diabetes, comunico que terão de mudar para pílulas diferentes. Isto os perturba porque acreditam em seus médicos anteriores, em quem confiam para saberem o que é melhor para eles. Muitas vezes terão sofrido com gastos imensos com receitas sem ao menos perguntarem a seus médicos se havia alguma alternativa mais barata disponível. Enquanto isso, seus médicos, tão influenciados pela psicologia do "quanto mais novo, melhor" quanto seus pacientes, costumam ter um sentimento forte de que as alternativas oferecidas pelos centros VA são simplesmente inaceitáveis.

Quando as pessoas compram aparelhos de som ou automóveis, elas pensam muito sobre o *trade-off* entre custo e qualidade de produtos disponíveis. E ao ponderarem os *trade-offs*, pressionam os fabricantes a concorrerem tanto no custo quanto na qualidade. Mas quando con-

*Veteran Affairs (VA), Medical Center de Ann Arbor — um dos centros médicos mantidos pelo governo norte-americano e que proporciona cuidados médicos, serviços e benefícios aos militares aposentados e a seus dependentes. (*N. do R.*)

sideram sobre mandar os filhos para a faculdade ou pagar pelo funeral da mamãe ou fazer uma cirurgia de ponte de safena, não sentem que seja hora de contarem as moedinhas.

Em contextos médicos, a falta de disposição das pessoas para contarem moedinhas é agravada pela dificuldade em avaliar o custo e a qualidade de suas alternativas de assistência à saúde. Qual é o melhor remédio para a pressão sanguínea: um betabloqueador ou um BRA (bloqueador de receptor de angiotensina)? Não se pode esperar que a maioria dos pacientes saiba a resposta a essa pergunta, então eles confiam em seu médico. Isso significa que o consumidor final do produto, o paciente, não é quem efetivamente escolhe o produto. Este trabalho é feito pelo médico, que não arcará com os custos financeiros do medicamento e que, se for como a maioria, ficará desconfortável ao falar de dinheiro com seus pacientes e que, além disso, provavelmente tem a barriga cheia de comida fornecida por algum representante de produtos farmacêuticos.[26]

Sem dúvida, o mercado médico precisa ser projetado de uma forma que torne os consumidores — tanto médicos quanto pacientes — mais conscientes do *trade-off* entre custo e qualidade de diversas intervenções de assistência à saúde. Mas considerando as predileções psicológicas das pessoas por acreditarem no valor de produtos novos e caros, seria ingênuo pensar que uma solução de livre mercado, por si só, levaria a um mercado de assistência à saúde semelhante ao setor de computação, com indivíduos recebendo produtos a um custo cada vez menor sem abrirem mão de nada em relação a sua saúde.

Mas isso não significa que precisamos temer o mundo da medicina socializada. Pois a alternativa a um mercado médico totalmente livre não é aquele que seja completamente socializado. De fato, quando os entusiastas do mercado trazem à tona o termo *medicina socializada*, estão ofuscando a questão propositalmente. O Medicare é medicina socializada? Então como se explica a capacidade dos pacientes do Medicare para receberem tratamento na Mayo Clinic ou na Johns Hopkins ou na M. D. Anderson? Será que todas essas instituições são centros de assistência à saúde administrados pelo governo dos Estados Unidos?

O fato é que o governo pode se inserir no mercado de assistência à saúde de várias maneiras sem expulsar as empresas privadas do negócio dos planos de saúde, ou os hospitais privados do negócio hospitalar. Pode estabelecer padrões para o que as operadoras devem cobrir ou para quem devem oferecer cobertura. O próprio governo pode se tornar uma operadora, como tem feito para cidadãos de mais idade com Medicare nos Estados Unidos. Ele não precisa assumir o controle de hospitais, como tem sido feito no Reino Unido. A "medicina socializada" vem em muitas apresentações. Existem diversas formas diferentes de envolvimento do governo no sistema de assistência à saúde. Manchar todas elas com o rótulo depreciativo de *socialismo* é um desserviço para aqueles entre nós, no público em geral, que se preocupam em encontrar as melhores maneiras de compensar as várias ineficiências do livre mercado em contextos de assistência à saúde.

Como alguém do terceiro setor, não anseio que o governo assuma todo o âmbito da assistência à saúde. Certamente reconheço o valor do sistema dos centros VA e percebo que a Veterans Health Administration relativamente bem administrada tornou-se um líder em assistência de saúde de qualidade.[27] Por exemplo, nós que clinicamos em um centro VA temos um dos melhores sistemas de cadastros médicos no mundo, que nos ajuda a monitorar a saúde de nossos pacientes de maneira mais eficiente, a nos comunicar com outros clínicos de maneira mais eficaz e oferecer assistência mais adequada aos nossos pacientes. O sistema nos alerta quando um novo medicamento poderá prejudicar um paciente ao interagir de maneira danosa com um medicamento de que já vinha fazendo uso. Em outras palavras, percebo que um sistema de assistência à saúde administrado pelo governo não *precisa* ser um fracasso.

Mas também reconheço que o sistema dos centros VA é uma anomalia, de várias maneiras. Ele acumula um forte apoio político tanto da direita quanto da esquerda, porque os políticos não querem ser vistos como tendo abandonado soldados que perderam membros ao lutar pelo país. Pacientes dentro do sistema dos centros VA podem escolher receber assistência fora do sistema se eles assim o desejarem — uma opção que muitos adotam. Ao mesmo tempo, esse sistema serve como uma rede de segurança para veteranos de guerra desesperadamente pobres, que se submetem às longas esperas inerentes ao sistema, por não terem outra escolha. E, conforme notícias recentes já mostraram, o sistema pode ser esmagado quando o país estiver em guerra e o número de novos veteranos precisando de serviços de assistência à saúde aumentar rapidamente. Não acho que os norte-americanos iriam tolerar um sistema de centros como os VA aplicado à população de maneira universal.

Não há dúvida de que o melhor sistema de assistência à saúde estará em algum lugar, desconfortavelmente, entre os extremos de um livre mercado e os de um mercado completamente socializado, decepcionando fanáticos tanto na direita quanto na esquerda. No começo de 2008, legisladores que tendem para a esquerda foram contra o presidente Bush quando este apresentou um plano para controlar os custos do Medicare cobrando mais dos mais ricos pelas receitas. "Morto ao chegar", pronunciou Ted Kennedy.[28] Kennedy e seus colegas estão errados em rejeitar reflexivamente qualquer tipo de disciplina de mercado na medicina. Mas legisladores que tendem para a direita também estão errados em pensar que o mercado por si só resolverá todos os nossos problemas de assistência à saúde.

Não finjo ter uma receita simples de mecanismos de mercado e extramercado — uma pitada de copagamento, uma pontinha de cadastros médicos eletrônicos — que garantirão assistência médica de custo baixo e eficaz para todos que precisarem dela. Em vez disso, tentei abalar sua crença nos mercados, para nos ajudar, como consumidores de assistência à saúde, a aceitarmos um debate mais matizado, que considere a psicologia pela qual as pessoas tomam decisões de compras. Mesmo em situações mundanas, as pessoas frequentemente permitem que forças psicológicas inconscientes distorçam suas decisões de compra. Permitimos que a heurística de ancoragem, ou a crença de que "mais novo" significa "melhor", influencie nossa disposição para gastar dinheiro no aparelho mais recente. Às vezes, como resultado, compramos coisas que não deveríamos ou por um preço que não deveríamos pagar.

Eu me concentrei em contextos de assistência à saúde neste capítulo para provar que essas decisões podem ter consequências muito importantes. Também discuti as decisões sobre assistência à saúde porque os entusiastas do mercado são tão... bem, entusiastas em relação à capacidade da disciplina do livre mercado de controlar os custos de assistência à saúde de maneira indolor.

Para ser perfeitamente honesto, esse ponto de vista me deixa doente.

CAPÍTULO 11 O marketing e a ciência da persuasão

Dois dias depois de uma noite de plantão durante minha residência médica, me sentindo quase como se estivesse no fuso horário apropriado, me lembro de ouvir dizer que alguns representantes de laboratórios farmacêuticos tinham montado um painel formado por bagels e donuts no hotel em frente ao Rochester Methodist Hospital. Imaginando que eu não teria de pagar o almoço naquele dia, decidi dar uma olhada. Quando cheguei lá, passei uma densa camada de requeijão num bagel e conversei com alguns dos representantes de vendas. Um deles me deu um cartão de bolso com um rápido dispositivo mnemônico para diagnosticar pacientes com eosinofilia. Outra representante, uma mulher atraente, foi gentil o suficiente a ponto de me dar uma nova lanterna para substituir a minha, pois as baterias tinham acabado enquanto eu estava examinando a garganta inflamada de um paciente. Fiquei surpreso por nenhum dos representantes tentar me empurrar algum produto. Na verdade, não acredito que eu tenha falado sobre nenhum dos seus remédios com eles. A maioria estava só batendo papo comigo, me perguntando onde eu tinha feito faculdade de medicina e como eu estava me adaptando à residência. Um deles até me contou sobre uma ótima trilha para corrida que havia atrás do hospital. O intervalo para o bagel acabou sendo um bom desvio dos pacientes na West Street, número 5.

Já na minha época de residência médica, eu estava confiante de que os representantes de laboratórios farmacêuticos não estavam influenciando meus hábitos de passar receitas médicas. Não era o único a me sentir impermeável às influências do marketing. A maioria dos médicos com quem falei relatou que o marketing farmacêutico tem muito menos influência sobre seus hábitos de passar receitas médicas do que fontes mais respeitáveis de influência — como periódicos médicos, grandes rodadas de palestras ou recomendações de colegas. É claro que muitos de nós médicos reconhecemos que empresas farmacêuticas não gastariam bilhões de dólares fazendo marketing para médicos, a não ser que se tratasse de um marketing eficaz.[1] Mas continuamos acreditando que são *outros* médicos que são suscetíveis a essas influências, não nós mesmos.[2] Inclusive encontramos maneiras de justificar nossas interações com os representantes de vendas. Dizemos para nós mesmos que a maioria delas estão simplesmente promovendo medicamentos similares. Então, será que realmente importa se aquela linda representante da Pfizer de alguma forma nos influenciar na direção do medicamento para o colesterol da Pfizer em vez do fabricado pela Merck? Além disso, nos consolamos com o pensamento de que os representantes estão nos fornecendo algumas informações realmente úteis.[3] Quando nos dizem que um dos seus produtos acabou de ser lançado com uma posologia de "um por dia", isso não é algo bom de se saber?

Mesmo sendo um residente exausto, me senti desconfortável com essas justificativas. Eu me senti culpado por aceitar lanternas clínicas tipo caneta e martelos de reflexo dos representantes comerciais — eu me perguntava por que eles estavam sendo bonzinhos comigo. O que queriam em troca? E ainda assim, reconheci o valor do que estavam fazendo. Afinal de contas, o *New England Journal of Medicine* não publica artigos informando quando um medicamento como, por exemplo, o Cardizem é lançado com uma nova posologia de "um por dia". Isto não é considerado ciência importante. Então eu não tinha como saber sobre esses novos produtos a não ser que eu conversasse com alguém cujo trabalho fosse vender Cardizem.

Eu nunca tinha tido dificuldade com o setor de marketing antes. Não tinha nenhuma razão para me sentir culpado quando a Miller Lite apoiou minha capacidade de assistir a episódios de *Cheers* de graça. Não me preocupei em ser "comprado" quando visse as faixas de publicidade envolvendo o ginásio Metrodome em um jogo do Twins. Esses subsídios publicitários, que reduziram de maneira eficaz meus custos com entretenimento, não me pareciam tão inconvenientes quanto aquele bloquinho de Post-it que recebi do representante da Glaxo.

Mas comecei a imaginar se esse marketing estava promovendo o bem-estar dos meus pacientes ou se, por vezes, estava violando seus melhores interesses. De fato, precisamos nos fazer essa pergunta de uma forma muito mais ampla. Vivemos em uma sociedade capitalista que está nos inundando cada vez mais com publicidade. Existimos em um mundo em que muitas das melhores pessoas formadas em psicologia e neurociência estão sendo contratadas por empresas de publicidade ou por departamentos de publicidade de grandes empresas. Esses vendedores estão se tornando cada vez mais sofisticados em estabelecer como alvo nós, os consumidores, e nos persuadir. E com qual finalidade? Quando estão promovendo nossos melhores interesses e quando estão nos prejudicando?

Vendendo bons produtos

O marketing é um lubrificante fundamental nas engrenagens do capitalismo. Novos produtos não terão sucesso a não ser que os indivíduos fiquem sabendo sobre eles. Considere o livro que você está lendo agora — um que espero que melhore milhares (milhões?) de vidas. Enquanto procurava uma editora, busquei uma que o vendesse de maneira agressiva, ao descobrir da maneira mais difícil que um bom livro não se vende sozinho. Sem um marketing eficaz, um bom produto que pode melhorar as vidas das pessoas não terá a oportunidade de fazer isso. Nessa época de informações, o marketing atravessa a desordem e prende a atenção das pessoas. Em uma época em que os consumidores se veem diante de tantas escolhas — dezenas de minivans, centenas de xampus e milhares de DVDs —, o marketing os ajuda a saber qual minivan tem capacidade OnStar, quais xampus combatem a caspa e em qual filme Adam Sandler interpreta um rapaz amável e com os pés no chão.

De fato, muitos especialistas acreditam que a publicidade e o marketing atendem aos interesses do público em geral, “uma fonte poderosa para o bem”, de acordo com as palavras de Mary Azcuenaga, comissária da Federal Trade Commission no governo de Bill Clinton, porque é “uma forma de melhorar a capacidade dos consumidores para que façam escolhas de compras baseados em informações”.[4] Essa teoria informacional da publicidade se adapta muito bem à corrente da escolha racional do libertarismo que tenho explorado neste livro. Na verdade, apenas quando os anúncios são fraudulentos Azcuenaga vê um papel para o governo limitar os publicitários.

Espero que a esta altura do meu livro, a maioria de vocês esteja cética em relação à visão informacional, reconhecendo sua ingenuidade. As pessoas simplesmente não absorvem informações novas como um computador, ponderando-as racionalmente e atualizando seus arquivos de dados quando ficam sabendo de uma nova marca de cerveja suave. E mesmo que elas pudessem utilizar racionalmente as informações que recebem por meio da publicidade, até que ponto a publicidade pode realmente ser considerada informação útil? O que aquele pato (“Aflac!”)* nos diz sobre... sobre seguros, eu acho? Como nosso conhecimento de cuecas aumenta ao vermos Michael Jordam andando por aí vestindo Hanes? O que uma modelo de biquíni em cima de um carro nos diz sobre o desempenho do carro, além do fato de o capô aguentar 45 quilos?

Acredito que você poderia defender a visão informacional da publicidade ao afirmar que essas imagens irrelevantes não nos informam sobre produtos, mas, ao contrário, nos tornam mais conscientes dos produtos para que possamos nos informar sobre eles. Um jovem adolescente ao ver modelo de biquíni em cima do capô de um carro esportivo poderá dizer a você rapidamente o que tem por baixo daquele mesmo capô. (De que outra maneira Bruce Springstein sabia que se tratava de um Chevy ano 1969, com motor V8 de 396 cilindradas e o que mais havia no assoalho?)

Mas existe uma visão mais plausível da publicidade que vem da tradição da escolha racional, desenvolvida por Gary Becker e Kevin Murphy, da fama do vício racional. A teoria deles vê a publicidade não

*O pato da propaganda publicitária da seguradora Aflac. (*N. do E.*)

apenas como informação, mas também como um bem de consumo em si.[5] Parte da popularidade do Super Bowl (final do campeonato de futebol americano), por exemplo, resulta dos seus comerciais inteligentes. Então, independentemente de os rapazes do "Whazzup" terem nos ensinado qualquer coisa sobre cerveja ou não (se não me falha a memória), eles aumentaram nossa utilidade ao nos divertir.

Becker e Murphy também observam que as propagandas podem aumentar o prazer das pessoas em usar os produtos, complementando os produtos da mesma maneira que catchup e cachorros-quentes se complementam. Na economia, um bem complementar aumenta a utilidade de um bem consumido conjuntamente. Uma colher cheia de catchup isoladamente é uma iguaria apenas para alguém como meu filho mais novo e não algo que a maioria dos consumidores criteriosos aprecia sozinho. Um cachorro-quente isolado também não é muito apetitoso para a maioria das pessoas. Mas se você juntar o cachorro-quente e catchup, no meio de um pão saboroso, esses ingredientes serão muito melhores do que a soma de suas partes. De acordo com o mesmo critério, acredito, as cuecas Hanes são simplesmente mais confortáveis (?), agradáveis (?) e até sensuais (?), agora que acreditamos que Michael Jordan também as usa. A modelo de biquíni eleva a utilidade do carro esportivo ao associar o carro com sexo, aumentando assim sua sensualidade. Quando usei óculos escuros ao estilo de Tom Cruise, eles me tornaram mais sensual. Não mais sensual do que Tom Cruise, é claro, porém mais sensual do que os óculos escuros sem mim (que, para falar a verdade, é um obstáculo muito pequeno).

A força dessa visão da publicidade como maximizadora da utilidade está em sua verdade. Muitas vezes o marketing *efetivamente* fornece informações importantes. Esta realmente *é* uma parte fundamental de um mercado eficiente. E mesmo quando não fornece tantas informações, pode oferecer entretenimento ou criar imagens fortes que transbordam para os produtos, tornando-os mais agradáveis. A mesma força se aplica no caso da teoria da tomada de decisão racional em que se baseia o libertarismo. Essa teoria é forte porque é verdadeira em muitos aspectos. As pessoas *realmente* levam em consideração os prós e os contras de suas alternativas quando tomam decisões. E muitas vezes elas efetivamente têm uma ideia muito melhor daquilo que as deixará felizes que seus representantes eleitos.

Mas essas visões de mundo hiper-racionais também são perigosas, porque são apenas parcialmente verdadeiras e captam os comportamentos das pessoas apenas de maneira incompleta. O marketing fornece informações, mas também influencia os consumidores de várias outras maneiras que não têm nada a ver com informações. A racionalidade influencia nossas decisões quotidianas, mas muitas outras forças também fazem isso, algumas delas inconscientes e muitas vezes irracionais. Para compreender como o marketing funciona, temos de ir além desse modelo racional. Apenas reconhecendo a psicologia do marketing começaremos a entender o que a Avenida Madison fez com a mão invisível de Adam Smith.

A psicologia da reciprocidade

Se você observar as mãos de um jovem médico enquanto ele está escrevendo uma receita, você poderá ver uma caneta estampada com o nome de um novo antibiótico, de uma pílula para a ansiedade ou de um antidepressivo. A caneta foi um brinde de um representante de vendas de laboratórios farmacêuticos, provavelmente incluída como um agradecimento extra no dia em que ele doou alguns remédios de amostra para o médico distribuir gratuitamente a seus pacientes. A caneta funciona como ferramenta de marketing em dois níveis distintos. Na superfície, é um simples dispositivo informacional, talvez até reforçando um dos seus atributos com um slogan fácil de lembrar. Mas a eficácia desta caneta de 15¢ como ferramenta de marketing reside em uma realidade psicológica muito mais profunda. Esta caneta desencadeia a lei da reciprocidade.[6]

Em uma experiência clássica da psicologia social, os participantes da pesquisa foram deixados em uma sala de espera com o que os psicólogos gostam de chamar de um *confederado* — alguém fingindo ser um participante da pesquisa, mas que na verdade é cúmplice dos pesquisadores. Nesse estudo, o confederado sai da sala para ir ao banheiro e volta com duas Coca-Colas. "Eu as vi perto do banheiro, perguntei se podia pegar uma e me disseram que não tinha problema, então trouxe uma para você também", diz o confederado. Um gesto simples, que não custou nem tempo nem dinheiro ao confederado. Poucos minutos depois, ele pergunta ao participante da pesquisa se estaria disposto a comprar um bilhete de rifa para arrecadar dinheiro para a sua escola do ensino médio. É aí que a Coca-Cola vale a pena. Ela desencadeou a lei da reciprocidade — se você coçar minhas costas, comprarei um bilhete de rifa. Os participantes da pesquisa que receberam uma Coca-Cola do confederado compraram o dobro de bilhetes daqueles que não a receberam.[7]

Como dizer não para alguém que acabou de dar a você um brinde tão bonito? Os médicos costumam desprezar suas interações com os representantes comerciais, observando que eles não podem ser comprados com uma caneta ou com uma sacola. E é claro que se alguém pedisse ao médico para fazer algo em troca de um brinde tão pequeno, não iria a lugar nenhum. No entanto, os pequenos brindes funcionam porque são brindes. Sem nenhum compromisso. E a falta de compromisso desencadeia a reciprocidade.

Costumo ser obrigado a tirar vantagem da psicologia da reciprocidade quando realizo estudos de pesquisa, porque os orçamentos de pesquisa com os quais trabalho são limitados. Por exemplo, quando fazem pesquisas com médicos pelo correio, alguns pesquisadores incluem no envelope cheques de US$ 100 ou US$ 200, para estimular os médicos a responderem a pesquisa. Muitos médicos veem esses cheques e os jogam fora, juntamente com as pesquisas, sem se sentir culpados (uma vez que eles não sacaram os cheques). Em troca, os pesquisadores escrevem cheques com quantias ainda maiores. Quando faço pesquisas com médicos, permaneço dentro do orçamento rejeitando os cheques de US$ 100 ou US$ 200 e colocando uma pequena e velha nota de US$ 5 dentro de cada envelope. Essa pequena quantia costuma funcionar tão bem quanto cheques bem maiores, porque o dinheiro já é deles independentemente de preencherem a pesquisa ou não, e os médicos (que não estão dispostos a jogarem fora uma nota de US$ 5) sentem-se obrigados a retribuir o favor. É difícil colocar uma nota na sua carteira ao mesmo tempo em que você manda minha pesquisa para a lata de reciclagem.

Os departamentos de vendas de produtos farmacêuticos compreendem a psicologia da reciprocidade bem melhor do que a média dos médicos e é aí que reside a força para influenciarem a prática médica. Na verdade, a força do setor de marketing reside em grande parte no seu conhecimento da psicologia. O setor entende os consumidores melhor do que eles compreendem a si próprios.

Rotulações

Se você assistir ao noticiário noturno com Charles Gibson, Brian Williams ou Katie Couric, você verá uma grande quantidade de anúncios de produtos farmacêuticos que prometem diminuir o colesterol, reduzir as dores causadas pela artrite, melhorar a vida sexual e curar pernas inquietas. Se estiver assistindo a esses programas, também há uma chance razoável de você sofrer de uma ou mais dessas condições. De fato, muitas das empresas que colocam esses anúncios no ar têm uma boa ideia da proporção de espectadores que são clientes em potencial. Elas viram os dados da Nielsen sobre a demografia cada vez mais velha daqueles que assistem aos noticiários e até descobriram quantos espectadores de Couric têm artrite, direcionando seus anúncios de acordo com isso.

Isso dá a você uma sensação de Big Brother? Você se incomoda com que alguns anunciantes saibam tanto sobre suas dores? Você se aborreceria com o fato de saber que também foi rotulado de acordo com o lugar onde mora, quais revistas assina ou qualquer outro de seus vários hábitos?

Os psicólogos classificaram os indivíduos, de maneira célebre, em tipos de personalidade baseados em cinco características amplas, tais como neuroticismo e abertura para experiência.[8] Os marqueteiros fragmentaram as coisas ainda mais. No sistema PRIZM,* segmentaram as pessoas em 62 tipos de vizinhança. Por exemplo, se você for um homem branco do meio rural trabalhando em um emprego manual ou na fazenda, então fará parte da vizinhança 41, "Nova Ecotopia". Os vendedores derivaram os 62 tipos de vizinhança analisando o consumo das pessoas e procurando padrões em relação a como gastam seu dinheiro. Depois usam esses dados de consumo da vizinhança para estabelecer como alvos indivíduos que provavelmente responderão a seus produtos. A Hyundai, por exemplo, aumentou suas vendas nos Estados Unidos quando descobriu maneiras de estabelecer como alvos dois tipos de vizinhanças percebidas como abertas a uma alternativa

*Sistema de segmentação de mercado que agrupa pessoas com estilos de vida e características demográficas semelhantes em "grupos de vizinhança". (*N. do R.*)

acessível a carros japoneses, pessoas nas vizinhanças "garotos e ruas sem saída" e "boêmios misturados".[9]

Os vendedores tornaram-se cada vez mais sofisticados em equiparar suas propagandas a clientes em potencial, um processo que está se desenvolvendo ainda mais com a Internet. Quando os indivíduos voltam ao site da Amazon.com, recebem sugestões de livros novos que possivelmente gostem de ler. Quando toco uma música da minha biblioteca do iTunes, a Apple me avisa sobre novos lançamentos do mesmo artista. Muitos acham esse tipo de marketing assustador. E devo admitir que é estranho os profissionais de marketing poderem conhecer tanto sobre mim a ponto de muitas vezes saberem dos meus gostos melhor do que eu mesmo. Mas a partir de uma visão informacional, um marketing tão direcionado é uma coisa ótima. Quando estou assistindo a *The Colbert Report*, é bom estar exposto a comerciais de novos filmes engraçados em vez de àqueles produzidos para tratar a constipação. Fico contente que o iTunes saiba me informar sobre o novo disco de Richard Thompson. Não me perturba o fato de que os publicitários possam me estabelecer como alvo, exceto pela sensação de afundamento quando reconheço que não sou tão singular quanto cheguei a pensar que fosse. Estabelecer consumidores como alvos é uma forma eficiente para fornecer às pessoas informações sobre os produtos com maior probabilidade de que elas se interessem.

O que me incomoda não é que eu esteja sendo alvo de informações úteis sobre produtos novos, mas o fato de que os vendedores, que sabem quantos anos tenho e em que bairro moro, estejam criando assim anúncios que se aproveitam da maneira como meu cérebro funciona.

Tome como exemplo os espectadores de Charlie Gibson, muitos dos quais têm idade para se aposentar. O cérebro de alguém de 70 anos é diferente do de 25 anos com características muito importantes para os publicitários. Aos 70 anos, até mesmo as pessoas mais saudáveis (aquelas que evitaram derrames cerebrais e o mal de Alzheimer, por exemplo) já começaram a experimentar declínios em funções importantes do cérebro. Aos 70 anos elas são mais lentas para processarem informações novas, têm menos memória operacional e mais dificuldades para deliberar de maneira consciente sobre decisões do que alguém com 25 anos.[10] Deve-se observar que esses declínios começam pouco depois dos 30 anos, um fato do qual estou cada vez mais consciente à medida que os meus filhos, que estão no ensino fundamental, começam a me vencer em jogos que exigem um reconhecimento rápido de padrões ou memória de curto prazo.

Mas, apesar dos declínios relacionados com a idade que acabei de identificar, os aposentados não são nem burros nem débeis. Na verdade, suas capacidades de tomar decisões costumam ser maiores do que as dos mais jovens. O que falta a alguém com 70 anos em capacidade de velocidade de processamento, costuma ser compensado em inteligência emocional. De fato, conforme vimos no Capítulo 9, as decisões das pessoas costumam resultar da convergência de processos deliberativos e emocionais — elas sabem algo sobre Coca-Cola e Pepsi, mas também têm *sentimentos* em relação a esses dois produtos, e a sua escolha de um produto em detrimento do outro geralmente dependerão desses sentimentos.

Os sentimentos costumam funcionar como um dispositivo mnemônico, um atalho para a verdade. Conhecemos uma pessoa e desenvolvemos fortes sentimentos a respeito dela antes mesmo de analisar os dados do nosso encontro. Aliás, muitas vezes refletimos sobre o nosso encontro para descobrir o que, naquele indivíduo, nos deixou desconfiados ou entediados. Esses julgamentos emocionais rápidos costumam ser bastante eficientes em fundamentar nossos julgamentos e decisões. Muitas vezes nossa intuição, digamos assim, é mais astuta que o cérebro.

À medida que as pessoas envelhecem, elas baseiam uma proporção cada vez maior de suas decisões na emoção em vez de na deliberação rigorosa. E essas emoções foram treinadas, ao longo de muitos anos, para se alinhar com a conclusão a que se teria chegado no caso de um julgamento deliberativo fundamentado. É esse treinamento emocional que permite que os mais velhos, apesar de declínios objetivos na capacidade de processamento do cérebro, muitas vezes tomem decisões melhores do que os mais jovens.

Os marqueteiros, que estão se tornando cada vez mais sofisticados no conhecimento da psicologia e da neurociência, reagiram às pesquisas sobre o envelhecimento do cérebro desenvolvendo propagandas muito mais emotivas para produtos voltados para consumidores de mais idade ou para programas de televisão vistos por um público mais velho. Se indivíduos de 70 anos baseiam suas decisões em emoções, então os publicitários precisam apelar para elas. Boas propagandas não precisam presentear informações aos consumidores em potencial contanto que criem sentimentos positivos em relação aos produtos: "Eu gostaria de comprar uma Coca-Cola para o mundo!"

A força das emoções é maior para os consumidores mais velhos, mas as emoções influenciam as decisões de todo mundo e costumam agir como atalhos para reduzir o trabalho cognitivo das pessoas quando fazem escolhas. Na verdade, os vendedores descobriram, inclusive, que boa parte da força da construção de marcas reside nos benefícios emocionais de tornar fácil para os consumidores reconhecerem e se identificarem com seus produtos. Em estudo recente, neurocientistas na Alemanha escanearam os cérebros de indivíduos enquanto os expunha a imagens de logotipos de empresas. Quando foi exibido o logotipo da Volkswagen por três segundos, partes dos cérebros dos participantes se ativaram em regiões conhecidas pelo seu papel em emoções positivas e em sistemas de recompensas. Quando foi exibido um logotipo menos conhecido, um fabricante de carros espanhol chamado SEAT, os centros de emoção negativa se ativaram, assim como os de memória. As pessoas não conheciam a marca muito bem, fazendo com que elas tivessem dificuldade para descobrir o que significava o logotipo.[11] Esse tipo de esforço do cérebro pode induzir emoções negativas — quando as pessoas precisam trabalhar duro para se lembrar ou compreender algo, suas sobrancelhas formam sulcos e seus humores pioram. Essas emoções negativas transbordam para o que quer que elas estejam pensando. Na verdade, um grupo de pesquisadores expôs alguns indivíduos a slogans de marketing, variando a legibilidade do tipo de letra entre os participantes. Todos os anúncios eram legíveis e todos os integrantes da pesquisa foram expostos às mesmas informações sobre o produto. Mas aqueles que tinham palavras mais desfocadas para ler tiveram mais dificuldade para processar os anúncios e acabaram com atitudes menos positivas em relação aos produtos.[12]

As marcas são fontes poderosas de marketing não apenas porque provocam emoções positivas, mas também porque geram expectativas altas, que costumam ser profecias que se realizam sozinhas.[13] Mais crianças reconhecem Ronald McDonald do que o Mickey Mouse.[14] A atitude positiva delas em relação à marca McDonald's transborda para as batatas fritas. Se uma criança experimentar a batata frita de um saco do McDonald's, ela gostará mais do que se pegar uma batata frita idêntica de um saco sem marca.[15]

Pode-se argumentar que o McDonald's mereceu a reputação de ter batatas fritas deliciosas. Se as pessoas têm atitudes positivas em relação à marca McDonald's, isso é simplesmente o resultado da experiência da marca absorvida pelos indivíduos e traduzindo isso nos tipos de atalhos emocionais que os consumidores criam em todos os domínios da vida. Mas essa visão não explica por que as batatas fritas do McDonald's são mais saborosas quando são tiradas de um saco do McDonald's do que de um recipiente sem marca. Pensamos que nossas papilas gustativas nos dizem o sabor dos alimentos, mas a Avenida Madison não está satisfeita em perder o controle de nossos sentidos básicos. Em vez disso, ela funciona para criar expectativas nos consumidores que influenciam como eles experimentam seus produtos.

Os sentimentos em relação às marcas não são simplesmente uma resposta passiva à sua qualidade. Eles contribuem ativamente para a maneira pela qual os consumidores percebem uma marca e como experimentam um produto. A análise de propagandas feita por Becker e Murphy capta a verdadeira forma pela qual a formação de marcas funciona. O marketing do McDonald's efetivamente melhora o sabor das batatas fritas. A associação positiva das pessoas em relação ao McDonald's — o amor delas por Ronald McDonald, a reputação que elas mantêm para as batatas fritas do McDonald's — transborda para o produto como um respingo de catchup e, da mesma maneira que o catchup, melhora o sabor das batatas fritas. Isso significa que quando você comer as batatas fritas do McDonald's, não estará simplesmente consumindo batata, sal e óleo. Estará consumindo pedacinhos de Ronald McDonald. (Está bem, provavelmente essa imagem não irá melhorar o sabor das batatas fritas). Você está se baseando em suas memórias e percepções de toda a marca McDonald's. E, consequentemente, se for fã do McDonald's, sua apreciação dessas batatas fritas — a utilidade que você ganha com sua refeição — irá aumentar.

Não é à toa que chamam de Lanche Feliz.

"Pense. Não fume."

Se eu tiver lhe convencido das visões de Becker e Murphy, então agora você acredita que bons anúncios não são somente agradáveis, mas também aumentam a alegria das pessoas ao consumirem o produto anunciado. Ao aceitar essa visão, estará reconhecendo algumas das forças irracionais que influenciam os livres mercados. Mas essa é a natureza — bastante humana — das experiências de consumo.

Mas o que essa visão da publicidade implica sobre a resposta à pergunta que fiz no começo desse capítulo? Será que a publicidade promove o bem-estar das pessoas? Para começar a responder essa pergunta, eu o convido para um pequeno tour por um tipo incomum de publicidade, o que foi projetado presumivelmente para convencer as pessoas a *não* consumirem um produto.

Nos últimos meses de 1998, a Philip Morris Companies lançou uma campanha nacional de US$ 100 milhões para informar os adolescentes sobre os perigos de fumar, enfatizando aos jovens que eles não precisam fumar para fazer parte da tribo. A campanha passava uma mensagem positiva: "Pense. Não fume." Para não ficar atrás, a Lorillard Tobacco Company (que fabrica os cigarros Newport, Kent, Old Gold e outros produtos de tabaco) lançou sua própria campanha um ano depois, dizendo aos jovens, "O tabaco é louco se você for adolescente". E ainda assim, quando os pesquisadores procuraram uma relação entre a exposição a essas propagandas e os índices de tabagismo entre os adolescentes, eles não conseguiram encontrar nenhuma. As campanhas não tiveram nenhum efeito sobre o comportamento dos jovens.

Mas nem tudo foi perdido, porque as empresas não contaram apenas com as campanhas de marketing voltadas para os adolescentes. Também desenvolveram propagandas voltadas para os pais. A campanha da Philip Morris utilizou o slogan: "Fale. Eles ouvirão." Na superfície, essa campanha se parecia exatamente com uma publicidade de utilidade pública (PUP) que pode ser divulgada por qualquer órgão conceituado do governo dos Estados Unidos. Mas a especialista em saúde pública, Melanie Wakefield, estudou a eficácia dessas campanhas e concluiu que "a mensagem explícita da campanha voltada para os pais é que eles devem conversar com seus filhos sobre o hábito de fumar, mas não se oferece nenhuma razão, além de serem adolescentes, para os jovens não fumarem".[16]

Não criei um adolescente. Mas mesmo como em minha experiência pré-adolescente, sei que os jovens não ficam satisfeitos com um simples "porque sim" como explicação para o motivo pelo qual, digamos, eles não podem jogar no computador, comer uma segunda sobremesa ou lutar no beliche. Só posso imaginar até que ponto esse tipo de falta de explicação será precário para um adolescente.

Parece que alguns executivos da indústria do tabaco *criaram* adolescentes, pois Wakefield descobriu que quanto maior a exposição dos adolescentes às propagandas voltadas para os pais, mais eles se interessam em fumar cigarros e menos preocupados eles ficaram com os danos do tabaco. Muitos leitores não ficarão surpresos com o fato de que os adolescentes estão lutando para se tornarem independentes dos pais. O brilho das campanhas de tabaco é que, sob o pretexto de uma PUP, elas conseguiram explorar essa luta e convencer mais adolescentes a usarem seus produtos.

O que nos remete de novo a um grande tema deste capítulo: os especialistas em marketing sabem mais sobre como funciona os cérebros das crianças do que os próprios pais. Eles observam como elas interagem, as observam brincando com brinquedos. Até mesmo — choque dos choques — conversam com as crianças e descobrem como elas pensam. Esses especialistas também sabem bastante sobre a dinâmica dos relacionamentos entre pais e filhos, um conhecimento usado para encontrar uma forma de criar exatamente o tipo de tensão entre pais e filhos que só pode ser aliviada comprando seus produtos. Se não acreditar em mim, pergunte para a mãe de qualquer menina que adore a Barbie.

Não mais dândis de fraldas

A Mattel apresentou pela primeira vez a Barbie ao público dos Estados Unidos em 1959, e sua sexualidade explícita chocou muitas mães.[17] As bonecas anteriores à Barbie não tinham seios, tinham fraldas. Preocupada com a reação dos pais à sua nova boneca radical, a Mattel contratou um ex-psicanalista, Ernest Dictor, para realizar grupos de pesquisa com meninas e mães. Dictor descobriu que a desaprovação dos pais em relação à Barbie apenas aumentou a fascinação das meninas pela nova boneca. Isso deixou a Mattel com a tarefa de tornar a Barbie apenas aceitável o suficiente para as mães pagarem por ela, ao mesmo tempo mantendo-a apenas chocante o suficiente para atrair as meninas pequenas. O relacionamento entre pais e filhos foi visto pela Mattel como uma rachadura que poderia ser explorada para vender seu produto.

Os principais livros didáticos de marketing enfatizam como funciona essa rachadura na prática, ensinando, de fato, a próxima geração de marqueteiros a explorarem essa mesma rachadura.[18] Passo 1: fazer com que os pais desaprovem o produto, aumentando assim o desejo das crianças pelo objeto. Então as crianças cuidarão do passo 2: pressionando os pais a comprarem a boneca, o brinquedo ou o videogame. Apenas uma desaprovação muito forte dos pais a um produto pode superar a força de uma criança manhosa. Isso significa que os pais cuidarão do passo 3: entregar o dinheiro para comprarem o produto.

Empresas farmacêuticas utilizam uma psicologia semelhante quando fazem propagandas diretas ao consumidor. Percebem que quando pacientes pedem medicamentos específicos aos médicos, muitos deles aceitarão sua solicitação mesmo diante de um medicamento genérico igualmente bom, ou mesmo que o remédio solicitado tenha um benefício limitado para o paciente. Leva tempo para o paciente desistir de um remédio — tempo que muitos médicos percebem que não têm. E essas conversas desconfortáveis fazem com que os pacientes fiquem insatisfeitos e acabem indo resolver seus problemas em outro lugar. A maioria dos médicos quer que seus pacientes permaneçam insatisfeitos!

As agências de marketing não estão interessadas em maximizar o benefício das pessoas. Essas empresas são formadas por profissionais persuasivos, que tentam convencer pessoas a comprar produtos. Portanto, os marqueteiros podem promover o bem-estar dos consumidores se apenas os convencerem a comprar produtos que sejam do seu real interesse. Quando convencem as pessoas a adquirirem este livro, então colaboram para que o mundo possa se tornar um lugar muito melhor; quando fazem com que os consumidores comprem Barbies, os mais sensatos provavelmente irão discordar sobre o mundo vir a se tornar um lugar muito melhor por conta disso. Espero que algumas pessoas sintam a necessidade de impor restrições ao marketing de bonecas curvilíneas. Quando eles promovem as batatas fritas do McDonald's para crianças pequenas, espero que um volume ainda maior de pessoas, assim como eu, se sintam incomodadas. Um programa de televisão infantil realmente precisa ser acompanhado de propagandas que estimulem as crianças a consumir *junk food*? É despropositado limitar sua exposição a esses comerciais que promovem a obesidade? E, afinal, quando os marqueteiros encontram formas de persuadir crianças a comprar cigarros, suponho (e espero) que, então, a maioria dos leitores se convença de que esses exemplos não fazem parte dos melhores interesses das pessoas e que nós temos de encontrar maneiras de proteger as crianças de influências desse tipo.

Uma sociedade de mercado completamente livre permite que os Joe Camels do mundo penetrem nas vidas de nossos filhos. Eu não quero viver nesse tipo de sociedade.

A maneira pela qual pensamos sobre Ronald McDonald e Joe Camel é extremamente importante, porque vivemos em um mundo em que nossos cidadãos mais jovens são alvos de um marketing intenso. A criança média tem contato com mais de 30.000 anúncios nos Estados Unidos por ano.[19] E esses anúncios costumam ter influências muito fortes sobre as crianças, que aumenta porque as crianças pequenas, aquelas com menos de 7 anos, costumam ter dificuldade para distinguir entre anúncios de TV e programas de televisão. Além disso, os especialistas em marketing descobriram que podem tornar ainda mais difícil para as crianças diferenciarem entre programas e propagandas ao colocar os personagens dos programas nas propagandas. Os comerciais do cereal Fruity Pebbles são especialmente eficazes quando exibidos durante o episódio dos *Flintstones*. Até mesmo gurus de marketing na PBS já usaram essa dinâmica, utilizando Barney para ajudar com campanhas de arrecadação de fundos no intervalo de episódios de *Barney e seus amigos*, fazendo com que milhares de criancinhas implorassem para os pais mandarem dinheiro para ajudar o dinossauro roxo sitiado.[20]

Ao direcionar tantos anúncios para as crianças, os marqueteiros esperam alcançar uma de duas metas. Querem se aproveitar das forças de persuasão das crianças para convencer os adultos a comprar seus produtos. Portanto, mesmo empresas de automóveis direcionam suas propagandas para as crianças. Se uma delas ficar empolgada com um Hummer, irá pressionar os pais para comprarem um. De acordo com James McNeal, um consultor de marketing direcionado para crianças com menos de 14 anos, estas influenciam quase metade das compras da família.[21] E quase dois terços dos pais dizem que seus filhos "participam ativamente" das decisões sobre a compra de carros.

Mas distribuir Hummers em Lanches Felizes (sim, isso já aconteceu!) funciona não apenas estimulando os filhos a pressionarem os pais para comprar Hummers. Isso também funciona gerando fidelidade de longo prazo entre as crianças, que, afinal de contas, algum dia serão adultas e comprarão os próprios carros. As crianças e os jovens adultos têm uma influência desproporcional sobre a programação da televisão porque os especialistas em marketing as percebem como sendo um investimento muito melhor do que consumidores mais velhos. Se um programa de TV for visto por muitos jovens entre 14 e 30 anos, os publicitários terão alguma chance de influenciar várias décadas de comportamento do consumidor, então eles pagarão uma grande quantia para anunciarem naquele programa. Coitados dos episódios de crime de maior audiência que atraem os espectadores de mais idade, que têm apenas 10 ou 20 anos para comprar bens de consumo e, além disso, que podem ser conservadores demais para mudar para produtos novos. Pessoas de 80 anos dirigem Buicks, não Hummers.

O marketing melhora a vida das pessoas?

Conforme já vimos, campanhas de marketing não apenas informam os consumidores sobre os produtos disponíveis. Elas também utilizam as ferramentas da psicologia para convencer as pessoas que produtos específicos atendem a seus melhores interesses. Os marqueteiros sabem como convencer crianças de 5 anos a implorarem pelo cereal Fruity Pebbles e jovens de 16 anos a começarem a fumar. Aprenderam como convencer os pais a pegarem comida no KFC no caminho do trabalho para casa. Se Deus quiser, eles descobrirão como induzir centenas de milhares de pessoas a comprarem meus livros. Parte dessa publicidade nos faz feliz. Anúncios de TV costumam ser mais divertidos do que os programas que patrocinam. E quando não são, ainda assim pagam as contas para que as redes de TV possam oferecer novos entretenimentos. Além disso, as pessoas realmente se sentem mais atraentes quando estão usando roupas que elas viram cobrindo lindas celebridades.

Mas será que toda essa felicidade relacionada com a propaganda significa que o marketing necessariamente melhora nossas vidas? Dificilmente. Como médico, ilustrarei minhas preocupações com um estudo que mostra como mesmo uma colocação sutil de um produto pode fazer com que rapazes queiram fumar. Sonya Dal Cin e colegas realizaram uma experiência utilizando cenas de *Duro de matar,* obra-prima da virilidade, em que um Bruce Willis esculpido resgata um prédio cheio de reféns, flexionando os bíceps e, mais importante, fumando. Em determinado ponto no filme, o personagem de Willis dá uma tragada profunda num cigarro. Dal Cin ficou imaginando se a imagem desse herói, em pleno ato de fumar, faria com que os homens que assistiam ao filme quisessem imitar o herói. Então ela mostrou a rapazes 36 minutos do filme, cenas em que o personagem de Willis, John McClane, livra o mundo dos bandidos. No entanto, ela escolheu os espectadores aleatoriamente, de tal forma que alguns vissem um clipe que incluía o comportamento fumante de John, enquanto outros não vissem isso. Os homens que viram o clipe dele fumando acabaram ficando mais interessados em fumar do que aqueles que não viram tais cenas. O desejo de fumar ocorreu até mesmo entre pessoas que passaram a vida inteira sem fumar.[22]

No mundo racional de Becker e Murphy, tudo é bom. O carisma de Bruce Willis simplesmente transbordou para um produto, o cigarro, fazendo com que as pessoas tenham mais alegria em fumar. No mundo em que vivo, nem tudo é tão maravilhoso. No meu mundo, receito oxigênio para pessoas cujo hábito de fumar um maço de cigarros por dia transformou seus pulmões em lenços de papel. Recebo pacientes no hospital para se submeterem a quimioterapia para câncer de pulmão, afinadores de sangue para seus derrames cerebrais e catéteres cardíacos para seus ataques cardíacos, problemas diretamente relacionado a seu vício. É por isso que, no meu mundo, a publicidade pode tanto melhorar nossas vidas quanto destruí-las. Em meu ponto de vista, a publicidade não é nem boa nem ruim em si. São os *produtos* individuais que são bons ou ruins e usos específicos de produtos que são bons ou ruins. Fumar quase nunca é bom. Álcool é bom com moderação, mas mortal em altas doses.

Se as pessoas fossem tão racionais quanto os economistas tradicionais acreditavam antigamente, então a publicidade seria uma força sólida e consistente para o bem. A publicidade faria com que as pessoas conhecessem os produtos e em resposta os avaliariam de maneira precisa e consumiriam apenas aqueles que melhorassem suas vidas. A essa altura, espero que eu já tenha desfeito o mito da racionalidade humana quase totalmente e, assim, tenha mostrado por que temos de tomar cuidado em relação a quanta liberdade damos aos publicitários.

Quando pontos fracos inofensivos tornam-se oportunidades de marketing

Como temos visto ao longo de todo este livro, os humanos não são nem completamente racionais nem totalmente irracionais. Alguns leitores poderão imaginar qual lado da natureza humana costuma dominar nossas decisões. Essa é uma pergunta incrivelmente difícil de ser respondida. (Estou tentado a dizer, "42", e pelo menos deixar os fãs do *O guia do mochileiro das galáxias* satisfeitos.) Não há dúvida de que, para cada estudo de economia comportamental que aponte para comportamentos irracionais, existem dezenas de estudos de economia mais tradicionais mostrando comportamentos racionais.

Mas o número relativo de cada modelo de estudo não nos diz qual tipo de comportamento predomina. Para início de conversa, o número de economistas comportamentais ainda é pequeno, apesar de estar crescendo rapidamente. De maneira mais importante, as ferramentas estatísticas para identificar comportamentos racionais são mais abundantes e mais afiadas do que aquelas usadas para se identificar decisões ilógicas. Toda vez que a oferta de um produto diminuir e seu preço aumentar, um economista poderá mostrar o lado racional do mercado. Não é tão simples assim saber se, portanto, o preço do produto é fixado racionalmente ou se as pessoas que compram o produto estão agindo de acordo com seus melhores interesses.

Apesar de ser impossível descobrir a prevalência relativa de decisões racionais e irracionais, eu me arriscaria a dois palpites. Em primeiro lugar, apesar de os nossos cérebros serem imperfeitos, a maioria dos consumidores toma consideravelmente mais decisões lógicas do que ilógicas ao longo da vida. Na verdade, conseguimos descobrir bem de qual molho de macarrão gostamos mais e qual maneira de gastar nossos dólares destinados ao entretenimento nos trará mais alegria.

Mas, e aqui está a minha segunda conjectura, o marketing intenso (e psicologicamente informado) de produtos alterou o equilíbrio da tomada de decisões na direção da irracionalidade. Quando Kahneman e Tversky criaram Linda e expuseram as maneiras erradas pelas quais as pessoas fazem julgamentos de probabilidade, eles não representaram nenhuma ameaça aos livres mercados. Aqueles que acreditavam na racionalidade humana argumentaram que as falhas que Kahneman, Tversky e seus seguidores tinham exposto eram fenômenos raros, como ilusões de óptica, existentes principalmente em laboratórios de pesquisa, não no mundo real. Os críticos argumentaram que esses viéses eram resultado do fato dos cientistas criarem situações artificiais que apontam para as raras fraquezas na lógica humana.

Bem, agora, considere a rápida adoção de descobertas das pesquisas comportamentais feitas pelos especialistas em marketing. Eles são pagos para saberem como as pessoas pensam, decidem e se comportam. Quando Adam Smith concebeu a mão invisível, ele não poderia ter previsto como os cientistas do mercado manipulariam o movimento dessa mão, como um titereiro mexe uma marionete. Quando Stanley Jevons considerou as escolhas que os indivíduos fazem entre maçãs e laranjas, ele não poderia nem começar a imaginar que, sob a influência de personagens de desenhos animados, as pessoas tirariam esses alimentos saudáveis e deliciosos da sua dieta e os trocariam por alimentos processados.

O livre mercado, tão amado por Smith e Jevons e também por tantas pessoas que ainda estão vivas, enriqueceu todas as nossas vidas. Mas não se trata do maximizador de felicidade perfeito que alguns argumentam que seja. Nós humanos somos manipulados muito facilmente por outros da mesma espécie. Somos seduzidos muito facilmente pelos nossos piores instintos. Muitas vezes ficamos oprimidos pela ampla variedade de escolhas nas nossas velozes economias de mercado.

Quando grupos que defendem o consumidor propõem regulamentações que limitem a publicidade para crianças ou a publicidade direta ao consumidor de produtos farmacêuticos, os entusiastas do mercado rapidamente observam que elas interferem com a liberdade de expressão e, dessa forma, ameaçam a troca de informações tão fundamentais para a eficiência do mercado. Tendo aprendido mais sobre como os publicitários exploram os pontos fracos humanos, fico menos impressionado com esses argumentos do que eu ficava antigamente. Quando interesses humanos importantes estão em jogo, precisamos considerar o *custo e benefício* de regulamentação da publicidade.

Como conseguimos estabelecer o equilíbrio adequado entre regulamentação e liberdade de mercado? Tentarei convencê-lo, no próximo capítulo, que se formos honestos com nós mesmos, veremos que não há nenhuma resposta simples a essa pergunta. Mas há verdadeira sabedoria a ser ganha quando reconhecemos os complexos *trade-offs* que o mundo nos obriga a fazer.

CAPÍTULO 12 Equilibrando liberdade e a busca do bem-estar

Quando eu estava tentando fazer com que os editores se interessassem por este livro, tive uma conversa estimulante com um editor que respeito muito e que já lançou no mercado alguns livros de muito sucesso sobre política. Ele estava me pressionando para eu descrever meu principal argumento, a tese do livro. Apresentei um resumo erudito dos meus pensamentos, mas ele não ficou satisfeito, então ele refez sua pergunta em outras palavras: "Você está buscando um argumento sutil?", ele perguntou. "Sim", respondi e expliquei como planejei escrever um livro que pudesse ter ao mesmo tempo sutileza e que ainda assim captasse uma essência vendável. Acho que ele se perdeu na palavra *sim*. Nuança não era o que ele procurava.

Vivemos em uma cultura que valoriza muito a simplicidade. Ansiamos pelos "10 passos para você ficar mais saudável" ou a receita substancial que irá curar nossas doenças políticas. Permitimos que especialistas definam eleições importantes de acordo com broches em forma de bandeira na lapela e cortes de cabelo em vez de uma discussão sustentada dos desafios complicados que enfrentamos como nação. O político que precisar de um parágrafo para se explicar em uma questão polêmica terá problemas. Quase tantos problemas quanto o autor que se esforça para conseguir encontrar sutilezas.

A mensagem básica deste livro é bem simples: nós humanos não somos tão racionais quanto alguns libertários nos fariam acreditar e, portanto, o livre mercado nos coloca na posição de prejudicarmos a nós mesmos. Para piorar tudo ainda mais, o livre mercado costuma recompensar aqueles que compreendem o comportamento do consumidor suficientemente bem a ponto de explorarem nossas fraquezas. Como o livre mercado não consegue proteger os interesses do consumidor, um bom governo deve encontrar maneiras adequadas para nos proteger de nós mesmos.

É nesse ponto que acaba a simplicidade. Se os humanos fossem em grande parte racionais, o mundo seria um lugar mais simples. Se eu não fosse persuadido tão facilmente a fazer coisas que não deveria, se eu não tivesse tanta tendência a fazer julgamentos errados e tomar decisões erradas, então faria sentido o governo maximizar a liberdade dos nossos mercados e me deixar em paz. Nesse mundo mais simples, o governo poderia se limitar a lutar contra fraudes e combater monopólios, a nos proteger de roubos, do vandalismo e de coisas semelhantes. De fato, num mundo dominado pelo comportamento racional, o governo poderia se concentrar em externalidades e deixar que nós, os consumidores, escolhêssemos sozinhos nossa maneira de viver.

Mas uma vez que reconhecemos que os humanos nem sempre são racionais, somos obrigados a considerar se o governo deve agir para evitar que prejudiquemos a nós mesmos — para nos dissuadir de fumar e comer demais, para nos proteger de emprestadores predadores e publicitários que não informam. Conscientes de nossos pontos fracos, não podemos mais julgar as políticas do governo apenas de acordo com o fato de que se elas aumentaram a liberdade dos mercados. Ao contrário, temos de abordar a tarefa mais complexa de equilibrar metas concorrentes. Especificamente, precisamos descobrir como equilibrar nosso desejo por liberdade com a busca da felicidade.

Maximização começa com medida

Nos idos do século XIX, Jeremy Bentham insistia com que os políticos projetassem políticas para que maximizassem a felicidade das pessoas, aumentando os prazeres e reduzindo suas dores.[1] A influência de Bentham, apesar de enorme, foi limitada mesmo em sua época, parcialmente porque não havia boas maneiras de os cientistas medirem o bem-estar hedônico das pessoas. Sua visão de utilidade, portanto, foi abandonada por economistas no século XIX, em favor de medidas de utilidade baseadas nas preferências, que eram quantificadas mais facilmente.[2]

Recentemente, Daniel Kahneman tentou fazer com que os legisladores voltassem a seguir Bentham.[3] Conforme vimos no Capítulo 8, Kahneman gosta de Bentham em parte por causa de toda a pesquisa que revela indivíduos tomando decisões que reduzem sua felicidade — as pessoas não sabem o que as tornará felizes ou infelizes e, portanto, nem sempre tomam decisões ideais. Kahneman também se empolga com as ideias políticas de Bentham porque a medida científica de bem-estar progrediu de maneira significativa desde a época de Bentham. Os pesquisadores desenvolveram taxonomias dos estados de espírito e medidas de pesquisa dos estados de espírito que se correlacionam (andam juntas) com expressões faciais inconscientes, medidas fisiológicas de estresse e até ressonâncias magnéticas funcionais.[4] Kahneman inclusive ajudou a desenvolver uma nova medida que pode ser coletada a um preço suficientemente acessível para informar a criação de políticas.[5] Considerando-se os avanços em medir felicidade e infelicidade, Kahneman acredita que estamos finalmente prontos para realizar a visão de Bentham.

Outros psicólogos de destaque juntaram-se a Kahneman na promoção de medidas para políticas que pretendem maximizar a felicidade das pessoas. Ed Diener e Martin Seligman propuseram que desenvolvêssemos medidas nacionais de bem-estar, semelhantes às medidas do PIB. Afinal, se o dinheiro não deixa as pessoas necessariamente felizes, então por que devemos dar tanta ênfase em fazer nosso PIB aumentar?[6] Barry Schwartz, psicólogo e autor de *The Paradox of Choice*, levou adiante esse raciocínio, escrevendo em *The New Republic* que a pesquisa sobre a felicidade nos mostrou que "agora nós *sabemos* [grifos de Schwartz] que existe um subconjunto significativo de pessoas que provavelmente ficariam melhores por meio de uma tributação maior e que se encontram no topo da distribuição da riqueza".[7]

Muitos economistas também foram na onda. O lorde Richard Layard, da prestigiosa London School of Economics, desenvolveu uma série de propostas de políticas baseadas na ideia de promover estados de coisas que tornem as pessoas felizes.[8] Robert Frank, economista de Cornell e autor prolífico de livros populares, argumentou a favor da redistribuição da riqueza com base no fato de que isso maximizaria a felicidade da sociedade.[9]

Não é de surpreender que essa linha de pensamento seja uma grande ameaça aos libertários. Pois substitui a versão individualizada de bem-estar — com cada indivíduo sendo livre para buscar sua ideia da vida boa, desde que essa busca não tenha consequências prejudiciais para os demais — pelo que parece ser uma abordagem "de cima para baixo". Em vez de julgar o bem-estar das pessoas pelo grau de liberdade e informação que têm de decidir, julga o bem-estar pelo quanto estão felizes. Consequentemente, a abordagem de felicidade abre a porta para todos os tipos de intrusões do governo. Será que isso significa que, se aqueles que se deslocam não estiverem felizes, precisamos impedir que se mudem para os limites dos subúrbios? Ou se o dinheiro não torna as pessoas felizes, que o governo precisa fazer o papel de Robin Hood e tirar dinheiro dos ricos para dar aos pobres? Voltaremos a essas questões mais adiante.

Mas antes temos de nos perguntar se a felicidade é a meta adequada de nossas políticas. Tirando preocupações persistentes sobre se realmente poderíamos medir a felicidade tão bem quanto Bentham gostaria que medíssemos[10], precisamos pensar sobre se os formuladores de políticas devem julgá-las em termos de Bentham — de acordo com a maneira pela qual elas influenciam os estados de espírito momentâneos dos indivíduos. Antes de sermos varridos pelos missionários da felicidade, devemos voltar à época de Bentham, pois mesmo então suas ideias eram criticadas por aqueles que não compartilhavam sua visão sobre o que realmente significa ter uma vida feliz, pessoas que não achavam que os formuladores de políticas deveriam se preocupar apenas com os estados de espírito momentâneos dos indivíduos. E o principal desses críticos tinha sido uma criança prodígio, John Stuart Mill, ele próprio sendo afilhado de Bentham.

O Afilhado de Bentham

Tendo ficado famoso por meio de seus escritos e atividades políticas, Jeremy Bentham tornou-se amigo de muitos intelectuais jovens, que trabalharam próximos ao grande homem para espalharem suas ideias. Um desses jovens era o escritor James Mill, com quem Bentham foi coautor de diversos panfletos polêmicos. Bentham e Mill não apenas tinham crenças políticas semelhantes, mas também compartilhavam visões praticamente idênticas sobre a natureza humana. Especificamente, os dois acreditavam que quando as crianças nascem, são tábulas rasas. Eles defendiam que as capacidades intelectuais e as tendências comportamentais que as pessoas demonstram como adultas resultam diretamente de sua experiência. Na visão deles, o desenvolvimento triunfa sobre a natureza sempre.

De acordo com essa teoria, James Mill decidiu educar os filhos em casa com a ajuda de Bentham.[11] Isso significou atolar o filho mais velho, John Stuart Mill, em ideias elevadas desde muito jovem, ao mesmo tempo protegendo-o de pensamentos despretensiosos — o tipo de bobagem que, digamos assim, a presença dos filhos de outras pessoas poderia acrescentar à mistura. Os filhos de Mill não podiam ter nenhum amigo fora da unidade familiar até avançarem pela adolescência e, mesmo nessa idade, quando John falou com entusiasmo sobre uma adolescente que ele tinha conhecido em uma viagem à França, Papai Mill não ficou nada feliz.

O nível de controle que Bentham e Mill exerciam sobre o ambiente das crianças era impressionante. Regulavam intensamente como as crianças passavam cada momento em que estivessem acordadas, monitorando com cuidado os jogos e os livros que liam. Chegaram ao ponto de banir os contos de fada da família. Bentham tinha tido tanto medo dos contos de fada quando era criança que exigiu a presença de um companheiro de quarto pelo resto de sua vida, alguém que passasse a noite em seu quarto e o acalmasse se ele tivesse pesadelos. (O que pode explicar por que Bentham nunca se casou.)

Em parte por causa dessa experiência de educação infantil, o jovem John tornou-se um prodígio fenomenal. Aos 3 anos, lia grego. Aos 6, ele escreveu uma história sobre Roma com 1.500 palavras.[12]

Como parte do plano para criar os filhos, James Mill e Bentham não passaram seus ensinamentos utilitários a John antes de ele voltar de suas viagens à França na adolescência. Então apresentaram ao jovem uma cópia do livro de Bentham, em francês, é claro, e John se transformou, e escreveu mais tarde em sua autobiografia que a teoria deu um propósito quase religioso à sua vida.[13]

Mas, com o tempo, a paixão de Mill pela teoria hedonista de Bentham acabou diminuindo e ele passou a questionar os prazeres e as dores superficiais que Bentham promovia. As perguntas de Mill o dominaram quando ele tinha pouco mais de 20 anos, quando sofreu um episódio de depressão. Ele se recuperou desse episódio por meio de uma série de ideias que sustentariam sua própria teoria do utilitarismo. Mill passou a acreditar, por volta dessa época, que não se encontra a felicidade buscando o prazer ordinário, mas, em vez disso, lutando para alcançar metas mais sublimes. Ele deu início às buscas emocionais das quais tinha sido protegido quando criança, coisas que tanto Bentham quanto seu pai consideravam perigosas. Coisas como poesia e artes. Tendo sido obrigado a viver em função da mente, agora experimentava uma variedade maior de paixões, sendo que todas sustentariam as novas visões sobre aquilo pelo qual os humanos devem lutar.

Em resumo, Mill repensou o utilitarismo e decidiu que Bentham, apesar de estar correto em promover a importância da utilidade para orientar o comportamento moral e político, estava errado em pensar que a utilidade é simplesmente uma função de prazer e dor, de tal maneira que, de acordo com as palavras de Bentham, "Se a quantidade de prazer for igual, o *pushpin* [um jogo infantil] será tão bom quanto poesia".[14]

Tão bom quanto poesia?, perguntou Mill. Não em sua vida!

Porcos felizes

Assim como Bentham, Mill achava que a meta das ações moral e política deveria ser maximizar a felicidade dos indivíduos. Mas ele achava que a felicidade proporcionada por algo como uma brincadeira de criança era muito inferior para ser considerada a meta, ou a finalidade, de todos os esforços humanos. Em vez disso: "alguns *tipos* de prazer são mais desejáveis e mais valiosos do que outros [grifos de Mill]".[15] Ele acreditava que diretrizes e orientações morais deveriam ter como alvo a promoção de prazeres *superiores* em detrimento de prazeres inferiores, escrevendo de maneira célebre que "é melhor ser um ser humano insatisfeito do que um porco satisfeito".

Mill nunca rejeitou o utilitarismo, mas, ao contrário, tentou torná-lo compatível com uma visão mais ampla da natureza humana do que as feras que buscam prazeres inferiores que dominavam a visão de mundo de Bentham. A compreensão mais ampla de Mill sobre a natureza humana pode refletir sua variedade maior de experiências. Mill descreveu Bentham de maneira célebre como defendendo "o empirismo de alguém que teve pouca experiência".

De acordo com Mill, não podemos julgar uma política como Bentham (ou Kahneman) nos obrigaria a fazer, tabulando se a política aumenta ou diminui o ânimo médio dos indivíduos. Ao contrário, ao tomar decisões sobre políticas, precisamos pensar sobre outras metas.

As ideias de Mill são especialmente relevantes hoje em dia, agora que a ciência comportamental nos ajudou a compreender melhor quais tipos de circunstâncias influenciam os estados de espírito momentâneos das pessoas. Emoções e estados de espírito (que são conceitos distintos para especialistas na área, mas que eu colocarei juntos aqui) não são simplesmente função das circunstâncias dos indivíduos. As pessoas não se sentem da maneira como se sentem simplesmente em função do que elas estão experimentando exatamente agora. Ao contrário, elas costumam se sentir de uma maneira ou de outra em função de como suas circunstâncias mudaram recentemente. Os estados de espírito alertam as pessoas para mudanças em seu ambiente para que elas possam abordar essas mudanças. Mas quando as circunstâncias permanecem estáveis, a resposta emocional a essas circunstâncias costuma diminuir com o tempo. Este é um fenômeno chamado de *adaptação emocional* (sobre o qual escrevi no livro *You're Stronger Than You Think*).[16] Quando um homem sofre alguma lesão que o incapacita após um acidente de carro, por exemplo, ele provavelmente ficará arrasado por algum tempo. No entanto, se for como a maioria, suas emoções irão se restabelecer com o tempo e ele irá recuperar grande parte da felicidade anterior.

Mas se as pessoas conseguirem alcançar a felicidade momentânea diante do que objetivamente são circunstâncias terríveis, o que isso oferecerá ao mundo de Bentham?

O vencedor do prêmio Nobel Amartya Sen reconheceu este problema há muitos anos. Sen, que ganhou um prêmio Nobel na área de economia, ficou famoso por promover iniciativas econômicas que reduzem a pobreza.[17] Algo que ele reconheceu sobre a pobreza é que muitas vezes ela não deixa nem de perto as pessoas tão arrasadas quanto alguém acharia que *deveria*. Os indivíduos se adaptam, até mesmo, às circunstâncias opressoras, muitas vezes porque nunca conheceram nada melhor. Na filosofia, isso é conhecido como o problema do "escravo feliz".[18] Se alguém tiver sido escravo desde que nasceu e nunca tiver conhecido nenhum outro tipo de vida, será que devemos aceitar sua escravidão com base no conhecimento de que ele está feliz com o que a vida reservou para ele? Ou será que existe algo inerentemente errado em relação à escravidão que gostaríamos de abordar?

De acordo com o que falei até agora, tem-se a impressão de que Sen estaria apresentando uma crítica libertária da confiança de Kahneman e Bentham na ideia da felicidade: as pessoas pobres e os escravos — apesar de qualquer felicidade que possam sentir — estão sendo prejudicados porque suas liberdades são restritas. Então, mesmo que sejam felizes, devemos fazer algo para deixá-los livres. Não há dúvida de que Sen acredita que a liberdade seja importante em si, independentemente de tornar os indivíduos felizes ou não. Mas Sen não é um libertário rigoroso. A liberdade é apenas *uma* das coisas que ele acha que devam orientar as decisões sobre políticas. Também acredita que precisamos promover o que ele chama de "capacidades". Temos de maximizar o que as pessoas são capazes de fazer.[19]

Se os indivíduos forem pobres, sua capacidade de fazerem escolhas de vida será restrita porque estão presos na pobreza. Além disso, se as pessoas não forem saudáveis, suas oportunidades serão automaticamente restritas. Alguém que não possa andar ou enxergar não conseguirá fazer determinados trabalhos por causa de suas deficiências. Se tiverem pouca educação, também perderão muitas capacidades, e as oportunidades que terão em suas vidas serão restritas. Portanto, ao contrário dos libertários, Sen é um defensor agressivo da intervenção do governo na assistência à saúde, na educação e na redistribuição da riqueza para tentar equalizar oportunidades ao longo de populações.

Não existem respostas simples

Bentham achava que tivesse encontrado uma resposta simples para descobrir como tomar decisões sobre políticas: as pessoas querem ser felizes, então devemos tomar decisões sobre políticas que maximizem sua felicidade. Kahneman tentou ressuscitar a ideia de Bentham, tendo se convencido de que a ciência da felicidade tinha se desenvolvido o bastante a ponto de finalmente podermos alcançar as metas de Bentham. Poderíamos trazer a economia para a sua origem, para um lugar que ele só abandonara porque a ciência ainda não tinha estado à altura da tarefa.

Mas as ideias de Kahneman também não estão à altura da tarefa. Ele está correto em afirmar que precisamos compreender mais sobre o que torna as pessoas felizes e infelizes. Está totalmente correto em argumentar que muitas vezes as pessoas tomam decisões ruins porque não sabem o que as tornará felizes ou infelizes. E prestou um enorme serviço ao mundo ao lembrar as pessoas que devemos nos preocupar com a felicidade delas. Mas está errado em ter ignorado as coisas com as quais a maioria se preocupa na vida além do estado de espírito momentâneo.

Então qual deve ser a meta, a finalidade de nossas políticas? Não existem respostas simples para a pergunta. Os libertários acham que a liberdade em si é tudo que precisamos maximizar. Mas este livro já mostrou que quando damos liberdade plena, as pessoas muitas vezes tomam decisões das quais se arrependem ainda em vida: escolhem algo que interfere com a felicidade, mesmo quando aquela era sua meta e optam por coisas que reduzem sua renda, mesmo quando o que buscavam era precisamente a maximização da renda.

Os políticos inteligentes já reconheceram há muito tempo a complexidade de determinar quais metas deverão orientar nossas políticas. Talvez isso não tenha sido colocado de maneira tão eloquente quanto na Universidade do Kansas, em 1968, no discurso de Robert Kennedy. Ele aponta para a loucura de captar o bem-estar nacional com uma única medida, como o Produto Nacional Bruto (PNB):

> *Com muita frequência e por muito tempo, parecemos ter rendido a excelência pessoal e os valores comunitários do simples acúmulo de coisas materiais. Nosso Produto Nacional Bruto, atualmente, é de mais de US$ 800 bilhões por ano, mas esse Produto Nacional Bruto — se julgarmos os Estados Unidos da América por meio disso — esse Produto Nacional Bruto inclui a poluição do ar, as propagandas de cigarros e as ambulâncias para livrarem nossas rodovias da carnificina. Ele inclui cadeados especiais para nossas portas e cadeias para as pessoas que as arrombam. Ele inclui a destruição da floresta e a perda da nossa maravilha natural em uma desordem caótica... E os programas de televisão que glorificam a violência para venderem brinquedos aos nossos filhos. No entanto, esse produto não inclui a saúde dos nossos filhos, a qualidade da sua educação ou a felicidade da sua brincadeira. Ele exclui a beleza da nossa poesia, a força dos nossos casamentos, a inteligência de nosso debate público e a integridade dos nossos funcionários públicos. Ele não mede nossa sagacidade, nossa coragem nem nossa devoção ao nosso país. Em resumo, ele mede tudo, exceto o que faz a vida valer a pena.*[20]

Conforme as palavras de Kennedy deixam claro, quando tomamos decisões sobre políticas, precisamos estabelecer um equilíbrio entre diversos objetivos concorrentes. A liberdade é uma coisa boa. A felicidade também é algo maravilhoso. E poder ter boa saúde e educação decente também é importante. Na verdade, essas coisas costumam vir juntas. As pessoas que ganham maior liberdade costumam ser mais felizes do que aquelas com menos liberdade.[21] Indivíduos com boa educação costumam ser mais saudáveis e mais felizes do que aqueles sem boa educação. Mas essas coisas maravilhosas nem sempre vêm juntas. Se as pessoas forem livres para fumar e escolherem fazer isso, elas terão uma saúde ruim, viverão menos tempo e muito provavelmente se arrependerão de terem fumado. Quando os publicitários têm liberdade de promover seus produtos para as crianças, eles aumentam uma epidemia de obesidade que não representa o melhor interesse de ninguém.

Não há dúvida de que alguns indivíduos perceberão esse equilíbrio entre liberdade e bem-estar como um apelo para ceder autoridade política aos reis-filósofos. Afinal, não existe nenhuma maneira unânime de se estabelecer o equilíbrio adequado. Não podemos fazer *trade-offs* lógicos entre, digamos, três pontos de liberdade e cinco de bem-estar. Não existe nenhum método estabelecido para se escolher entre estados de espírito e capacidades. Equilibrar metas tão incomensuráveis é a competência de filósofos morais e filósofos políticos.

Paul Dolan, economista britânico que já trabalhou muito próximo a Daniel Kahneman, argumenta que os cientistas sociais deveriam abandonar o negócio da filosofia moral e política e se manter fiéis a fenômenos cientificamente mensuráveis e comparáveis entre si. Assim como Kahneman, ele é a favor de basear as políticas no bem-estar, nas experiências individuais momentâneas. Saúde, capacidades, emprego... estas coisas só deverão importar para os formuladores de políticas se elas influenciarem o bem-estar dos indivíduos de maneira mensurável. Dolan argumenta que só poderemos evitar a necessidade dos reis-filósofos se utilizarmos medidas limpas e precisas do bem-estar individual.[22]

É claro que o problema com tal visão é que já expressa uma filosofia moral e política específica. Ela afirma que a meta das políticas deve ser maximizar o bem-estar momentâneo dos indivíduos. Dessa forma, ela conclui que não há nada de errado com um mundo povoado por escravos felizes. Além disso, mesmo que aceitássemos essa visão filosófica (pois ela *é* uma visão filosófica), ainda assim teríamos de descobrir o que queremos dizer com bem-estar momentâneo. Se esse bem-estar for igualado a estados de espírito (felicidade, raiva, satisfação, tédio etc.), então teremos de descobrir qual peso deveremos atribuir às diferentes emoções — será que a raiva extrema deve ser contrabalançada pela alegria extrema?[23]

Na sociedade moderna, não temos outra escolha além de fazer os tipos de escolhas que mesmo os filósofos ainda não descobriram como fazer. Quando os economistas acreditavam que a liberdade maximizava o bem-estar, a escolha parecia mais fácil. Não tínhamos de escolher entre bens isoladamente, mas podíamos alcançar um bem — o bem-estar — ao maximizarmos outro, especificamente a liberdade.

A ciência não pode dizer à sociedade o que ela deve maximizar ou como fazer o *trade-off* entre coisas como liberdade e bem-estar. O melhor que a ciência pode fazer é nos ajudar a reconhecer entre o que estamos escolhendo.

Maximizando o que medimos

Apesar de economistas como Paul Dolan pretenderem viver em um mundo que não exigisse a presença de reis-filósofos — em que todas as políticas se voltassem para uma meta simples —, a maioria deles estava confortável havia muito tempo em um mundo muito mais complicado, que exigia que cientistas como ele tivessem de avaliar muitas coisas incomparáveis. Os economistas tradicionalmente vêm medindo o PIB, em parte de acordo com a pressuposição de que países que maximizam sua riqueza também estarão melhorando o bem-estar dos cidadãos. Ao mesmo tempo, também desenvolveram medidas de desemprego, reconhecendo que a riqueza e o emprego nem sempre andam juntos e que as sociedades costumam se preocupar com esses dois resultados econômicos. Os economistas também têm contabilizado coisas como distribuição de renda, reconhecendo que as pessoas se preocupam não apenas com até que ponto o país é rico, mas também com a maneira pela qual essa riqueza é distribuída.

Então, os formuladores de políticas nunca se contentaram em basear suas políticas econômicas em uma única medida, como o PIB. Na verdade, eles nem se restringiram a medidas puramente econômicas. Também consideraram mortalidade infantil, crime, qualidade do ar e coisas parecidas. Essas medidas díspares fazem com que os formuladores de políticas tenham a impossível tarefa de pesar esses aspectos muito diferentes da qualidade de vida. O aumento da riqueza poderá acontecer, por exemplo, em detrimento do meio ambiente, e os formuladores de políticas precisam descobrir como equilibrar esses aspectos.

A economia comportamental, portanto, não criou a necessidade por reis-filósofos. Em vez disso, ela a tornou mais manifesta. Ao mostrar que a liberdade pode reduzir o bem-estar, ela obrigou os formuladores de políticas a pensar mais claramente sobre as metas dessas políticas e, inclusive, encorajou alguns governos a investirem recursos para avaliar melhor o bem-estar emocional da população.

A economia comportamental tornou o complexo trabalho de legislar ainda mais complexo. Mas ao longo desse processo, ela nos deu toda uma nova série de razões para combatermos certos indivíduos — nas faculdades, em noticiários na TV a cabo, em blogs — que propõem soluções simples, que pensam que o bem-estar começa e termina com a liberdade.

CAPÍTULO 13 Será que o governo pode combater a obesidade sem se tornar um "Estado-babá"?

O Mulligan's Sports bar, localizado na cidade de Decatur, na Geórgia, oferece a seus frequentadores um sanduíche que eu teria jurado que só existisse no mundo imaginário de Homer Simpson: uma salsicha, envolvida em carne moída prensada, frita em óleo em um recipiente fundo, com uma generosa camada de queijo derretido, cobertura de chili, um pouco de cebola e, para fechar com chave de ouro, ovo frito. Conhecido como o "Hamdog", essa refeição específica, sozinha, provavelmente mantém quatro cardiologistas da Geórgia bem empregados.

David Harsanyi descreve o Hamdog carinhosamente nos primeiros parágrafos do seu manifesto libertário *Nanny State* [O Estado-babá]. No livro, Harsanyi denigre os "ativistas oficiosos que gostariam de me negar a autodeterminação e o prazer de comer um Hamdog". Em seguida, descreve as coisas horríveis que acontecem quando os Estados-babás se empolgam protegendo as pessoas sob sua responsabilidade, criando regulamentações projetadas para fazerem "o que for possível para nos impedir de comer".[1]

Ao criticar o governo, os libertários como Harsanyi costumam utilizar a metáfora do "Estado-babá" sabendo que esse dispositivo teórico irá evocar imagens de pessoas arrogantes e pudicas que, apesar de talvez serem bem-intencionadas, não parecem conseguir deixar que as crianças sejam crianças. Pior ainda, essa babá específica trata os adultos como crianças. Se um adulto quiser se entregar a um Hamdog, por que o governo deve intervir? Se ele quiser pilotar uma motocicleta sem capacete ou dirigir um utilitário sem o cinto de segurança, será que ele, como adulto, não deve ter a liberdade de fazer o que quiser? Quando o governo promulga leis para criminalizar esse comportamento, Harsanyi argumenta que ele está tratando esses indivíduos como crianças.

Procure a frase *nanny state* no Google e rapidamente você encontrará centenas de links contra o governo. Grover Norquist aparecerá, naturalmente, uma vez que ele fez questão de se referir ao "Estado-babá" enquanto promovia seu livro *Leave Us Alone*.[2] Você também encontrará outras frases emotivas recorrentes ao longo destes sites. Um dos meus favoritos é o livro *A Nation of Sheep*, em que o governo não é retratado como tratando as pessoas como crianças, mas, em vez disso, como se elas fossem animais irracionais.[3]

Provavelmente você está se perguntando o que o "Estado-babá" estava fazendo para impedir que Harsanyi devorasse um Hamdog. Será que a legislatura da Geórgia proibiu o sanduíche? Será que a polícia de Decatur estava prendendo indivíduos acima do peso? Será que o governo estava negando benefícios da Previdência Social e do Medicare a quem tivesse o colesterol alto?

Harsanyi está preocupado que todas essas coisas possam acontecer. Afinal, o governo conta, na pior das hipóteses, com a coerção para impor suas leis. E os governos efetivamente usam esses poderes para proteger os cidadãos uns dos outros. Crimes contra o indivíduo e a propriedade podem levar à prisão e à perda de alguns direitos.

Mas esse nível de coerção raramente é utilizado por governos para controlar comportamentos que afetam apenas as pessoas que se envolvem nos comportamentos. Se eu vandalizar sua propriedade, o governo irá me punir, podendo inclusive me prender. Mas se eu destruir minha própria propriedade em um ataque de raiva, geralmente o governo irá me deixar em paz.

Então, o que Harsanyi diz que o "Estado-babá" está fazendo para influenciar nossas cinturas? O pior que ele pode dizer é que o governo está sendo "alarmista", até mesmo (glup) ameaçando tributar fabricantes de alimentos. Pode parecer inócuo, mas Harsanyi está preocupado com que os fascistas dos *Twinkies*,* como ele os chama, estejam apenas se aquecendo, "ganhando impulso e influência em um ritmo surpreendente".[4]

Extremistas políticos de todas as convicções costumam ser paranoicos em relação à encosta escorregadia, preocupados com o fato de que qualquer concessão pequena que eles façam levem à plena absolvição de sua posição. Ativistas pelo direito de usar armas estão temerosos, pois, se o governo exigir que os estabelecimentos verifiquem os antecedentes criminais dos clientes antes de lhes vender armas, os cidadãos que respeitam as leis, em breve, não poderão comprar rifles de caça. Os ativistas a favor da escolha estão apreensivos porque, se um estado impuser um período de espera a mulheres e meninas que solicitem abortos, em pouco tempo todos os abortos serão ilegais.

Como sou um moderado apaixonado, não vivo na paranoia da encosta escorregadia. Sei que podemos regulamentar de maneira sensata as vendas de armas e os abortos sem banir nenhuma das duas atividades. Reconheço que não existe meio-termo que satisfaça os extremistas. Uma boa legislação raramente deixa todo mundo feliz. Mas espero e acredito que o governo possa nos ajudar a lidar com um problema como a obesidade sem fazer com que escorreguemos para um Estado policial livre do colesterol.

Então, neste último capítulo, gostaria de dar uma olhada breve nas formas pelas quais os governos podem combater a obesidade, desde as alternativas do tipo "melhor para todos", promovidas pelos paternalistas brandos, até alternativas mais intrusivas (apesar de nada que se aproxime de um Estado policial). Ao longo desta faixa de alternativas do governo, não pretenderei saber quando entramos num "Estado-babá". Ou se você preferir considerar que todas as intervenções do governo representam um comportamento de babá, então não tentarei declarar quando este último comportamento muda da liderança inteligente para a provocação intrometida. Minha meta não é dizer a você o que o governo deve fazer, mas, em vez disso, mostrar o que ele pode fazer e esperar que as pessoas que se preocupam com a saúde do público em geral façam contra os

---

*Bolinhos recheados produzidos em grande escala industrial; quase um sinônimo de comida processada e pouco saudável. (*N. do R.*)

extremistas que preferem ter uma cidadania gorda e livre a uma que dê a esperança de vidas mais saudáveis e mais felizes.

Paternalismo brando e Abdomens Duros Como Pedra

Neste livro, dei exemplos de forças inconscientes e irracionais que influenciam as decisões das pessoas, às vezes de maneiras que fazem com que ajamos contra os nossos próprios melhores interesses. Apresentei esses exemplos para mostrar uma falha que está na base de justificativas comuns para políticas libertárias.

Na verdade, os defensores do paternalismo brando já mostraram que uma compreensão do lado irracional dos indivíduos pode apontar para políticas que melhorem o bem-estar do cidadão sem ameaçar sua liberdade. Se acreditarmos, por exemplo, que a maioria ficaria em situação melhor se poupasse mais dinheiro para a aposentadoria, então podemos providenciar para que parte da sua renda vá direto para uma conta de aposentadoria, a não ser que o indivíduo escolha redirecioná-la para outro lugar.[5] Essa política não limita a liberdade das pessoas, ainda que, tornando esse depósito a opção padrão, aumente a renda que elas guardam para usar depois. De maneira semelhante, os paternalistas brandos nos mostraram que exigir melhores informações sobre transações financeiras, como hipotecas com taxas ajustáveis e poderia ajudar as pessoas a tomarem decisões mais inteligentes.[6]

Mas o que o paternalismo brando fala para os governos fazerem em relação à epidemia de obesidade? Dois dos novos paternalistas, Dick Thaler e Cass Sunstein, pensaram bastante sobre obesidade, inclusive ilustrando seu método de combinar libertarismo e paternalismo com uma cafeteria imaginária. Eles pedem para os leitores contemplarem uma dona de cafeteria que precisa decidir em qual ordem deve dispor os alimentos ao longo do balcão. No final das contas, a psicologia do comportamento na cafeteria resulta em pessoas enchendo suas bandejas de maneira desproporcional com os alimentos que elas encontram no começo da linha. Isso significa que, se a proprietária posicionar as sobremesas no começo da linha de alimentos, muitos consumidores encherão suas bandejas com essas sobremesas antes de alcançarem comidas mais saudáveis. No entanto, se ela estivesse motivada a atender aos melhores interesses dos clientes, Thaler e Sunstein observam que ela poderia reordenar a comida, posicionando as sobremesas no final da linha, para que as pessoas tivessem uma tendência maior a colocar alimentos saudáveis em suas bandejas. Ao fazer isso, a dona da cafeteria estaria estimulando comportamentos alimentares saudáveis sem diminuir a liberdade dos clientes.

Conforme esse exemplo destaca, é possível reduzir o consumo de sobremesas não saudáveis sem negar às pessoas o direito de comer esses mesmos alimentos. Mas infelizmente esse exemplo não aponta para fáceis recomendações sobre políticas. É pouco provável que o governo determine a disposição de tortas de maçã ou Hamdogs em linhas de cafeterias.

Na verdade, a epidemia de obesidade é um caso de teste muito difícil para os paternalistas brandos. O governo pode tentar influenciar a epidemia de obesidade. Mas é pouco provável que um simples empurrãozinho consiga esse resultado. Isso quer dizer que quando pensamos sobre como reduzir a obesidade, provavelmente não ficaremos diante de uma situação do tipo "melhor para todos" que observamos com o planejamento da aposentadoria. Em vez disso, precisamos considerar uma variedade mais ampla de opções políticas e então implementar (e avaliar) as políticas que parecem estabelecer o equilíbrio adequado entre liberdade e bem-estar.

E quais são nossas opções de políticas? A seguir vamos considerar uma alternativa sobre a qual Harsanyi nos alertou nos primeiros parágrafos do seu livro. Vamos falar sobre impostos.

Impostos e incentivos financeiros

Para muitos libertários, a palavra *impostos* evoca ainda mais coisas do que *Estado-babá* ao remeter aos horrores de um governo dominante. Os republicanos nos Estados Unidos costumam falar como se nenhum imposto possa ser considerado bom e, de fato, ganharam boa quantidade de eleições ao rotularem seus adversários como sendo liberais em termos de imposto e de gasto, com ênfase na parte *tributária*. Mas é claro que o governo precisa recolher *alguns* impostos. Então as únicas questões verdadeiras são quanta receita tributária o governo deve coletar e vinda de quais fontes.

Deixando a primeira pergunta de lado, ou seja, de quanto dinheiro o governo precisa, devemos pensar sobre como usar melhor o código tributário para promovermos metas sociais importantes. Os republicanos, por exemplo, sentem-se confortáveis usando o código tributário para influenciar as decisões das pessoas de se casarem e terem filhos. Por que não usar o código tributário para promover um comportamento alimentar saudável?

Na verdade, o código tributário costuma ser uma forma muito racional de influenciar os comportamentos das pessoas sem restringir suas liberdades indevidamente. Por exemplo, o governo poderia oferecer abatimentos de impostos a indivíduos com pesos corporais saudáveis, muito semelhante à maneira pela qual as seguradoras de saúde oferecem descontos aos não fumantes. Nessa mesma linha de raciocínio, ele poderia subsidiar alimentos saudáveis, ou tributar os não saudáveis, para estimular a população a comer de maneira mais inteligente. Ou o governo poderia subsidiar o custo das academias de ginástica, e do transporte de ida e volta até esses centros, para pessoas de baixa renda cujos bairros não são adequados para se fazer exercícios regularmente. Incentivos financeiros como esses, quando não são exagerados, influenciam os comportamentos do indivíduo sem limitar suas escolhas. Se um imposto tornasse, digamos, o Hamdog 10% mais caro, ainda assim as pessoas teriam liberdade de apreciar essas iguarias se desejassem. É claro que seria menos provável que fizessem isso. Diante do preço mais alto, algumas mudariam para uma alternativa mais barata — talvez cancelassem o ovo frito. Outras comeriam o Hamdog, mas iriam ao Mulligan's com uma frequência um pouco menor por causa do aumento do seu custo.

Incentivos financeiros representam uma forma promissora de combater a obesidade porque tratam os indivíduos como adultos racionais ao mesmo tempo em que reconhecem que eles nem sempre são racionais. Esses incentivos reconhecem a racionalidade das pessoas dando-lhes liberdade e compreendendo que, conforme os economistas nos mostraram ao longo dos anos, os preços *efetivamente* influenciam as demandas dos consumidores por bens e serviços. Mas as políticas que mudam o custo de alimentos saudáveis em relação aos não saudáveis também reconhecem que as pessoas não são completamente racionais. Essas políticas reconhecem as forças irracionais que alimentam a epidemia de obesidade — as decisões menos do que ideais que todos nós fazemos na vida e os limites que todos nós experimentamos em nosso autocontrole.

Os extremistas do mercado, ao enfatizar demais o lado racional da natureza humana, geralmente não reconhecem o outro lado da moeda. Por exemplo, ao descrever sua própria experiência com o Hamdog, Harsanyi escreve que ele só conseguia comer metade antes de se sentir estufado:

> Como ser humano, parece que possuo determinado nível de autocontrole. Percebo que se eu, um homem assustadoramente fraco e facilmente seduzido, puder me controlar, boa parcela dos cidadãos dos Estados Unidos poderá fazer ainda melhor. A maioria ainda consegue achar prazer no ato de comer, na recompensa e no autocontrole. Dois conceitos que aparentemente as babás não conseguem compreender.[7]

Mas como qualquer um que tenha acompanhado dados sobre a epidemia de obesidade deve perceber, as pessoas podem ter autocontrole sem ter autocontrole *suficiente*. Podem ser racionais sem ser perfeitamente racionais. As políticas que aumentam os custos de alimentos não saudáveis são promissoras porque são compatíveis tanto com o lado racional quanto com o lado irracional da natureza humana. Elas apelam para nossos pontos fortes e nossos pontos fracos. Elas reconhecem que se todos fossem completamente racionais, não precisaríamos ser dissuadidos de comer alimentos gordurosos ou doces por meio de impostos. Também reconhecem que se fôssemos completamente irracionais, esses incentivos financeiros não teriam nenhum efeito sobre nosso comportamento.

Essa abordagem financeira tem um precedente sólido e relativamente bem-sucedido com impostos sobre cigarros. Como qualquer economista dirá, quando os preços dos cigarros aumentam, seu consumo diminui.[8]

Análises cuidadosas mostraram que essas diminuições não são equivalentes em todos os grupos. A "elasticidade" do consumo de cigarros — a taxa de mudança do uso do cigarro em consequência do aumento do preço — varia entre as pessoas. Aquelas fortemente viciadas em tabaco poderão não mudar praticamente em nada seu consumo com uma mudança modesta no preço.[9] Algumas irão tragar os cigarros mais profundamente e, assim, tirar mais nicotina de cada um. Portanto, não há dúvida de que os impostos sobre cigarros irão custar muito dinheiro aos fumantes inveterados, porque eles não conseguirão alcançar o autocontrole para reduzir o vício. Por outro lado, os impostos sobre cigarros irão dissuadir muitos jovens de se tornarem fumantes e irá reduzir o uso por fumantes ocasionais o suficiente para que muitos não atinjam o limiar mágico em que eles se tornam viciados em nicotina.

Impostos sobre cigarros são uma forma de paternalismo por parte do governo. Assim como um pai zeloso, o governo está tentando proteger as pessoas dos seus próprios piores instintos. Dezenas de milhares de jovens evitaram o vício do tabaco em função desses impostos. A maioria não percebe o tamanho do favor feito pelo governo.

Os primeiros esforços do governo para mudar os incentivos financeiros de uma forma que melhore os hábitos alimentares das pessoas já começaram. A cidade de Nova York, por exemplo, anunciou recentemente que esperava aprovar uma "legislação sobre carrinhos de compras verdes" para aumentar a quantidade de carrinhos de alimentos que oferecem frutas e verduras frescas aos moradores de bairros de baixa renda.[10]

Observadores atentos da política dos Estados Unidos reconhecerão a estranheza dessa proposta, uma vez que, na prática, o país está subsidiando alimentos não saudáveis agora por meio de sua lei agrícola, um pedaço de legislação que reduz os preços de adoçantes como o açúcar e o xarope de milho rico em frutose. Michael Pollan tem insistido para se referir a essa legislação como uma "lei dos alimentos" em vez de uma "lei do campo", para enfatizar como esses subsídios estão influenciando os hábitos alimentares dos consumidores. Pollan espera que uma consciência maior de que a lei alimentar está contribuindo para a epidemia de obesidade se traduza em apoio popular à lei, amparo que atualmente nasce do desejo nostálgico de ajudar fazendeiros em dificuldades.[11]

Compartilho do desejo de Pollan de retirar subsídios agrícolas gradualmente. Mas as estrelas políticas ainda não estão alinhadas para realizar nossos desejos. Quando George W. Bush vetou inteligentemente a "Lei do Campo" [Farm Bill]* em 2008, seu veto foi completamente destruído por um congresso que não estava disposto a lutar por interesses do campo.[12]

Será que incentivos financeiros podem curar a obesidade?

Não tenho quase nenhuma dúvida de que uma combinação de impostos sobre lanches, remoção gradual da "lei do campo" e outros incentivos financeiros poderiam reduzir os índices de obesidade nos Estados Unidos. Mas também duvido de que essas intervenções financeiras, sozinhas, teriam um grande impacto sobre os pesos corporais das pessoas, porque há um acúmulo grande demais de forças psicológicas poderosas a favor dos nossos abdomens cada vez maiores. Um simples ajuste no preço das verduras, em comparação com o da gordura e do açúcar, não irá transformar os indivíduos em aficionados por alimentos saudáveis.

Considere uma experiência que Leonard Epstein e seus colegas realizaram entre um grupo de alunos do ensino médio. Nela, Epstein deu aos jovens algum dinheiro e dispôs uma mistura de seus *junk foods* favoritos e de seus lanches saudáveis também favoritos. Então deixou que os jovens comprassem qualquer alimento que quisessem. No entanto, entre os grupos de alunos, variou a quantia em dinheiro que poderiam gastar e também oscilou o preço relativo dos *junk foods* e dos lanches saudáveis. Às vezes os jovens tinham muito pouco dinheiro e ficavam diante de uma escolha entre cenouras caras e cookies baratos de chocolate. Nessas circunstâncias, os garotos devoraram os biscoitos. Mas o que aconteceu quando Epstein tornou os itens de *junk food* mais caros? Na maior parte do tempo, os jovens simplesmente continuaram com os *junk foods*, aceitando uma quantidade pequena de biscoitos (três

---

*Nos EUA, espécie de lei de diretrizes orçamentárias consolidando programas de políticas para o campo. É, geralmente, renovada a cada quatro anos. (*N. do R.*)

biscoitos em vez de cinco, por exemplo) em lugar de substituírem fatias de maçã ou palitos de cenoura pelos Chips Ahoy, cada vez mais caros.[13]

O estudo de Epstein sugere que a elasticidade da demanda por alimentos como cenouras é bastante reduzida quando elas precisam concorrer com alimentos processados. Este tipo de pesquisa tem implicações significativas para a melhor maneira de influenciar os hábitos alimentares das crianças nas escolas. Uma abordagem quase libertária, por exemplo, reduziria os preços de cenouras e fatias de maçãs em máquinas de venda de alimentos para estimular as crianças a comprarem esses alimentos. No entanto, se o estudo de Epstein fosse verdadeiro, essa política não teria muito efeito. Uma alternativa mais onerosa seria aumentar o preço de lanches. O que reduziria as compras desses alimentos em máquinas. Mas se a meta for estimular as crianças a comerem alimentos saudáveis, nós talvez precisemos banir totalmente os lanches das máquinas de venda nas escolas.

Os garotos de Epstein não são os únicos a gastar seu dinheiro em *junk food* em detrimento de vegetais. Quando o governo fornece auxílio-alimentação a famílias de baixa renda, por exemplo, a maioria não usa o dinheiro extra para comprar couve-de-bruxelas, que seria impossível adquirir antes. Em vez disso, elas compram ainda *mais junk food*. Teoricamente, o governo poderia mudar as finanças do setor alimentício o suficiente para fazer com que a epidemia de obesidade parasse. Mas essas ações teriam de ser draconianas e sem dúvida acabariam com muitas carreiras políticas (e gerariam muitas oportunidades no mercado negro). Os incentivos financeiros sozinhos não impedirão que a obesidade se espalhe. Mas o uso cuidadoso da política fiscal e de outras tributações financeiras deve ser parte da nossa solução para essa epidemia.

Regulamentação de Restaurantes

De acordo com a maioria das estimativas, grande parcela da epidemia de obesidade pode ser atribuída à tendência cada vez maior de as pessoas comprarem comida preparada fora de casa.[14] Nos Estados Unidos, por exemplo, alguns economistas estimam que, hoje em dia, a maioria das calorias é consumida fora de casa.[15] Ao regulamentar os restaurantes e os carrinhos de alimentos, o governo poderia potencialmente diminuir bastante o tamanho da cintura da população.

Considere o esforço recente da cidade de Nova York para banir gorduras trans dos restaurantes.[16] O mundo das gorduras confunde muito, com gorduras saturadas, monossaturadas e polissaturadas que já vêm sendo exibidas de maneira proeminente nos rótulos de alimentos nos Estados Unidos há vários anos. Apenas recentemente as gorduras trans foram acrescentadas à lista de variedades polissilábicas, deixando a nós, os consumidores, ainda mais confusos do que já ficávamos. Mas as gorduras trans merecem seu próprio espaço no rótulo dos alimentos porque são nutrientes singularmente prejudiciais. A maioria das gorduras trans não ocorre na natureza, mas é criada por cientistas de alimentos, que colocam mais átomos de hidrogênio em óleos vegetais para que estes permaneçam sólidos em temperatura ambiente. Esta solidez tornou a gordura trans um ingrediente muito popular em muitos produtos assados. Se você comeu uma rosquinha nos dois últimos anos, você terá ingerido uma dose não saudável de gorduras trans.

Infelizmente, as gorduras trans apresentam outro tipo de capacidade incomum: são muito boas em causar coágulos nas artérias, causando ataques cardíacos.[17] São ainda piores para a saúde do que as gorduras saturadas que nos ensinaram a evitar.

Preocupado com os efeitos da gordura trans sobre a saúde, o New York City Department of Health visitou restaurantes e perguntou aos proprietários se eles estariam dispostos voluntariamente a reduzir o uso da gordura trans nos alimentos. O Ministério da Saúde inclusive orientou os restaurantes sobre óleos alternativos.[18] Infelizmente, o programa voluntário foi um fracasso total.[19] Então finalmente a cidade decidiu banir as gorduras trans de seus restaurantes.

O Ministério da Saúde estava confrontando o que ele considerava um fracasso do mercado. Os nova-iorquinos que comiam em restaurantes não conheciam o conteúdo de gorduras trans das refeições que eles estavam pedindo. E teria sido muito difícil para os restaurantes fornecerem essas informações, com os cardápios mudando tão rapidamente, como acontece em muitos estabelecimentos. Portanto, o Ministério da Saúde decidiu que a abordagem mais fácil seria simplesmente impor um banimento das gorduras trans dos restaurantes da cidade. Essa expulsão impõe um custo único aos restaurantes. Eles terão de adaptar suas receitas para se beneficiarem de óleos alternativos mais saudáveis. Mas tendo estudado cuidadosamente as alternativas, o Ministério da Saúde se convenceu de que essa adaptação seria relativamente simples e que, com o número de calorias consumidas diariamente nos restaurantes da cidade de Nova York, ele podia impedir uma quantidade substancial de ataques cardíacos, um benefício de sua diretriz que ele achou que superaria os custos da adaptação.

Informações obrigatórias

Será que a cidade de Nova York deveria ter pensado em uma forma menos coercitiva de reduzir o consumo de gorduras trans? Será que, em vez disso, ela deveria ter desenvolvido regulamentações que obrigassem o setor alimentício a proporcionar aos consumidores informações consistentes e explícitas sobre os produtos que eles compram? Será que uma abordagem informacional é a melhor forma de combater a obesidade sem restringir as liberdades de maneira indevida?

Regulamentações sobre informações deixam alguns libertários em uma posição estranha. Contrários por natureza à burocracia do governo, certos libertários instintivamente odeiam qualquer regulamentação que exija que os fabricantes de bens de consumo forneçam informações aos consumidores, argumentando que os governos não devem obrigar o McDonald's a exibir quantas calorias existem em um Big Mac, ou exigir que os fabricantes digam aos consumidores quantos gramas de gordura trans há em um jantar congelado. Eles são contra essas regulamentações alegando que elas restringem a liberdade de mercado e que causam despesas imensas para os produtores de alimentos.

Mas, por outro lado, a filosofia libertária baseia-se em grande parte no valor moral de deixar que as pessoas façam escolhas bastante claras sobre as suas vidas. E como poderão fazer essas escolhas se as empresas não estiverem dispostas a dar informações sobre seus produtos? Na verdade, poder-se-ia argumentar que as regulamentações do rótulo dos alimentos que a FDA desenvolveu no final da década de 1980 tornaram o mercado alimentício mais parecido com um livre mercado, porque os consumidores foram munidos com informações que poderão usar para fazer escolhas sobre compras.[20]

Não seria agradável que, ao comprar geladeiras, automóveis e outros produtos desse tipo, você soubesse o verdadeiro valor de utilizá-los? Não seria agradável saber os verdadeiros custos dos empréstimos no dia do pagamento e as taxas de cartão de crédito? Se as regulamentações obrigassem as empresas a revelarem essas informações ao público, os consumidores poderiam evitar ondas de gastos de curto prazo que reduzissem seu bem-estar financeiro e emocional de longo prazo. Se as companhias hipotecárias estivessem mais regulamentadas, para informar às pessoas sobre as consequências financeiras potenciais de hipotecas com taxas ajustáveis, talvez a crise da moradia que atingiu os Estados Unidos em 2007 não tivesse sido tão grave.

De acordo com essa linha de raciocínio, a cidade de Nova York propôs uma nova diretriz que exigiria que os restaurantes de rede exibissem informações sobre calorias claramente em seus cardápios e quadros.[21] Essa regulamentação, fortemente contestada pelos restaurantes de rede, é voltada para ajudar os consumidores a decidirem quanta comida realmente querem consumir.

É claro que proporcionar informações às pessoas só irá melhorar o mundo se seu conteúdo fizer com que elas tomem decisões melhores. Os livres mercados fracassarão se os consumidores não tiverem fácil acesso a informações que sejam relevantes para suas decisões sobre compras. Mas os mercados também fracassarão se as pessoas não utilizarem as informações recebidas de maneira racional. E a economia comportamental já nos ensinou que não podemos contar com que os indivíduos sejam racionais o tempo todo.

Informações sobre calorias, por exemplo, podem facilmente sair pela culatra. Para começo de conversa, as pessoas sabem pouco sobre quantas calorias são a quantidade “certa” para elas ingerirem. E nem sempre compreendem as informações contidas no rótulo da FDA no alimento. Consequentemente, as informações podem não ajudá-las a tomar decisões melhores.[22]

Além disso, os restaurantes podem encontrar maneiras de alterar as percepções dos indivíduos sobre quantas calorias são adequadas em qualquer refeição específica. Eu poderia imaginar uma rede de hambúrgueres acrescentando um Hamdog a seus cardápios com a finalidade principal de fazer com que todos os seus outros hambúrgueres parecessem mais saudáveis comparativamente. Em minha própria pesquisa, descobri que posso mudar a forma pela qual alguém sente uma determinada escolha ao alterar as informações que forneço sobre *outras* escolhas.[23] Na verdade, as pessoas costumam ter dificuldades para avaliar escolhas isoladamente — será que um hambúrguer com 300 calorias parece saudável a elas?[24] Seria como se o comparássemos a um hambúrguer com 500 calorias, mas não se eu apresentasse uma alternativa com 200 calorias. Quando alguém não sabe como avaliar as informações, ele torna-se mais fácil de ser manipulado.

Contagens de calorias também podem não conseguir melhorar os hábitos alimentares de alguém porque estatísticas tão secas não conseguirão concorrer com imagens tão brilhantes de hambúrgueres suculentos. Aliás, tenho certeza de que para um subconjunto da população, contagens de altas calorias parecerão mais masculinas ou um melhor negócio. Portanto, não me surpreende que os primeiros esforços para controlar os apetites por meio da publicação de informações nutricionais tenham fracassado.[25]

O poder da persuasão

Considerando-se que as informações isoladamente não serão suficientes para estimular hábitos alimentares mais saudáveis, os legisladores devem considerar ainda outra abordagem para combater a obesidade — uma que estruture as escolhas das pessoas de maneira que as façam escolher melhor, não por meio de incentivos ou coerção, mas pelas forças psicológicas emocionais ou até mesmo inconscientes. Esse tipo de abordagem iria além de exibições estatísticas monótonas de informações de calorias ou de dados tediosos sobre calorias nos carboidratos e nas gorduras, para rotular alimentos com imagens sugestivas que criem aversão aos alimentos não saudáveis. Pense sobre até que ponto o rótulo do veneno tem sido eficaz em impedir que pessoas ingiram materiais venenosos. A palavra *poison*,* escrita com letras grandes, nunca teria tido tanto impacto quanto a imagem daquela caveira e daqueles ossos cruzados. Se quisermos desestimular os clientes do Burger King a pedirem Whoppers e quisermos estimulá-los a comerem os itens mais saudáveis no cardápio, precisamos apelar não apenas para seus intelectos, mas também para suas emoções.

O governo pode desempenhar o papel de persuadir em vez de contar apenas com a coerção. Ao fazer isso, ele pode se beneficiar do que os cientistas aprenderam sobre a natureza humana. Sabemos que um apelo seco para os riscos racionais de fumar não impedirá que a maioria dos jovens acenda um cigarro. Muito melhor do que isso é uma campanha publicitária que não informa e que apela para as emoções dos jovens, como a "Campanha da Verdade",** que funcionou ao apelar para as desconfianças dos adolescentes de que os adultos nas empresas de tabaco estejam tentando manipulá-los. Se os especialistas estiverem convencidos sobre o que representa os melhores interesses do indivíduo, então eles deverão encontrar maneiras persuasivas para convencerem as pessoas a se comportarem da maneira adequada.

E enquanto o governo considera maneiras mais persuasivas de estimular hábitos alimentares saudáveis, ele deve considerar reduzir os poderes de persuasão daqueles que atualmente estão tentando vender aos consumidores esses mesmos produtos não saudáveis, especialmente as empresas que direcionam sua publicidade para nossos filhos. Atualmente, os Estados Unidos estão em primeiro lugar entre os países desenvolvidos, tanto no índice de obesidade quanto na proporção do seu PIB gasto em publicidade.[26] Não acredito que isso seja uma coincidência completa. Os Estados Unidos também têm menos regulamentações no setor alimentício do que a maioria dos países desenvolvidos e já se constatou que essas regulamentações preveem estatisticamente o índice de obesidade em qualquer país específico.[27] Aliás, a maioria dos governos europeus regulamentam propagandas de maneira mais agressiva do que os Estados Unidos. De modo semelhante, os Estados Unidos foram líderes em permitir que em-

*No Brasil as palavras são: "cuidado, veneno". (*N. do T.*)

**Grande campanha nacional lançada em 2000 pela American Legacy Foundation, cujo foco primário são jovens de 12 a 17 anos, devotada à prevenção e à interrupção completa do tabagismo. (*N. do T.*)

presas farmacêuticas anunciassem diretamente para os consumidores. A permissividade do governo norte-americano em relação aos anunciantes reflete, sem dúvida alguma, sua orientação mais a favor do mercado.

Conforme discuti no Capítulo 11, as propagandas costumam beneficiar os consumidores ao alertá-los sobre novos produtos e beneficiar os empreendedores ao dar a eles mais esperança de encontrar recompensas financeiras quando lançam produtos inovadores no mercado. Mas quando os produtos que estão sendo anunciados forem prejudiciais, o governo deverá pensar em restrições adequadas. A preponderância de evidência científica agora aponta para relações causais diretas entre alimentos muito calóricos e obesidade. Cheetos e Coca-Cola não estão melhorando a saúde do povo em geral. O governo tem o direito de intervir e tentar mudar a situação.

Da mesma maneira que com a lei agrícola, reconheço que interesses poderosos iriam se alinhar para lutar contra quaisquer regulamentações adicionais da publicidade de alimentos. Não há dúvida de que qualquer regulamentação desse tipo também enfrentaria barreiras de ordem jurídica e prática. Mas observe atentamente, se esse debate esquentar, os argumentos que os grupos de interesse usam para se opor a essas regulamentações. Fique atento para a linguagem do "consumidor informado" e para conversas sobre a eficiência do mercado. Depois de ler este livro, você talvez seja mais capaz de identificar esses argumentos. Na verdade, uma das minhas principais metas ao escrever este livro é ajudar o público em geral a desafiar aqueles que pensam que o papel do governo em nossas vidas deve ser severamente reduzido. Se conhecermos as falhas na visão de mundo do consumidor informado, na ideia de que o mercado irá resolver todos os nossos problemas, seremos mais capazes de encontrar pontos em comum entre consumidores que queiram refrear esta terrível epidemia de obesidade.

Influência inevitável

Raramente é confortável se dar conta de que você foi manipulado. Adolescentes que foram persuadidos, por causa da "Campanha da Verdade", a evitar o cigarro podem não ficar contentes em saber que a campanha de serviço público mexeu de maneira brilhante com sua psique adolescente. Então quando menciono a possibilidade de desenvolver programas educacionais do governo que vão além de simplesmente informarem ao cidadão para persuadi-los, entendo que muitos leitores ficarão incomodados.

Mas por que geralmente ficamos mais incomodados com os programas do governo que tentam influenciar nosso comportamento do que com grupos que tentam fazer o mesmo?

Afinal de contas, empresas alimentícias que visam ao lucro se beneficiam tanto dos nossos impulsos racionais quanto dos irracionais para nos vender seus produtos. Elas nos inundam, e a nossos filhos, com propagandas projetadas com auxílio de neurocientistas.[28] O mercado já dominou a capacidade de nos entregar alimentos conhecidos, acessíveis e cheios de energia, mas nós, os consumidores, não dominamos a capacidade de restringir nosso consumo. E os produtores de alimentos não se veem muito incentivados em nos ajudar a desenvolver essa restrição. Eles ganham dinheiro nos vendendo alimentos. Seus anúncios e suas embalagens são projetados para fazer com que compremos seus produtos. Por que devemos ficar incomodados apenas com a influência do governo sobre nossas vidas, quando nossos comportamentos estão sendo influenciados por tantas outras pessoas, que não elegemos e não podemos demitir?

Estamos nos prejudicando ao comer demais, e a maioria de nós não consegue resistir. E não devemos esperar que o mercado desenvolva boas soluções no curto prazo. A epidemia de obesidade é resultado do fracasso do mercado — o livre mercado nos prejudicou. Então precisamos explorar maneiras de modificar os mercados, para reduzirmos os prejuízos que eles nos causam.

Considerando-se as consequências terríveis da obesidade, devemos explorar maneiras pelas quais o governo possa combater a epidemia. Conforme já observei, não devemos esperar soluções simples para o problema. Aliás, se quisermos combater a obesidade, acabaremos sendo obrigados a tomar algumas decisões difíceis sobre restringir ou não algumas liberdades valiosas para alcançarmos metas importantes.

Minha esperança é que, armados com uma compreensão melhor das forças inconscientes e irracionais que contribuíram para a epidemia, nós, como sociedade, estaremos mais dispostos a considerar algumas dessas alternativas e a testá-las para ver se funcionam e alcançam nossas metas a um preço aceitável.

Medicina preventiva

Discuti algumas das maneiras pelas quais nós, como sociedade, podemos combater a obesidade. Os legisladores enfrentam várias outras alternativas. Mas deixe-me enfatizar mais um fator que devemos considerar ao pesar as alternativas de políticas: nós precisamos nos lembrar que uma vez que as pessoas se tornem obesas, sua biologia evolucionariamente herdada conspira contra seus esforços para perderem peso. Portanto, se nós realmente quisermos combater a obesidade, nossa melhor chance é nos concentrarmos em impedirmos que mais pessoas se tornem obesas. Precisamos do tipo de programas de governo que enfatizem a parte dos pais do paternalismo. Nosso governo, eleito pelos seus cidadãos, deve trabalhar para desenvolver o tipo de ambiente cultural que promova hábitos alimentares e de exercícios saudáveis nos nossos filhos e em cidadãos jovens adultos.

Nossa meta como sociedade deve ser criar ambientes em que as pessoas para começar não fiquem obesas. Devemos trabalhar para criarmos vizinhanças e sistemas de parques que tornem fácil para elas saírem para caminhar ou brincar. Devemos estimular os empregadores a criar oportunidades para os empregados se exercitarem durante o horário de trabalho. E devemos exercer a maioria de nossos esforços sobre nossos filhos — para encontrarmos maneiras de impedir que a próxima geração fique grande demais.

Ao direcionar nossos esforços para as crianças, precisamos avaliar se mudanças nos programas de alimentação nas escolas e aulas de ginástica ajudam nossas crianças a desenvolver hábitos mais saudáveis. Nenhuma adaptação simples do almoço da escola cuidará da obesidade infantil.[29]

Mas se eu fosse o czar, eu investiria em pesquisa sobre como podemos usar as escolas para desenvolver hábitos saudáveis entre os filhos e os pais. E se encontrarmos maneiras bem-sucedidas de fazer isso, eu estabeleceria fortes incentivos para que programas escolares locais pusessem em prática essas técnicas.

O que estou buscando é mudança cultural. Precisamos nos tornar uma cultura que não se encosta e observa os filhos agirem como porcos comendo chips e jogando videogames, permitindo que uma geração corra em direção ao diabetes e à doença cardiovascular.

A cultura desempenha um papel importante na epidemia de obesidade, um ponto sustentado por Paul Rozin e colegas quando estudaram hábitos alimentares na França e nos Estados Unidos. A equipe de Rozin começou calculando as calorias contidas em refeições comparáveis nos dois países e descobriu, por exemplo, que os Big Macs nos Estados Unidos eram substancialmente maiores do que os da França.[30] Os norte-americanos gostam de refeições maiores do que o consumidor francês comum. Isso não é muito surpreendente.

Mas a lacuna cultural entre os Estados Unidos e a França *foi* surpreendente em outro aspecto. Porque a equipe de Rozin se estabeleceu firmemente em restaurantes em todo o território dos dois países e observou não apenas o que as pessoas comiam, mas também quanto tempo levavam para comer. Descobriram que as pessoas na França, apesar de comerem refeições menores, levavam mais tempo para terminá-las.[31] A cultura atual de jantar dos franceses, mesmo quando comem Le Big Mac, é mais saudável do que a cultura de jantar nos Estados Unidos.

É claro que nós não podemos regulamentar quanto tempo leva para as pessoas comerem suas refeições. Mas o estudo de Rozin revela o papel importante que a cultura desempenha nos comportamentos de saúde das pessoas. Se pudermos nutrir o tipo certo de cultura, comeremos de maneira mais saudável sem perdermos nenhum prazer com nossas refeições.

Um lugar para influenciar a cultura é nas escolas. Podemos contribuir para que nossas crianças desenvolvam bons hábitos na esperança de que novos costumes transbordem para a área não escolar de suas vidas. A chave para promover cultura saudável é ajudar nossas crianças a desenvolverem bons hábitos de autocontrole.

Exercendo nosso autocontrole

Os psicólogos sociais que estudam o autocontrole já descreveram isso como sendo "um dos dons mais preciosos da personalidade humana", observando que problemas como depressão, agressão, gravidez na adolescência, obesidade, dívidas de jogo e baixo desempenho escolar resultam de um autocontrole deficiente.[32] Se realmente quisermos ajudar nossos filhos, devemos auxiliar o desenvolvimento de seus poderes de autocontrole. Esta meta é potencialmente alcançável, porque o autocontrole consiste em uma habilidade que pode ser adquirida, um hábito que pode ser ensinado, um músculo emocional que pode ser fortalecido.[33]

Os cientistas sociais aprenderam que o autocontrole pode aumentar com a prática. Então, será que nossas escolas não devem aumentar os esforços para ajudar as crianças a desenvolverem o autocontrole? As escolas devem construir caráter. Devem ajudar as crianças a desenvolverem hábitos de sucesso. Se nos concentrarmos apenas nas pontuações obtidas em matemática e leitura, teremos desdenhado o papel que as nossas escolas poderiam ter desempenhado no desenvolvimento do autocontrole das pessoas. Se, ao contrário, nos concentrarmos em ajudar as crianças a desenvolverem autocontrole, suas pontuações de matemática e de leitura deverão acompanhar. O autocontrole é muito mais valioso para a maioria dos adultos do que a álgebra, e é uma habilidade que, se for medida e dominada, aumentará a chance de as nossas crianças efetivamente dominarem a álgebra.

Se realmente quisermos evitar que nossas crianças fiquem para trás, devemos financiar generosamente a pesquisa educacional e encontrar maneiras de criar escolas e pré-escolas que desenvolvam o autocontrole das crianças. Devemos pensar em desenvolver medidas precoces e válidas de autocontrole que possam ser usadas para julgar quanto nossas crianças melhoram seu autocontrole do começo até o final do ano letivo. Considerando-se o papel que a falta de autocontrole desempenha, hoje em dia, em tantos problemas sociais o autocontrole deve estar perto do topo da pauta educacional. Deveríamos estar falando mais, como sociedade, sobre como desenvolver caráter em nossas crianças.

Quando penso na importância social do autocontrole, fico tentado a contrapor o apelo de Kahneman de "Retorno a Bentham" com meu próprio apelo, evidentemente menos fácil de lembrar — retorno a Aristóteles. Jeremy Bentham acreditava que a meta das políticas sociais deveria ser maximizar a felicidade das pessoas. Anteriormente, Aristóteles tinha adotado essa mesma meta, mas tinha sustentado uma noção muito diferente de felicidade do que Bentham. Aristóteles identificou vários tipos de felicidade. A dor e o prazer que Bentham acabaria defendendo é apenas um exemplo de felicidade. Em vez disso, Aristóteles buscava um tipo muito mais profundo de felicidade. Ele acreditava que os humanos deveriam lutar para obter a virtude, e que as ações virtuosas deveriam se tornar hábitos. Os indivíduos deveriam praticar moderação e honestidade. Deveriam desenvolver seu próprio caráter.

> Obtemos as virtudes praticando-as primeiro, assim como acontece no caso das artes. Pois as coisas que temos de aprender antes de conseguirmos fazê-las, aprendemos fazendo; por exemplo, os homens tornam-se construtores construindo e tocadores de lira tocando a lira. Da mesma maneira, nos tornamos justos, praticando atos justos; moderados, praticando atos moderados; corajosos, praticando atos corajosos.[34]

Aristóteles acreditava que uma das principais funções da sociedade era criar um ambiente que desenvolvesse ações virtuosas nos cidadãos. Não ficaríamos piores seguindo seu conselho.

Considerações finais

Será que seria um golpe terrível em nossa liberdade se desenvolvêssemos e mantivéssemos o tipo de instalação recreativa que meus pacientes poderiam usar para se manter ativos fisicamente? Será que estamos tão determinados a cortar impostos que não possamos imaginar desenvolver o tipo de sistema de transporte público que tornaria mais fácil para os idosos se deslocarem até a esplanada para longas caminhadas durante os invernos de Michigan?

O livre mercado, por si só, não resolverá os desafios que estamos enfrentando. Na verdade, ele *contribui* para muitos dos problemas que identifiquei neste livro. Fico profundamente incomodado que os debates políticos sobre questões que discuto neste livro tenham sido sequestrados com muita frequência por extremistas do livre mercado que gritam "Estado-babá!" sempre que as pessoas propõem estabelecer qualquer limite sobre sua liberdade.

Se nos preocuparmos com o bem-estar das pessoas, devemos prestar atenção em como elas se comportam e adotar medidas para regulamentar os mercados de maneira que promova sua saúde, sua felicidade e seu funcionamento social. Se um empurrãozinho for suficiente para abordar determinado problema, teremos sacrificado muito pouca liberdade rumo a uma sociedade melhor.

Se a situação exigir mais do que um empurrãozinho, então vamos testar algumas políticas mais agressivas e ver se elas funcionam. Minha abordagem pode ser resumida como sendo a seguinte: experimentar com frequência, avaliar de maneira rigorosa e revisar de modo adequado. Começar localmente ou em uma escala pequena e, se determinada política funcionar, aumentá-la de forma conveniente.

Quando as pessoas fracassarem — não comerem, não se exercitarem direito ou não ficarem longe dos cigarros, não pouparem para o futuro ou não investirem tempo para que desenvolvam bons hábitos — devemos pelo menos ser capazes de ir para a cama à noite sabendo que não promovemos políticas de livre mercado que as condenaram ao fracasso.

Os indivíduos merecem uma grande quantidade de liberdade. Mas também merecem viver bem. E quando liberdade e bem-estar colidirem, devemos ter a mente aberta o suficiente para reconhecer que restrições cuidadosamente calibradas à nossa liberdade representam um preço baixo a ser pago para um povo mais saudável e mais feliz.

Notas

CAPÍTULO 1 A mão invisível encontra o cérebro inconsciente

1. Centro Nacional de Estatísticas sobre Saúde, *Health, United States, 2006 with Chartbook on Trends in the Health of Americans*. Departamento de Saúde e Serviços Humanos, 2006.
2. Terumo Europa NV, "Perfil da Empresa", http:\\ www.terumo-europe.com/terumo_about.html.
3. A. Smith, *An Inquiry into the Nature and Causes of the Wealth of Nations*. Chicago: University of Chicago Press, 1977.
4. J. Rae, *Life of Adam Smith*. Nova York: Sentry Press, 1895.
5. R. L. Heilbroner *The Wordly Philosophers: The Lives, Times, and Ideas of the Great Economic Thinkers*. Nova York: Simon & Schuster, 1965.
7. J. Buchan, *The Authentic Adam Smith: His Life and Ideas*. Nova York: W.W. Norton, 2006.
8. N. Davies, *Europe: A History*. Oxford: Oxford University Press, 1996.
9. A. Smith, *The Wealth of Nations*. Nova York: Penguin Books, 1970.
9. J. Niehans, *A History of Economic Theory: Classic Contributions, 1720-1980*. Baltimore: John Hopkins University Press, 1990.
10. M. Friedman, *Capitalism and Freedom*. Chicago: University of Chicago Press, 1962; e F. Hayek, *The Road to Serfdom*. Chicago: University of Chicago Press, 1944.
11. C. Wheelan, *Naked Economics: Undressing the Dismal Science*. Nova York: W. W. Norton, 2003.
12. E. Schlosser, *Fast Food Nation: The Dark Side of the All-American Meal*. Nova York: Houghton Mifflin, 2001.
13. D. M. Cutler, E. L. Glaeser e J. M. Shapiro, "Why Have Americans Become More Obese?" Working paper 9446, Bureau Nacional de Pesquisa Econômica [NBER], Cambridge, MA, 2003.

14. S. J. Olshansky et al., "A Potential Decline in Life Expectancy in the United States in the 21st Century", *New England Journal of Medicine* 352, no. 11, 2005, p. 1138-1145.
15. H. H. Maes, M. C. Neale e L. J. Eaves, "Genetic and Environmental Factors in Relative Body Weight and Human Adiposity", *Behavioral Genetics* 27, no. 4 1997, p. 325-351.
16. E. Schlosser, *Fast Food Nation: The Dark Side of the All-American Meal.* Nova York: Harper Perennial, 2002.
17. Smith, *The Wealth of Nations.*

CAPÍTULO 2 A epidemia de obesidade é uma consequência de escolhas racionais?

1. P. Samuelson e W. Nordhaus, *Economics.* Nova York: McGraw Hill, 2004.
2. T. G. Smith, "Reconciling Psychology with Economics: Obesity, Behavioral Biology, and rational Overeating", artigo de trabalho 2006-4, Washington State University School of Economic Sciences, Pullman, WA, 2006.
3. R. E. Lucas Jr., *Models of Business Cycles.* Nova York: Blackwell Publishers, 1987.
4. G. S. Becker e K. M. Murphy, "A Theory of Rational Addiction", *Journal of Political Economy* 96, no. 4. 1988, p. 675-700
5. J. Bentham, *Selected Writings on Utilitarianism.* Ware, Reino Unido: Wordsworth Editions, 2001.
6. G. J. Stigler, "The Development of Utility Theory I", *Journal of Political Economy* 58, 1950, p. 307-327
7. A. Smith, *The Wealth of Nations.* Nova York: Penguin Books, 1970.
8. R. D. Collison Black, "Utility" in *The New Palgrave: Utility and Probability,* eds. J. Eatwell, M. Milgate e P. Newman. Nova York: W. W. Norton, 1990.
9. R. B. Ekelund Jr. e R. F. Hébert, *A History of Economic Theory and Method.* Nova York: McGraw Hill, 1975.
10. Ibid.
11. W. S. Jevons, "A General Mathematical Theory of Political Economy", *Journal of the Royal Statistical Society*, 1866, p. 282-287.
12. P. L. Bernstein, *Against the Gods: The Remarkable Story of Risk.* Nova York: John Wiley & Sons, 1996.
13. Jevons, "A General Mathemathical Theory".
14. P. Newman, "Francis Ysidro Edgeworth". In: J. Eatwell, M. Milgate e P. Newman (orgs.). *The New Palgrave: Utility and Probability.* Londres: W. W. Norton, 1987.
15. A. Drewnowski e S. E. Specter, "Poverty and Obesity: The Role of Energy Density and Energy Costs", *American Journal of Clinical Nutrition* 79, 2004, p. 6-16.

16. C. A. Schoenborn, "Body Weight Status of Adults: United Status, 1997-98", *Advance Data 330*, 2002, p. 1-15
17. T. J. Philipson e R. A. Posner, "The Long-Run Growth in Obesity as a Function of Technological Change", *Perspectives in Biology and Medicine* 46, no. 3, 2003, p. S87-S107.
18. D. M. Cutler, E. L. Glaeser e J. M. Shapiro, "Why Have Americans Become More Obese?", artigo de trabalho 9446, Bureau Nacional de Pesquisa Econômica [NBER], Cambridge, MA, 2003.
19. E. A. Finkelstein e L. Zuckerman, "*The Fattening of America: How the Economy Makes Us Fat, If It Matters, and What to Do About It*". Hoboken, NJ: John Wiley & Sons, 2008.
20. Philipson e Posner, "The Long-Run Growth in Obesity".
21. F. Kuchler et al., "Obesity Policy and the Law of Unintended Consequences", *Amber Waves*, jun. 2005.

CAPÍTULO 3 Caixas de banco, pilotos de combate e os limites da racionalidade

1. D. Kahneman, "Daniel Kahneman Autobiography". In: T. Fraengsmyr (org.). *Les Prix Nobel: The Nobel Prizes 2002*. Estocolmo: Nobel Foundation, 2003.
2. A. Tversky e D. Kahneman, "Judgement Under Uncertainty: Heuristics and Biases", *Science* 185, 1974, p. 1124-1131.
3. A. Tversky e D. Kahneman, "Availability: A Heuristic for Judging Frequency and Probability", *Cognitive Psychology 5*, no. 2, set 1973, p. 207-232.
4. Ibid.
5. T. Gilovich, D. Griffin e D. Kahneman, eds. *Heuristics and Biases: The Psychology of Intuitive Judgement*. Cambridge: Cambridge University Press, 2002.
6. D. Kahneman, P. Slovic e A. Tversky, eds. *Judgement Under Uncertainty: Heuristics and Biases*. Cambridge: Cambridge University Press, 1982.
7. T. D. Wilson et al., "A New Look at Anchoring Effects: Basic Anchoring and its Antecedents", *Journal of Experimental Psychology: General* 125, no. 4, 1996, p. 387-402.
8. A. Tversky e D. Kahneman, "Belief in the Law of Small Numbers". In: *Judgement Under Uncertainty*, p. 23-31.
9. S. J. Gould, "The Streak of Streaks", *New York Review of Books*, 18 ago 1988.
10. P. Slovic e A. Tversky, "Who Accepts Savage's Axiom?", *Behavioral Science* 10, no. 4, 1974, p. 368-373.
11. M. Allais, "The Foundations of a Positive Theory of Choice Involving Risk and a Criticism of the Postulates and Axioms of the American School". In: M. Allais e O. Hagen (orgs.). *Expected Utility Hypotheses and the Allais Paradox: Contemporary*

Discussions and Rational Decisions Under Uncertainty with Allais' Rejoinder. Dordrecht, Holanda: Reidel, 1979.

12. L. Savage, *The Foundations of Statistics.* Nova York: Wiley, 1954.
13. D. A. Redelmeier, P. Rozin e D. Kahneman, "Understanding Patients' Decisions: Cognitive and Emotional Perspectives", *Journal of the American Medical Association* 270, no. 1, 1993, p. 72-76.
14. Kahneman, "Daniel Kahneman Autobiography".
15. B. J. McNeil et al., On the Elicitation of Preferences for Alternative Therapies", *New England Journal of Medicines* 306, no. 21, 1982, p. 1259-1262; e K. Armstrong et al., "Effect of Framing as Gain Versus Loss on Understanding and Hypothetical Treatment Choices: Survival and Mortality Curves", *Medical Decision Making* 22, no. 1, 2002, p. 76-83.
16. D. Kahneman e A. Tversky, "Prospect Theory: An Analysis of Decision Under Risk", *Econometrica* 47, no. 2, 1979, p. 263-291.
17. Gilovich, Griffin e Kahneman, *Heuristics and Biases.*
18. D. Kahneman e A. Tversky, "On the Reality of Cognitive Illusions", *Psychological Review* 103, no. 3, 1996, p. 582-591.
19. H. von Helmholtz, *Popular Lectures on Scientific Subjects.* Nova York: Green, 1903.

CAPÍTULO 4 Castanhas de caju, canecas de café e o nascimento da economia comportamental

1. R. Thaler, *Quasi-Rational Economics.* Nova York: Russell Sage Foundation Publications, 1991.
2. Ibid.
3. D. Kahneman, J. L. Knetsch e R. Thaler, "Experimental Tests of the Endowment Effect and the Coase Theorem", *Journal of Political Economy* 98, no. 6, 1990, p. 1325-1348.
4. E. Fitzsimons, "In the Eyes of a Sickly Baby Girl, My First Lessons in Motherhood", *New York Times,* 13 maio 2007.
5. R. Thaler, "Mental Accounting and Consumer Choice", *Marketing Science* 4, no. 3, 1985, p. 199-214.
6. G. Loewenstein, "Anticipation and the Valuation of Delayed Outcomes", *Economic Journal* 97, 1987, p. 666-684.
7. G. Ku, A. D. Galinsky e J. K. Murnighan, "Starting Low but Ending High: A Reversal of the Anchoring Effect in Auctions", *Journal of Personality and Social Psychology* 90, no. 6, 2006, p. 975-986.
8. M. A. Kamins, X. Dreze e V. S. Folkes, "Effects of Seller-Supplied Prices on Buyers' Product Evaluations: Reference Prices in an Internet Auction Context", *Journal of Consumer Research* 30, no. 4, 2004, p. 622-628.

9. Ku, Galinsky e Murnighan, “Starting Low But Ending High”.
10. G. B. Northcraft e M. A. Neale, “Experts, Amateurs, and Real Estate: An Anchoring-and-Adjustment Perspective on Property Pricing Decisions”, *Organizational Behavior and Human Decision Processes* 39, 1987, p. 84-97.
11. X. Gabaix e D. Laibson, “Shrouded Attributes, Consumer Myopia, and Information Suppression in Competitive Markets”, *Quarterly Journal of Economics* 121, no. 2, 2006, p. 505-540.

CAPÍTULO 5 Paternalismo mais generoso, mais moderado

1. J. Quinlan, “Can the Chinese Consumer Save the World?”, 2 nov. 2007; e Eurostat, “Sector Accounts: Fourth Quarter of 2006: Household Saving Rate at 13.7% in the Euro Area and 11.0% in the EU27”, Euro-Indicators news release, 1 jun 2007.
2. Bureau de Análise Econômica, *Personal Income and Outlays: March 2006*. Washington, DC: US. Department of Commerce, 2006.
3. W. Samuelson e R. Zeckhauser, “Status Quo Bias in Decision Making”, *Journal of Risk and Uncertainty* 1, 1988, p. 7-59.
4. S. D. Halpern, P. A. Ubel e D. A. Asch, “Harnessing the Power of Default Options to Improve Healthcare”, *New England Journal of Medicine* 357, 2007, p. 1340-1344.
5. C. R. Sunstein e R. Thaler, “Libertarian Paternalism Is Not an Oxymoron”, *University of Chicago Law Review* 70, 2003, p. 1159-1202.
6. E. J. Johnson et al., “Framing, Probability Distortions, and Insurance Decisions”, *Journal of Risk and Uncertainty* 7, 1993, p. 35-51.
7. P. A. Ubel et al., “Pennsylvania’s Voluntary Benefits Program: Evaluating an Innovative Proposal for Increasing Organ Donation”, *Health Affairs* 19, no. 5, 2000, p. 206-211.
8. E. J. Johnson e D. Goldstein, “Do Defaults Save Lives?”, *Science* 302, no. 5.649, 2003, p. 1338.
9. C. Camerer et al., “Regulation for Conservatives: Behavioral Economics and the Case for ‘Asymmetric Paternalism’”, *University of Pennsylvania Law Review* 151, no3, 2003, p. 1211.
10. D. H. Novack et al., “Changes in Physicians’ Attitudes Toward Telling the Cancer Patient”, *Journal of the American Medical Association* 241, no. 9, 1979, p. 897-900.
11. P. A. Ubel, “What Should I Do, Doc?’ Some Psychologic Benefits of Physician Recommendations”, *Archives of Internal Medicine* 162, no. 90, 2002, p. 977-980.

CAPÍTULO 6 Gostos irracionais e tigelas de sopa sem fundo

1. G. Kolata, *Rethinking Thin: The New Science of Weight Loss — and the Myths and Realities of Dieting*. Nova York: Farrar, Straus, and Giroux, 2007.

2. R. M. Henry, "Fat Factors", *New York Times Magazine,* 13 ago 2006, p. 28-33, 52, 54-55, 57.
3. T. J. Philipson e R. A. Posner, "The Long-Run Growth in Obesity as a Function of Technological Change", *Perspectives in Biology and Medicine* 46, no. 3, 2003, p. S87-S107.
4. N. A. Christakis e J. H. Fowler, "The Spread of Obesity in a Large Social Network over 32 Years", *New England Journal of Medicine* 357, no.4, 2007, p. 370-379.
5. N. A. Christakis e J. H. Fowler, "The Collective Dynamics of smoking in a Large Social Network", *New England Journal of Medicine* 358, no. 21, 2008, p. 2249-2258.
6. J. C. Lumeng e K. H. Hillman, "Eating in Larger Group Increases Food Consumption", *Archives of Disease in Childhood* 92, no. 5, 2007, p. 1-4.
7. V. I. Clendenen, C. P. Herman e J. Polivy, "Social Facilitation of Eating Among Friends and Strangers", *Appetite* 23, 1994, p. 1-13.
8. B. Wansink, *Mindless Eating: Why We Eat More Than We Think.* Nova York: Bantam, 2006.
9. R. Raghunathan, R. W. Naylor e W. D. Hoyer, "The Unhealthy = Tasty Intuition and Its Effects on Taste Inferences, Enjoyment, and Choice of Food Products", *Journal of Marketing* 70, 2006, p. 170-184.
10. J. Cawley, "The Impact of Obesity on Wages", *Journal of Human Resources 39,* no. 2, 2004, p. 451-474.
11. A. Offer, *The Challenge of Affluence: Self Control and Well-Being in the United States and Britain Since 1950.* Oxford: Oxford University Press, 2006.

CAPÍTULO 7 O comportamento impulsivo e a batalha entre nossa personalidade atual e futura

1. A. L. Bretteville-Jensen, "Addiction and Discounting", *Journal of Health Economics* 18, 1999, p. 393-408.
2. R. E. Vuchinich e C. A. Simpson, "Hyperbolic Temporal Discounting in Social Drinkers and Problem Drinkers", *Experimental and Clinical Psychopharmacology* 6, 1998, p. 292-305; W. K. Bickel, A. L. Odum e G. J. Madden, "Impulsivity and Cigarette Smoking: Delay Discounting in Current, Never and Ex-smokers", *Psychopharmacology* 146, 1999, p. 447-454; e N. M. Petry e T. Casarella, "Excessive Discounting of Delayed Rewards in Substance Abusers with Gambling Problems", *Drug and Alcohol Dependence* 56, 1999, p. 25-32.
3. D. Hume, *A Treatise of Human Nature.* Londres: Penguin Books, 1739.
4. G. S. Becker e K. M. Murphy, "A Theory of Rational Addiction", *Journal of Political Economy* 96, no. 4, 1988, p. 675-700.
5. D. Laibson, "Golden Eggs and Hyperbolic Discounting", *Quarterly Journal of Economics* 62, 1997, p. 443-477.

6. T. C. Schelling, *Choice and Consequence Perspectives of an Errant Economist*. Cambridge, MA: Harvard University Press, 1984.
7. G. D. Whitman, "Against the New Paternalism: Internalities and the Economics of Self-Control", *Policy Analysis* 563, 2006, p. 1-16.
8. T. O. Donoghue e M. Rabin, "Incentives and Self-Control". In: R. Blundell, W. Newey e T. Persson (orgs.). *Advances in Economics and Econometrics: Theory and Applications*. Cambridge: Cambridge University Press, 2007.
9. Y. Shoda, W. Mischel e P. K. Peake, "Predicting Adolescent Cognitive and Self-Regulatory Competencies from Preschool Delay of Gratification: Identifying Diagnostic Conditions", *Developmental Psychology* 26, 1990, p. 978-986.
10. R. F. Bauemeister et al., "Ego Depletion: Is the Active Self a Limited Resource?" *Journal of Personality and Social Psychology* 74, no 5, 1998, p. 1252-1265.
11. R. F. Bauemeister, "The Self". In: S. Gilbert, S. T. Fiske e G. Lindzey (orgs.). *Handbook of Social Psychology*. Nova York: McGraw-Hill, 1998; e M. Muraven, D. M. Tice e R. F. Bauemeister, "Self-Control as Limited Resource: Regulatory Depletion Patterns", *Journal of Personality and Social Psychology* 74, no. 3, 1988, p. 774-789.
12. Y. Wang e M. A. Beydoun, "The Obesity Epidemic in the United States-Gender, Age, Socioeconomic, Racial/Ethnic, and Geographic Characteristics: A Systematic Review and Meta-regression Analysis", *Epidemiologic Reviews* 29, 2007, p. 6-28.
13. R. Balko, "Government Gets Fat Fighting Obesity", *FOXNews.com,* 2004.
14. S. Smith, "Developing Nations Taking On West's Flabby Look", *Boston Globe*, 2002.
15. D. M. Cutler, E. L. Glaeser e J. M. Shapiro, "Why Have Americans Become More Obese?", artigo de trabalho 9446, Bureau Nacional de Pesquisa Econômica [NBER], Cambridge, MA, 2003.
16. G. Kolata, *Rethinking Thin: The New Science of Weight Loss — and the Myths and Realities of Dieting*. Nova York: Farrar, Straus e Giroux, 2007.
17. J. Polivy e C. P. Herman, "An Evolutionary Perspective on Dieting", *Appetite 47, no. 1*, 2006, p. 1-6.
18. T. G. Smith, "Reconciling Psychology with Economics: Obesity, Behavioral Biology, and Rational Overeating", artigo de trabalho 2006-4, Washington State University School of Economic Sciences, Pullman, WA, 2006.
19. M. Cabanac, R. Duclaux e N. H. Spector, "Sensory Feedback in Regulation of Body Weight: Is There a Ponderostat?" *Nature* 229, 1971, p. 125-127.
20. Polivy e Herman, "An Evolutionary Perspective on Dieting."
21. R. J. Herrnstein et al., "Utility Maximization and Melioration: Internalities in Individual Choice", *Journal of Behavioral Decision Making* 6, 1993, p. 149-185.
22. D. Ariely, *Predictably Irrational*. Nova York: HarperCollins, 2008.

23. R. H. Frank, "The Other Milton Friedman: A Conservative with a Social Welfare Program", *New York Times,* 23 nov. 2006. Disponível em: http://www.nytimes.com/2006/11/23/business/23scene.html.

CAPÍTULO 8 Jardins espaçosos e deslocamentos longos

1. P. A. Samuelson, "Consumption Theory in Terms of Revealed Preference", *Economica* 15, 1948, p. 243-253; P. A. Samuelson, "Numerical Representation of Ordered Classifications and the Concept of Utility", *Review of Economic Studies* 6, no. 1, 1938, p. 65-70.
2. D. Kahneman, P. P. Wakker e R. Sarin, "Back to Bentham? Explorations of Experienced Utility", *Quarterly Journal of Economics* 112, no. 2, 1997, p. 375-405.
3. J. Bentham, *An Introduction to the Principles of Morals and Legislation*. Oxford: Clarendon Press, 1907.
4. P. Schyns, *Income and Life Satisfaction: A Cross-National and Longitudinal Study*. Delft, Holanda: Eburon, 2003; e E. Diener, J. Horwitz e R. A. Emmons, "Happiness of the Very Wealthy", *Social Indicators Research* 16, 1985, p. 263-274.
5. P. A. Ubel, *You're Stronger Than You Think: Tapping into the Secrets of Emotionally Resilient People*. Nova York:McGraw-Hill, 2006.
6. N. D. Weinstein, "Community Noise Problems: Evidence Against Adaptation", *Journal of Environmental Psychology* 2, 1982, p. 87-97.
7. A. Strutzer e B. S. Frey. "Commuting and Life Satisfaction in Germany", *Information zur Raumentwicklung*, 2007, p. 179-189.
8. D. Kahneman et al., "Would You Be Happier If You Were Richer? A Focusing Illusion", *Science* 312, 2006.
9. N. Paumgarten, "There and Back Again", *New Yorker*, 16 abr. 2007.
10. D. Kahneman et al., "Would You Be Happier?".
11. P. Brickman, D. Coates e R. Janoff-Bulman, "Lottery Winners and Accident Victims: Is Happiness Relative?" *Journal of Personality and Social Psychology* 36, no 8, 1978, p. 917-927; M. Csikszentmihalyi, "If We Are So Rich, Why Aren't We Happy?", *American Psychologist* 54, no. 10, 1999, p. 821-827; e E. Diener et al., "The Relationship Between Income and Subjective Well-Being: Relative or Absolute?" *Social Indicators Research* 28, 1993, p. 195-223.
12. C. K. Hsee et al., "Medium Maximization", *Journal of Consumer Research* 30, 2003, p. 1-14.
13. L. L. Carstensen, D. M. Isaacowitz e C. T. Charles, "Taking Time Seriously: A Theory of Socioemotional Selectivity", *American Psychologist* 54, no. 3, 1999, p. 165-181.

14. D. K. Mroczek e C. M. Kolarz, "The Effect of Age on Positive and Negative Affect: A Developmental Perspective on Happiness", *Journal of Personality and Social Psychology* 75, no. 5, 1998, p. 1333-1349.
15. H. P. Lacey, D. M. Smith e P. A. Ubel, "Hope I Die Before I Get Old: Mispredicting Happiness Across the Lifespan", *Journal of Happiness Studies* 7, no. 2, 2006, p. 167-182.
16. M. Ross, "Relation of Implicit Theories to the Construction of Personal Histories", *Psychological Review* 96, no. 2, 1989, p. 341-357.
17. J. Riis et al., "Ignorance of Hedonic Adaptation to Hemo-Dialysis: A Study Using Ecological Momentary Assessment", *Journal of Experimental Psychology: General 134,* no. 1, 2005, p. 3-9.
18. D. M. Smith, S. L. Brown e P. A. Ubel, "Mispredictions and Misrecollections: Challenges for Subjective Outcome Measurement", *Disability and Rehabilitation* 30, no. 6, 2007, p. 1-7.

CAPÍTULO 9 Riscos sentidos e pausas para o cigarro

1. H. B. Veatch, *Rational Man: A Modern Interpretation of Aristotelian Ethics.* Bloomington: Indian University Press, 1962.
2. C. Darwin, *The Expression of the Emotions in Man and Animals.* Nova York: Dover Publications, 2007.
3. *New York Times,* "Researcher Testifies on Peril in Smoke", 26 abr. 1997.
4. G. Collins, "Lawyer Is In Round no. 2 Against Tobacco Industry", *New York Times,* 14 abr. 1997.
5. G. Collins, "Jury in Florida to Decide Landmark Tobacco Case", *New York Times,* 3 de maio 1997.
6. W. K. Viscusi, *Smoking, Making the Risky Decision.* Nova York: Oxford University Press, 1992.
7. Ibid.
8. Ibid.
9. G. S. Becker e K. M. Murphy, "A Theory of Rational Addiction", *Journal of Political Economy* 96, no. 4, 1988, p. 675-700.
10. *A lógica da vida*, Record, 2009.
11. T. Harford, *The Logic of Life: The Rational Economics of an Irrational World.* Nova York: Random House, 2008.
12. M. Mahar, "Small Solace: RJR Suers Claim Moral Win", *Barron's* 77, n0. 19, 1997, p. 13.
13. Instituto Nacional do Câncer, disponível em: http: //www.cancer.gov/.

14. C. Lerman et al., "Mammography Adherence and Psychological Distress Among Women at Risk for Breast Cancer", *Journal of the National Cancer Institute 85*, no. 13, 1993, p. 1074-1080.
15. B. Fischoff e W. Bruine de Bruin, "Fifty-fifty=50%", *Journal of Behavioral Decision Making* 12, no. 2, 1999, p. 149-163.
16. L. M. Schwartz et al., "The Role of Numeracy in Understanding the Benefit of Screening Mammography", *Annals of Internal Medicine* 127, no. 11, 1997, p. 966-972.
17. W. K. Viscusi, "Comment: The Perils of Qualitative Smoking Risk Measures", *Journal of Behavioral Decision Making* 13, 2000, p. 267-271.
18. B. Fischoff, "Hindsight ≠ Foresight: The Effect of Outcome Knowledge on Judgment Under Uncertainty", *Qual Safe Health Care* 12, no. 4, 2003, p. 304-311.
19. A. Fagerlin, B. J. Zikmund-Fisher e P. A. Ubel, "How Making a Risk Estimate Can Change the Feel of That Risk: Shifting Attitudes Toward Breast Cancer Risk in a General Public Survey", *Patient education and Counseling* 57, no. 3, 2005, p. 294-299.
20. P. D. Windschitl, R. Martin e A. R. Flugstad, "Context and the Interpretation of Likelihood Information: The Role of Intergroup Comparisons on Perceived Vulnerability", *Journal of Personality and Social Psychology* 82, no. 5, 2002, p. 742-755; G. F. Loewenstein et al., "Risk as Feelings", *Psychological Bulletin* 127, no. 2, 2002, p. 267-286; e M. L. Finucane et al., "The Affect of Heuristic Judgments of Risks and Benefits", *Journal of Behavioral Decision Making* 13, 2000, p. 1-17.
21. J. E. LeDoux, *The Emotional Brain: The Mysterious Underpinnings of Emotional Life*. Nova York: Simon & Schuster, 1996.
22. R. B. Zajonc, "Preferences Need No Inferences", *American Psychologist 35*, 1980, p. 151-175.
23. R. E. Nisbett e T. D. Wilson, "Telling More Than We Can Know: Verbal Reports on Mental Processes", *Psychological Review* 84, no 3, 1997, p. 231-259.
24. N. Ambady et al., "Surgeon's Tone of Voice: A Clue to Malpractice History", *Surgery* 132, 2002, p. 5-9.
25. Zajonc, "Preferences Need No Inferences".
26. D. P. Baker, "Florida Jury Finds R. J. Reynolds Not Negligent: Tobacco Firm Had Argued Smoking Is Personal Choice", *Washington Post*, 1997.
27. B. Zikmund-Fisher et al., "Alternate Methods of Framing Information About Medication Side Effects: Incremental Risk Versus Total Risk Occurrence", *Journal of Health Communication* (a publicar).
28. B. J. Zikmund-Fisher et al., "Does Labeling Prenatal Screening Test Results as Negative or Positive Affect Women's Responses?" *American Journal of Obstetrics and Gynecology* 197, no. 5, 2007, p. 521-526.

29. J. S. Lerner et al., "Effects of Fear and Anger on Perceived Risks of Terrorism: A National Field Experiment", *Psychological Science* 14, no. 2, 2003, p. 144-150; e D. A. Small et al., "Emotion Priming and Attributions for Terrorism: Americans' Reactions in a National Field Experiment", *Political Psychology* 27, no. 2, 2006, p. 289-298.
30. D. Kessler, *A Question of Intent: A Great American Battle with a Deadly Industry.* Nova York: Public Affairs, 2001.

CAPÍTULO 10 O preço de vida e o custo da assistência à saúde

1. *Wall Street Journal,* editorial, "Lasik Lessons", 10 mar. 2006.
2. R. Pear, "A. M. A. to Develop Measure of Quality of Medical Care", *New York Times*, 21 fev 2006.
3. A. B. Hubbard, "The Health of a Nation", *New York Times*, 3 abr. 2007.
4. A. Kastrati et al., "Analysis of 14 Trials Comparing Sirolimus-Eluting Stents with Bare-Metal Stents", *New England Journal of Medicine* 356, 2007, p. 1030-1039; e R. Moreno et al., "Meta-analysis Comparing the Effect of Drug-Eluting Versus Bare Metal Stents on Risk of Acute Myocardial Infarction During Follow-up", *American Journal of Cardiology* 99, 2007, p. 621-625.
5. T. Bodenheimer, "High and Rising Health Care Costs: Part 1: Seeking an Explanation", *Annals of Internal Medicine* 142, no. 10, 2005, p. 847-854.
6. P. A. Ubel, *Pricing Life: Why It's Time for Health Care Rationing.* Cambridge, MA: MIT Press, 2000.
7. S. S. Brehm e M. Weinraub, "Physical Barriers and Psychological Resistance: Two-Year Olds' Responses to Threats of Freedom", *Journal of Personality and Social Psychology* 35, 1977, p. 830-836.
8. E. Clark, *The Real Toy Story: Inside the Ruthless Battle for America's Youngest Consumers.* Nova York: Free Press, 2007.
9. R. B. Cialdini, *Influence: Science and Practice.* Boston: Allyn & Bacon, 2001.
10. S. Worchel, J. Lee e A. Adewole, "Effects of Supply and Demand on Ratings of Object Value", *Journal of Personality and Social Psychology* 32, 1975, p. 906-914.
11. R. J. Levine, *The Power of Persuasion: How We're Bought and Sold.* Hoboken, NJ: John Wiley & Sons, 2003.
12. B. Shiv, Z. Carmon e D. Ariley, "Placebo Effects of Marketing Actions: Consumers May Get What They Pay For", *Journal of Marketing Research* 42, no. 4, 2005, p. 383-393.
13. J. D. Glater e A. Finder, "In New Twist on Tuition Game, Popularity Rises with the Price", *New York Times*, 12 dez. 2006.

14. D. Cantor, "The Business of Medicine: The Extraordinary History of Glaxo, a Baby Food Producer, Which Became One of the World's Most Successful Pharmaceutical Companies (Book Review)", *Bulletin of the History of Medicine* 76, no. 3, 2002, p. 646-648.
15. R. Adaval e K. B. Monroe, "Automatic Construction and Use of Contextual Information for Product and Price Evaluations", *Journal of Consumer Research* 28, mar. 2002, p. 572-588.
16. J. Huber e J. McCann, "The Impact of Inferential Beliefs on Product Evaluations", *Journal of Marketing Research* 19, ago. 1982, p. 324-333; e D. Tull, R. A. Boring e M. H. Gonsior, "A Note on the Relationship of Price and Imputed Quality", *Journal of Business 37*, abr. 1964, p. 186-191.
17. M. V. Pauly, "The Economics of Moral Hazard", *American Economic Review 58*, no. 3, 1968, p. 231-237.
18. K. Rove, "Republicans can Win on Health Care", *Wall Street Journal*, 18 set. 2007.
19. A. Hubbard, "A Tax Cure for Healthcare", *Wall Street Journal,* 24 jul. 2007.
20. J. Cohn, *Sick: The Untold Story of America's Health Care Crisis — and the People Who Pay the Price*. Nova York: Harper Collins, 2007.
21. Rove, "Republicans Can Win On Health Care".
22. J. Stossel, *Sick Sob Stories", Wall Street Journal*, 13 set. 2007.
23. J. Carreyrou, "Legal Loophole Ensnares Breast-Cancer Patients", *Wall Street Journal*, 13 set. 2007.
24. B. McCaughey, "Cancer Killers", *Wall Street Journal*, 14 set. 2007.
25. H. G. Welch, *Should I Be Tested for Cancer? Maybe Not and Here's Why*. Berkeley, University of California Press, 2004.
26. J. P. Kassirer, *On the Take: How Medicine's Complicity with Big Business Can Endanger Your Healt*. Nova York: Oxford University Press, 2004.
27. S. M. Asch et al., "Comparison of Quality of Care for Patients in the Veterans Health Administration and Patients in a National Sample", *Annals of Internal Medicine* 141, no. 12, 2004, p. 938-945.
28. S. Lueck, "Bush's Medicare Plan Likely to Ignite Partisan Fight", *Wall Street Journal*, 16 fev. 2008.

CAPÍTULO 11 O marketing e a ciência da persuasão

1. W. P. McKinney et al., "Attitudes of Internal Medicine Faculty and Residents Toward Professional Interaction with Pharmaceutical Sales Representatives", *Journal of the American Medical Association* 264, no. 13, 1990, p. 1693-1697.
2. R. J. Levine, *The Power of Persuasion: How We're Bought and Sold*. Hoboken, NJ: John Wiley & Sons, 2003.

3. A. F. Shaughnessy e K. K. Bucci, “Drug Samples and Family Practice Residents”, *The Annals of Pharmacotherapy* 31, no. 11, 1997, p. 1126-1300.
4. M. L. Azcuenaga, *Advertising Regulation and the Free Market,* disponível em: http://www. ftc.gov/speeches/azcuenaga/lima.shtm.
5. G. S. Becker e K. M. Murphy, “A Simple Theory of Advertising as Good or Bad”, *Quarterly Journal of Economics* 108, no. 4, 1960, p. 161-178.
6. A. W. Gouldner, “The Norm of Reciprocity: A Preliminary Statement”, *American Sociological Review* 25, 1960, p. 161-178.
7. D. T. Regan, “Effects of favor and Liking on Compliance”, *Journal of Experimental Social Psychology* 7, 1971, p. 627-639.
8. L. R. Goldberg, “The Development of Markets for the Big-Five Factor Structure”, *Psychological Assessment* 4, no. 1, 1992, p. 26-42.
9. W. D. Hoyer e D. J. MacInnis, *Consumer Behavior.* Boston: Houghton Mifflin Company, 2004.
10. E. Peters et al., “Adult Age Differences in Dual Information Processes”, *Perspectives in Psychological Sciences* 2, 2007, p. 1-24.
11. K. Helliker, “This Is Your Brain on a Strong Brand: MRI’s Show Even Insurers Can Excite”, *Wall Street Journal*, 28 nov. 2006.
12. N. Schwarz, “Meta-cognitive Experiences in Consumer Judgment and Decision Making”, *Journal of Consumer Psychology* 14, 2004, p. 332-348.
13. L. Lee, S. Frederick e D. Ariely, “Try It, You’ll Like It”, *Psychological Science 17,* no. 12, 2006, p. 1054-1058.
14. E. Schlosser, *Fast Food Nation: The Dark Side of the All-American Meal.* Nova York: Houghton Mifflin, 2001.
15. T. N. Robinson et al., “Effects of Fast Food Branding on Young Children’s Taste Preferences”, *Archives of Pediatrics & Adolescent Medicine* 161, no. 8, 2007, p. 792-797.
16. M. Wakefield et al., “Effect of Televised, Tobacco Company-Funded Smoking Prevention Advertising on Youth Smoking-Related Beliefs, Intentions and Behavior”, *American Journal of Public Health 96*, no. 12, 2006, p. 2154-2160.
17. M. Talbot, “Little Hotties: Barbie’s New Rivals”, *New Yorker,* 4 dez. 2006.
18. Hoyer e MacInnis, *Consumer Behavior.*
19. *Ibid.*
20. E. Clark, *The Real Toy Story: Inside the Ruthless Batlle for America’s Youngest Consumers.* Nova York: Free Press, 2007.
21. J. Saranow, “This Is the Car We Want, Mommy. Car Makers Direct More Ads at Kids (and Their Parents)”, *Wall Street Journal*, 9 nov. 2006.
22. S. Dal Cin et al., “Smoking in Movies, Implicit Associations of Smoking with the Self, and Intentions to Smoke”, *Psychological Science* 18, no. 7, 2007, p. 559-563.

CAPÍTULO 12 Equilibrando liberdade e a busca do bem-estar

1. J. Bentham, *An Introduction to the Principles of Morals and Legislation*. Oxford: Clarendon Press, 1907.
2. P. A. Samuelson, "Consumption Theory in Terms of Revealed Preference", *Economica* 15, no. 60, 1948, p. 243-253.
3. D. Kahneman, P. P. Walker e R. Sarin, "Back to Bentham? Explorations of Experienced Utility", *Quarterly Journal of Economics* 112, n0. 2, 1997, p. 375-405.
4. W. N. Morris, "The Mood System". In: D. Kahnemann, E. Diener e N. Schwarz (orgs.). *Well-Being: The Foundations of Hedonic Psychology*. Nova York: Russell Sage Foundation, 1999, p. 169-189; R. M. Sapolsky, "The Physiology and Pathophysiology of Unhappiness". In: *Well-Being*, p. 453-469; J. E. LeDoux e J. Armony, "Can Neurobiology Tell Us Anything About Human Feelings?". In: *Well-Being*, p. 489-499; e P. Eckman e E. L. Rosenberg (orgs.). *What the Face Reveals*. Nova York: Oxford University Press, 1997.
5. D. Kahneman et al., "Would You Be Happier If You Were Richer? A Focusing Illusion", *Science* 312, no. 5782, 2006, p. 1908-1910; e D. Kahneman et al., "A Survey Method for Characterizing Daily Life Experience: The Day Reconstruction Method", *Science* 306, no. 5702, 2004, p. 1776-1780.
6. E. Diener e M. E. P. Seligman, "Beyond Money: Toward an Economy of Well-Being", *Psychological Science in the Public Interest* 5, no. 1, 2004, p. 1-31.
7. B. Schwartz, "Choice Cuts", *New Republic Online, 2004*.
8. R. Layard, *Happiness: Lessons from a New Science*. Nova York: Penguin, 2005.
9. R. H. Frank, "How Not to Buy Happiness", *Daedalus* 133, 2004, p. 69-79.
10. H. Johns e P. Ormerod, *Happiness, Economics and Public Policy*. Londres: Institute of Economic Affairs, 2007.
11. M. S. Packe, *The Life of John Stuart Mill*. Londres: Martin Secker & Warburg, 1954.
12. T. Sowell, *On Classical Economics*. New Haven, CT: Yale University Press, 2006.
13. J. S. Mill, *Autobiography*. Londres: Longmans, Green, Reader and Dyer, 1873.
14. Ibid.
15. J. S. Mill, "Utilitarianism", in *The Utilitarians*. Garden City, NY: Anchor Press/Doubleday, 1973.
16. P. A. Ubel, *You're Stronger Than You Think: Tapping Into the Secrets of Emotionally Resilient People*. Nova York: McGraw-Hill, 2006.
17. A. Sen, *The Standard of Living*. Cambridge: Cambridge University Press, 1987.
18. Ibid.
19. A. Sen, "Capabilities, Lists, and Public Reason: Continuing the Conversation", *Feminist Economics* no. 3, 2004, p. 77-80.

20. R. F. Kennedy, discurso na University of Kansas, Lawrence, KS, 18 mar. 1968, disponível em: http://www.jfklibrary.org/Historical+Resources/Archives/Reference+Desk/Speeches/RFK/RFKSpeech68Mar18UKansas.htm.
21. W. Wilkinson, "In Pursuit of Happiness Research: Is It Reliable? What Does It Imply for Policy?" *Policy Analysis* 590, 2007, p. 1-41.
22. P. Dolan, "In Defence of Subjective Well-Being", *Health Economics, Policy and Law* 3, 2008, p. 93-95.
23. A. Kreuger et al., "National Time Accounting: The Currency of Life", artigo de trabalho, 2007.

CAPÍTULO 13 Será que o governo pode combater a obesidade sem se tornar um "Estado-babá"?

1. D. Harsanyi, *Nanny State*. Nova York: Broadway Books, 2007.
2. G. Norquist, *Leave Us Alone: Getting the Government's Hands off Our Money, Our Guns, and Our Lives*. Nova York: William Morrow, 2008.
3. A. P. Napolitano, *A Nation of Sheep*. Nashville, TN: Thomas Nelson, 2007.
4. Harsanyi, *Nanny State*.
5. R. Thaler e C. R. Sunstein, *Nudge: Improving Decisions About Health, Wealth and Happiness*. New Haven, CT: Yale University Press, 2008.
6. C. Camerer et al., "Regulation for Conservatives: Behavioral Economics and the Case for "Asymmetric Paternalism", *University of Pennsylvania Law Review* 151, 2003, p. 1211-1254.
7. Harsanyi, *Nanny State*.
8. G. S. Becker, M. Grossman e K. M. Murphy, "An Empirical Analysis of Cigarette Addiction", *American Economic Review* 84, 1994, p. 396-418.
9. R. L. Ohsfledt, R. G. Boyle e E. I. Capilouto, "Tobacco Taxes, Smoking Restrictions and Tobacco Use". In: F. J. Chaloupa et al. (orgs.). *The Economic Analysis of Substance Use and Abuse*, Chicago: University of Chicago Press, 1999.
10. Comunicado de imprensa, Cidade de Nova York, "Mayor Bloomberg and Speaker Quinn Announce Green Cart Legislation to Improve Access to Fresh Fruits and Vegetables in Neighborhoods with Greatest Need", Notícias da Sala Azul, NYC.gov, 18 dez. 2007.
11. M. Pollan, *In Defense of Food: An Eater's Manifesto*. Nova York: Penguin Press, 2008.
12. D. Stout, "Farm Bill, in Part and in Full, Wins Passage", *New York Times*, 23 maio 2008.
13. L. H. Epstein et al., "Purchases of Food in Youth: Influence of Price and Income", *Psychological Science* 17, no. 1, 2006, p. 82-89.

14. I. Rashad, "The Economics of Obesity", *Public Interest* 156, 2004, p. 104-112.
15. A. Offer, *The Challenge of Affluence: Self-Control and Well-Being in the United States and Britain Since 1950*. Oxford: Oxford University Press, 2006.
16. D. B. Caruso, "Next for NYC Trans Fat Ban: Enforcement", *Washington Post*, 10 dez. 2006.
17. A. Ascherio e W. Willett, "Trans Fatty Acids: Are the Effects Only Marginal?" *American Journal of Public Health* 84, 1994, p. 722-724; e J. Dupont, E. Feldman e P. White, "Saturated and Hydrogenated Fats in Food in Relation to Health", *Journal of the American College of Nutrition* 75, 1994, p. 190-192.
18. G. Hornstra e R. Mensink, "Alternatives to Nutritional Trans Fatty Acids", *World Review of Nutrition and Dietetics* 75, 1994, p. 190-192.
19. S. Angell, comunicação pessoal com o autor, 2007.
20. D. Kessler, *A Question of Intent: A Great American Battle with a Deadly Industry*. Nova York: Public Affairs, 2001.
21. Departamento de Saúde e Higiene Mental da Cidade de Nova York, "Board of Health Votes to Invite Public Comment on New Calorie Listing Proposal for Chain Restaurants", comunicado de imprensa, 24 out. 2007.
22. R. A. Krukowski et al., "Consumers May Not Use or Understand Calorie Labeling in Restaurants", *Journal of the American Dietetic Association* 106, no. 6, 2006, p. 917-920.
23. B. J. Zikmund-Fisher, A. Fagerlin e P. A. Ubel, "'Is 28% Good or Bad?': Evaluability and Preference Reversals in Health Care Decisions", *Medical Decision Making* 24, no. 2, 2004, p. 142-148.
24. C. K. Hsee, "The Evaluability Hypothesis: An Explanation for Preference Reversals Between Joint and Separate Evaluations of Alternatives", *Organizational Behavior and Human Decision Processes* 67, no. 3, 1996, p. 247-257; e C. K. Hsee et al., "Preference Reversals Between Joint and Separate Evaluations of Options: A Review and Theoretical Analysis", *Psychological Bulletin* 125, no. 5, 1999, p. 576-590.
25. Krukowski et al., "Consumers May Not Use or Understand Calorie Labeling".
26. Offer, *The Challenge of Affluence*.
27. D. M. Cutler, E. L. Glaeser e J. M. Shapiro, "Why Have Americans Become More Obese?" artigo de trabalho 9446, Bureau Nacional de Pesquisa Econômica [NBER], Cambridge, MA, 2003.
28. S. Elliott, "Is the Ad a Success? The Brain Waves Tell All", *New York Times*, 31 mar 2008.
29. L. Belkin, "The School-Lunch Test", *New York Times Magazine*, 20 ago. 2006, p. 30-35, 48, 52-55.
30. P. Rozin et al., "The Ecology of Eating: Smaller Portion Sizes in France Than in the United States Help Explain the French Paradox", *Psychological Science* 14, no. 5, 2003, p. 450-454.

31. Ibid.
32. R. F. Baumeister, "The Self". In: S. Gilbert, S. T. Fiske e G. Lindzey, eds. *Handbook of Social Psychology*, Nova York: McGraw-Hill, 1998; e M. Muraven, D. M. Tice e R. F. Baumeister, "Self-Control as Limited Resource: Regulatory Depletion Patterns", *Journal of Personality and Social Psychology* 74, no. 3, 1998, p. 774-789.
33. M. Muraven, R. F. Baumeister, D. M. Tice, "Longitudinal Improvement of Self-Regulation Through Practice: Building Self-Control Strength Through Repeated Exercise", *Journal of Social Psychology* 139, no. 4, 1999, p. 446-457.
34. R. McKeon, ed., *The Basic Works of Aristotle*. Nova York: Random House, 1941.

Índice

Sobre o Autor

Peter A. Ubel é professor universitário de medicina, titular da cátedra George C. Dock e professor de psicologia na Universidade de Michigan, especialista em medicina interna no Centro Médico para Assuntos de Veteranos de Ann Arbor e diretor do Centro de Ciências Comportamentais e Decisoras em Medicina da Universidade de Michigan. Sua pesquisa utiliza as ferramentas de psicologia da decisão e economia comportamental para explorar assuntos relevantes para as decisões que as pessoas tomam e como elas afetam sua saúde e seu bem-estar. Membro fundador do Conselho de Saúde Global do Fórum Econômico Mundial, destaca-se na exploração da relevância da ciência comportamental para políticas de saúde e já recebeu muitos prêmios na área de pesquisa, inclusive um Prêmio Presidencial de Início de Carreira para Cientistas e Engenheiros do Presidente Clinton, no ano 2000. Ele já publicou artigos para o público leigo no *New York Times*, no *Los Angeles Times*, no *New Leader* e no *Huffington Post*, entre outros. É autor de *Pricing Life: Why It's Time for Health Care Rationing* (MIT Press, 2000) e *You're Stronger Than You Think: Tapping the Secrets of Emotionally Resilient People* (McGraw-Hill, 2006). Pai de dois meninos com muita energia, ele ainda consegue encontrar tempo para tocar piano, apreciar comida condimentada, fazer trilhas de bicicleta e jogar tênis. Deve ser por causa do seu deslocamento curto de casa até o trabalho.

O texto deste livro foi composto em Sabon, desenho tipográfico de Jan Tschichold de 1964 baseado nos estudos de Claude Garamond e Jacques Sabon no século XVI, em corpo 11/15. Para títulos e destaques, foi utilizada a tipografia Frutiger, desenhada por Adrian Frutiger em 1975.

A impressão se deu sobre papel off-white na Markgraph.